我国民法与商法基础理论之比较研究

牟文彬／著

吉林大学出版社

·长春·

图书在版编目（CIP）数据

我国民法与商法基础理论之比较研究 / 牟文彬著. --
长春：吉林大学出版社，2022.8
ISBN 978-7-5768-0235-1

Ⅰ.①我… Ⅱ.①牟… Ⅲ.①民法－对比研究－商法
－中国 Ⅳ.①D923.04

中国版本图书馆CIP数据核字(2022)第144800号

书　　名：我国民法与商法基础理论之比较研究
WO GUO MINFA YU SHANGFA JICHU LILUN ZHI BIJIAO YANJIU

作　　者：牟文彬　著
策划编辑：矫　正
责任编辑：马宁徽
责任校对：王寒冰
装帧设计：雅硕图文
出版发行：吉林大学出版社
社　　址：长春市人民大街4059号
邮政编码：130021
发行电话：0431-89580028/29/21
网　　址：http://www.jlup.com.cn
电子邮箱：jldxcbs@sina.com
印　　刷：天津和萱印刷有限公司
开　　本：787mm×1092mm　　1/16
印　　张：14
字　　数：200千字
版　　次：2023年6月　第1版
印　　次：2023年6月　第1次
书　　号：ISBN 978-7-5768-0235-1
定　　价：78.00元

前　言

　　党的十八大以来，尤其是十八届四中全会提出全面建设法治社会理念，法治建设成为中国当前社会建设的重要内容以来，民法典的编纂就成为中国法治建设的关键议题。全国人大法制工作委员会很快制定了民法典编纂的相关立法规划，组织起草民法典草案，而随着2017年3月民法典总则编的通过，民法典的制定进入了"快车道"。2020年5月28日，十三届全国人大三次会议表决通过了《中华人民共和国民法典》，自2021年1月1日起施行。至此，新中国成立以来第一部以"法典"命名的法律开始生效。习近平指出："民法典在中国特色社会主义法律体系中具有重要地位，是一部固根本、稳预期、利长远的基础性法律，对推进全面依法治国、加快建设社会主义法治国家，对发展社会主义市场经济、巩固社会主义基本经济制度，对坚持以人民为中心的发展思想、依法维护人民权益、推动我国人权事业发展，对推进国家治理体系和治理能力现代化，都具有重大意义。"①

　　但一切人造物都难免具有或多或少的缺陷，虽然在民法典制定的过程中，相关部门为制定一部完善的民法典提供了人力、物力、财力等各种保障，参与民法典起草的工作人员也为制定一部完美的民法典付出了极大的努力，但一些问题并没有得到很好的解决，如，尚未澄清的一个根本问题便是民法与商法的关系问题。

　　民法与商法的关系问题，即所谓的"民商合一还是民商分立"问题，改革开放四十余年中民法学者和商法学者常常争论的问题，相关学者对这

---

① 习近平在中央政治局第二十次集体学习时强调：充分认识颁布实施民法典重大意义　依法更好保障人民合法权益［N］．光明日报，2020-05-30.

个问题曾进行深入的研究，相关的讨论文章也是汗牛充栋，但在激烈的辩论之后，学者并未对这个问题达成共识。

虽然我国民法典以"民商合一"为编纂体例，民法商法化已经成为不可阻挡的趋势，但是，民商法学界仍存在"民商合一还是民商分立"问题的争论，尤其在商法学界，以范健教授为代表的学者认为："已颁布的《民法典》并未充分确认商事关系的特殊性，难以满足社会的商法制度需求。……为了弥补《民法典》在商事制度供给方面的缺失，中国应当考虑推动《商法通则》和《商法典》的编纂。"①

尽管民法与商法之间依然存在争议，但是在实际生活中民法与商法互相影响又互相渗透。本书本着中立的态度，对民法与商法的基础理论进行比较研究，以民法的概述为开端，分析全球化进程中我国商法面临的机遇与挑战，思考我国未来的商事立法模式；详细论述了我国民法与商法的内在关联，并以商事代理制度的立法模式为例解读我国民法与商法的关系；在此基础上，为进一步厘清民法与商法的关系，对比我国民法与商法的基础理论，从历史演进、性质、调整对象、法律规范特点、主导价值、主体以及若干具体制度等七个方面对商法与民法作了比较，指出两者具有重大区别；结合我国商法与民法关系的不同观点，对民商分立与民商合一两种立法模式评析；在对国外民商关系处理模式借鉴的基础上，探讨我国民法典之民商合一的特点，并建设性地分析我国民法典编撰背景下商事规则的立法路径。旨在对我国民法与商法的关系做以深入的分析与研究，希望能为我国民法典的实践及以后民商关系的处理提供理论参考，从而使民法典不断得以获得新的生命，以适应当代社会的快速发展。

由于篇幅及笔者能力所限，本书尚存在许多不足之处，在今后的工作中，笔者将持续关注民法与商法的关系研究，为我国的法典编撰贡献自己的力量。

---

① 范健. 中国《民法典》颁行后的民商关系思考 [J]. 政法论坛, 2021 (02): 25.

目 录

第一章 我国民法概述

民法是调整平等的民事主体从事民事活动中发生的财产关系和人身关系的法律规范的总和，是人类在长期的共同生活中总结出来的涉及财产关系和人身关系的基本法律规范。如果说以《汉谟拉比法典》为代表的成文法制定是法律发展史上的一大飞跃，那么法律的法典化就是第二次飞跃。从民法角度来讲，法典化是世界民法的发展潮流，是民法自身的发展需要，是现代社会发展的要求。我国作为一个拥有五千年文明积淀和一百多年大陆法文化浸润的国家，民法的法典化也是符合社会的发展需要、符合我国法律发展规律的。民法的法典化能促进市场经济的发展，促进改革开放的深入，对于我国社会主义法制社会的建设具有重大意义。

本章以民法的概念及本质为切入点，围绕"民法是什么""民事裁判中的依据是什么""民法要不要法典化"等问题阐述我国民法的演进过程和制定渊源，探讨我国民法法典化的必要性和制定民法典的有利条件及基本要求，为全书的研究奠定理论基础。

第一节 民法的内涵及本质

一、民法的内涵

民法是外来文化，源自古代欧洲的罗马法，在其发源地的拉丁语中，叫做"jus civile"，考其本义，无非是调整市民基本关系的法之义，可直译为"市民法"。当时叫它"市民法"，只是直呼其名，没有什么深意，后来，其被注入"私法""私权法""市民社会的法"等信息而成为专有名词。

民法有广义、狭义之分。广义民法，是针对私法全体而言，凡属于私法性质的成文法及不成文法，都包括在内。商法，亦即广义民法中的一部分。狭义民法，则是立于与商法相对地位的称谓，即除商法以外的私法。但此区别仅限于民商两法对立的国家。民法有形式民法与实质民法的区别。凡属私法，均称民法，是指民法的实质意义；单称命名为《民法》的成文法，是指民法的形式意义。民法有普通民法与特别民法之分。普通民法是指民法典，民法典是整个私法的普通法。民法典对于人、地域、事项等不做限制，规范一般的私生活关系，因此属于普通法。而采用民商合一国家的民事单行法和采用民商分立国家的商法，相对于作为普通法的民法典而言，就属于特别法。若普通法与特别法均有规定的事项，应优先适用特别法的规定。

民法是平等者的法。民法所调整的社会关系，无论是人身关系，还是财产关系，其主体都具有平等的性质。主体平等意味着民事主体在法律上处于同等的地位，用民法的术语来说，即指民事权利能力平等。主体平等是制定和适用民法规范的基础，也是民法调整人身关系和财产关系得以统一的基础。民事主体基于独立的人格和平等的地位，享有充分的意志自由。意志自由就是意思自治，在民法上体现为任意性规范的大量适用。民法允许民事主体自主选择行为模式。民事主体仅对基于自由表达的真实意思而实施的民事行为负责。民法对民事主体的行为一般不加干预，其任意性规范仅为民事主体建立可供选择的行为模式，是否适用听任民事主体按自主的意思决定。民法只在民事主体的自主选择可能危及整个社会利益和安全时才以强行性规范实施干预。意思自治是民法调整的灵魂。

民法为私法。公私法的划分是西方法律史上源远流长的对法律的分类，分类标准颇不一致，有法律保护的利益是共同利益还是私人利益、权利是否可以抛弃、主体是国家还是私人、规定关系是否平等、行为者是公主体还是私主体等分类标准，不论按何标准分类，都将民法和商法划为私法。在社会主义国家中，实际存在的公法与私法的划分标准是国家行政干预的程度和方式。国家直接干预且干预较多的法律部门，就是公法；国家干预较少且以间接方式干预的法律部门，就是私法。所谓间接干预，就是力图减少行政干预，使当事人在民事生活中享有政治生活中不具有的意思自治权，由当事人自己决定他们之间的权利义务关系，只在双方发生纠纷、不能通过协商解决时，国家才由司法机关出面以仲裁者身份对当事人之间的纠纷做出裁判。这种司法干预是间接的，也称为第二次干预。私法的民法观认为，对经济生活的调整应以民法的事前调整为主，建立当事人自由竞争的竞赛规则。事后调整是次要的调整手段，而行政调整应减少至最低程度。

民法为人法。民法对社会关系的调整通过调整人的行为进行，民法必须以人为出发点，其使命在于确定合理的人性观点，规制人的行为，体现对人的关怀。民法所调整的行为主体不仅是经济人，而且是理性地追求自己利益最大化的人。在民事活动中，当事人被假定为自己利益的最佳判断者，他能利用自己的知识以及他人的知识进行交易活动，承担交易的风险，享受交易的利益，对自己的行为负责。凡有交易，必有成功与失败两种可能。当事人在某场交易中的失利被理解为另一场成功交易的准备。因此，民法对交易的实体内容一般不加干预，而听任当事人按自主的意思决定，只以建立交易的公平竞赛规则为己任。

民法是市民社会的法，是市民的法。这里的市民社会并非我们现在所理解的与政治国家相对立的存在，而是人为的人群。与之对立的是自然的人群。家庭、氏族、胞族、部落和部落联盟都是自然的人群；村庄和城邦是人为的人群。自然人群与人为人群的不同，在于前者以血缘关系为联系的依据，后者以非血缘关系或陌生性为联系的依据。在费希特（J. G. Fichte）看来，由于权利规律只是告诉我们，每个人都应该通过对方的权利来限制自己的自由的使用，但却没有规定每个人的权利应当发展到什么程度，应当涉及什么对象。如果人们通过财产契约，用法律规定的共同意志表明了每个人的权利应当发展到什么程度，就此而言，这种共同意志所确立的就是民法。"如果这种共同意志还进一步规定了每个以这种或那种方式破坏法律关系的人应当受到何种惩罚，把这样确立的刑法也纳入民法的范围之内。"①这种意义的民法，实际上在费希特那里，就是市民法。

对公元2世纪中期的法学家来说，市民法的概念包括了两层含义：较早的含义是指一个共同体内部的法律规范的总体，另一个较晚的含义则是指适用于共同体中私人之间关系的私法规范的一个组成部分。在此之后的法学家，至少从《学说汇纂》保留的原始文献来看，主要遵循了后一种含义。它们源于对公法与私法概念的阐述。不过，这两种内涵之间不是没有任何联系。后一种概念是前者的限制以及仅仅在私法领域的适用。市民法概念的真正转折是由自然法学派（17世纪到18世纪）完成。这一学派的法学思想基础在于赋予每个人根据其本性而可以享受的一组主观权利；在这些权利中，处于中心地位的是自由权、财产权以及通过协议买卖、因为他人的过错而遭受损害时获得赔偿的权利。这些权利应该得到权威者的保障，为此市民与主权者订立了一个契约以确认这些权利：一方面是使这些权利得到落实，另一方面是限制国家的权力，使其不侵犯这些权利。这就是所谓的社会契约理论。这一理论产生了两个主要的影响：首先就是集中从（个人）主观角度来看待法律秩序，承认所有的公民有一定的权利以及在市民法与公法之间的严格的区分。前者是关于主体权利的规定，后者是关于国家权力的规定。因此，就开始了首先由18世纪欧洲的专制君主、后来由19世纪自由主义的国家所进行的新的法典编纂，以代替查士丁尼的法典，但是，它们不再具有统一的特征。事实上，分为两个不同的部分，前者是为了规范和保护个人权利的市民法的法典编纂；后者是确定和限制国家权力的宪法的法典编纂。在20世纪中期以后的飞速发展中，市民法的概念又经历了发展，这一发展仍然在继续之中。出现了一个新的趋势就是将商法——传统上作为独立的法典编纂的领域，也归并到民法概念中。与宪法对于人的权利的保护相对应，民法被赋予了一种新的功能，即通过更详细具体的规定来落实这些规定。从另外的方面看，民法也分出了一些新法，例如消费者法、环境法和生物伦理法。有人提出了以"一般原则法

---

① ［德］费希特. 以知识学为原则的自然法权基础［M］//费希特著作选集（第2卷）. 北京：商务印书馆，1994：447.

典"①取代现行的民法典，然后分别由特别法加以落实的提议。这样，很可能出现"一般民法"的现象。

二、民法的本质

民者，人也，民众也。这个"民"并不完全是"民间"的意思，它是从罗马法所谓的"市民法"演变而来的。人总是生活在两个社会中。一是市民社会，就是人之为本质的那些社会关系，人生存的基本需要。作为生物意义上的人，他需要占有财产，有良好的生活条件；作为社会意义上的人，他有名份的追求，希望得到别人的尊重。这都是人之所以成为人、人之本的东西，民法通过规则和文化来认可这些人之本的东西。二是与市民社会概念相对应的政治社会，政治社会是国家、政府发展以后人们不可离开的一种社会关系。人一出生便是一个国家的公民。具有这个国家的国籍。有选举权、被选举权、言论自由等宪法上的权利。但作为一个人，他的生存之本是在市民社会之中，而不是在政治社会中。政治社会中的需求对于人的正常生活而言是可多可少甚至是可有可无的，而市民社会中的需求则是人们须臾不可离开的，是人的生存之本。民法正是关于肯定和保护人之基本生存状态所需要的权利的法，这就是市民法。民法以充分创设和保障私权为己任；任何私权均受法律之平等保护；人格权神圣和所有权神圣是私权的核心内容。现代社会中有一种倾向叫私法社会化，私权受到了限制。例如，在所有权领域有所有权社会化之谓，即以社会公共利益和效率为由对个人所有权予以限制。如何来解释这种现象呢?随着国家、社会不断地膨胀，人口不断增加，地球上的可利用资源逐渐减少，利益冲突显著增加，不可避免地出现这种限制规则。但是，无论是国家干预经济，还是这种私法社会化现象，并没有影响到民法的本质。权利并非缩小了或者被其他东西，如义务所取代。如果真到了这一步，只能说明社会的倒退。反过来说，如果以国家的干预现象说明法律有服从政府的义务，这恰恰可能

---

① ［意大利］阿尔多·贝特奢奇. "从市民法（JusCivile）到民法（Diritto Civile）——关于"一个概念的内涵及共历史发展的考察". 薛军译. ［M］//吴汉东主编. 私法研究（第2卷）. 北京：中国政法大学出版社，2002: 97.

是为专制、暴政寻找的政治借口。没有了人之权利，也就没有了民法。民法要更多地给予人们自由创设权利的依据，每个人得依其自我意愿处理有关私法的事务。私法自治是对政府的一种制约，政府不能对市民社会的生活指手画脚。私法自治说到底就是对政府权力扩张的一种扼制。现代社会中，必须通过对私法自治的强调来尽量淡化政府在市民社会中的角色，政府的重要性更多地体现在当个人权利极度滥用以至损害他人权利的情况下进行干预，而干预的目的正好是为了权利更好实现，而不是为了显示政府的存在。任何民族、任何人种，其人本的东西是共性的，而民法关注的正是人本的东西。

在民法之中及其外围，如商法、社会法、经济行政法等领域，私权利受到公权力的限制越来越多，如"卡特尔"是典型的契约，它体现了当事人的意思自治，但许多国家以反垄断法等来限制这一类型的契约。公司是一种私权契约，但当今的公司法几乎演变成为社会性的法律，当事人的权利义务时时处处受到限制，有的学者将其称为"私法的社会化"，但民法的根还是立于私权之上。

民法是以对生存的人（包括能够作为人的组织）确立为人作为根本出发点，并以人的彻底解放为终极关怀的。民法在整体上就是一个关于标准的人的样板规定，即为人立了一个法，比如关于民事权利能力的规定，就是关于人的资格的规定。凡具有民事权利能力者就是人，因此除自然人外，具有民事权利能力的组织也是人。民法上的人是一个理性的社会普通成员。民法上的人是一个负载着丰富文化价值的社会普通成员，即一个法律文化主体。民法人的理性是建立在丰厚坚实的民法文化基础上的，使民事主体之间的关系最终表现为一种人的平等、自由、公平、诚信价值实现的文化关系或联系。民法以人为中心，以权利为基点，以行为为手段，以责任为保障，为平等主体之间的人身关系和财产关系法治化作出科学的构建，使市场经济获得一个完整的基础法律体系以及成熟的法治模式和法律方法。这是数千年人类民法文化发展、积累的结果。人类历史传统已经证明，在市场经济基础上的法律上层建筑，应以发达完善的民法作为支点进行构造。

第二节 我国民法的演进及制定渊源

一、我国民法的演进

面临现代社会的挑战，民法必须做出全方位的调适，于是相对近代民法，现代民法发生了许多实质性的变化。对于这种变化，台湾学者刘得宽先生认为可从民法诸原则实质内容的变迁窥其端倪。刘得宽认为，现代社会为求其目的之实质上实现起见，使近代民法之诸原则表现为下列各种之展开：第一，从抽象性人格之尊重转变为具体人格之尊重；第二，权利之公共性与滥用之禁止；第三，交易安全之保护、公序良俗之尊重，以及契约之基准化；第四，无过失责任论之抬头。①

针对20世纪以来民法面临的形势和现实社会对民法提出的挑战，以及现代民法做出的积极回应，刘德宽的论述可谓高屋建瓴，切中要害。具体到我国而言，又有自身的诸多特点。对此，有学者认为，我国民法现代化的演进主要体现为民法发展的三个趋势。

一是民法国际化趋势。市场经济的国际化以及国际垄断组织瓜分市场的结果，使得一方面各国民法因互相借鉴移植而趋同，另一方面，各国民法又因国际组织统一适用的共同民事法律的出现而走向统一。两大法系因相互渗透导致相互的差距日益缩小。立法技术上，各国制定民法典也有共同标准。

二是民法的社会化趋势。适应二战后因国家调控经济的加强而导致的立法社会化倾向的发展，民事立法体现为由"个人本位"向"社会本位"过渡。其直接表现形式为民法三大原则的修订，其中法官的裁判起到完善法律的作用。社会化趋势对于我国立法已成为必要的考虑因素，但同时应明确民法虽然内容不断丰富，规则也有变更，但其结构体系并不会发生本质的改变。

---

① 刘德宽.民法诸问题与新展望[M].台北：台湾三民书局，1979：81-84.

三是民法商事化趋势。大陆法系民法早期大多采纳民商分立的立法主义，由于近代商事行为和非商事一般民事行为已难以区分，商业职能与生产职能融为一体，商人作为特殊阶层及其特殊利益已经消失，民商合一主义符合法律发展潮流。大陆法系各国纷纷转而采纳民商合一主义，将商法有关内容并入民法典，当民法制度对社会形势变化做出回应的同时，民法适用从观念到具体适用过程，都将发生深刻的，甚至是革命性的变化。

二、我国民法的制定渊源

（一）我国民法的制定法渊源

我国拥有大陆法系传统，制定法应当作为我国民法的渊源主要形式和首要形式，这是毋庸置疑也无须论证的。在我国，与民法有关的制定法主要包括宪法、法律、行政法规、地方性法规、经济特区法规、自治条例、单行条例与规章，还有争议比较大的最高人民法院的司法解释。

1. 宪法

宪法中的基本权利宣告对民法权利发挥了价值导向和价值判断的作用，因此，以宪法作为对民法规范和原则的正当性论证理由，即宪法作为民法的"解释性法律渊源"而为民法提供支持，这在我国所谓"宪法司法化第一案"——陈某琪侵犯姓名权中有所体现。应该看到的是，该案中原告的受教育权的确受到了侵犯，但它是从宪法中的公民受教育衍生和具体化到民法中的权利，是一种民事权利。

2. 法律

在我国的立法中，不仅仅是行政规范或者刑事规范存在于民事法律中，诸如一些民事单行法在"法律责任"中规定了大量的行政责任和刑事责任，同时，某些行政甚至刑事法律中也包含着民法规范，例如产品质量法和食品安全法中规定了民事赔偿责任，而刑事诉讼法则规定了刑事附带民事诉讼的赔偿范围，这个本属于民事法律规范的范畴。无论什么性质的法律，只要其具体规范属于对民事法律关系的调整，都属于实质民法，应当成为民法的制定法渊源形式，并且是主要的裁判依据法源形式。当然，这里的"法律"还包括了全国人大及其常委会所做的立法解释，且从适用效力上来看，由于是全国人大及其常委会制定并颁布，法律的效力位阶仅次于宪法并施行于全国范围。

3. 行政法规

行政法规虽属于行政立法的范畴，是国务院为执行法律或者行使行政职权所制定的规范形式，但它是以宪法和法律为根据或者由全国人大及其常委会授权制定的，属于制定法形式，许多行政法规都涉及对一定的民事法律关系的调整，应当成为民法的制定法渊源，如国务院颁布的《机动车交通事故强制责任保险条例》就是机动车交通事故侵权损害赔偿案件当中重要的裁判依据。行政法规作为民事案件的直接裁判依据也是得到了我国司法界的普遍认同的，最高人民法院规定裁判文书的引用依据时就将行政法规明确列入其中，规定"应当适用"和"直接引用"行政法规，在有关合同法的司法解释中，也将法律和行政法规并列作为确认合同无效的依据。

4. 地方性法规、自治条例和单行条例

地方性法规、自治条例和单行条例都属于地方人民代表大会及其常委会行使立法权的制定法形式，其效力范围仅限于本行政区域，在效力位阶上不得与宪法、法律和行政法规相抵触，属于下位法，自治条例和单行条例虽然能够对法律和行政法规做出变通的法律规定，但仍不得违反这些上位法的基本原则，设区的市、自治州所制定的地方性法规在效力位阶属于相应的省和自治区所制定的地方性法规的下位法，不得与其相抵触。在某些情况下，地方性法规、自治条例和单行条例也能够作为裁判依据法源进入民事司法裁判当中。

5. 部门规章、地方性政府规章及其他规范性文件

在民事审判实务当中，行政规章只能是被法官"可以""参照"适用，而不是如同法律、行政法规等属于直接裁判依据，最高人民法院在民事裁判文书的引用依据的规定中也没有将行政规章列入其中。是"可以"而非"必须"，属于"参照"而非"依据"，这些用语说明行政规章在民事审判中并非是正式法律渊源，对它的适用并非法官当然的义务而属于自由裁量权的范畴。如果不存在有效合同和习惯规范，也应当在结合民法的

基本原则和法理的前提下参照适用，以防止行政权力对民事领域的侵入，即，行政规章只能作为裁判辅助法源而不能作为裁判依据法源独立存在。

至于规章之外的政府及其工作部门制定的其他规范性文件，其普遍约束的效力主要体现在行政管理和行政诉讼当中，最高人民法院认为可以在民事案件中将其作为裁判说理的依据，但应当结合具体案件的审理需要，并且需要经审查认定为合法有效的，才可以用于说理。据此可以得知，规章及其以下的规范性文件（包括前述的政策性文件）都只能作为裁判说理的依据，即用于解释和论证的"裁判辅助法源"。

6. 最高人民法院的民事司法解释

我国立法法规定，"法律解释权属于全国人民代表大会常务委员会"，但该法律解释权属于立法解释，其效力等同于被解释的法律本身。我国与民法有关的司法解释主要指的是立法法第一百零四条的规定的，最高人民法院做出的，主要针对具体的法律条文，并符合立法的目的、原则和原意，属于审判、检察工作中具体应用法律的解释。这种解释的基本形式主要包括"解释、规定、批复和决定"①，与前述个案式的司法解释不同的是，这是一种一般性、具有普遍约束力的规范性解释，其解释权也并非由个案法官享有，而是由相关立法授权于最高人民法院②。为与前者个案式的司法解释相区别，它被学者称为"抽象性司法解释"，这是我国真正意义上的"司法解释"，是一种规范性法律文件。最高人民法院也做出了一

---

① 根据 2007 年 3 月最高人民法院发布的《关于司法解释工作的规定》，对在审判工作中如何具体应用某一法律或者对某一类案件、某一类问题如何应用法律制定的司法解释，采用"解释"的形式；根据立法精神对审判工作中需要制定的规范、意见等司法解释，采用"规定"的形式；对高级人民法院、解放军军事法院就审判工作中具体应用法律问题的请示制定的司法解释，采用"批复"的形式；修改或者废止司法解释，采用"决定"的形式。——笔者注

② 1981 年 6 月全国人大常委会颁布《关于加强法律解释工作的决议》，规定"凡属于法院审判过程中具体应用法律、法令的问题，由最高人民法院进行解释"。并在 1979 年制定的《人民法院组织法》中规定"最高人民法院对于在审判过程中如何具体应用法律、法令的问题，进行解释"。——笔者注

系列关于司法解释法律效力的规定。①这些规定肯定会被法官遵守，在事实上已经确定了最高人民法院司法解释独立的民法渊源地位，只不过是后位于法律的法律渊源而已。

（二）我国民法的非制定法渊源

1. 合同

在合同纠纷裁判当中，法官无法越过承载着当事人意欲发生一定法律效果的合同，直接以制定法中的法律规范构建裁判依据来作为大前提裁决案件，即使这个合同是有问题的、无效力的，法官也必须在阅读和理解合同本身之后才能做出判断，而在合同有效的情况下，法官更是应该直接按照合同的内容来确定当事人之间的权利义务关系，而不能适用制定法的规定，此时，法官做出的有强制约束力的权利、义务及法律责任的判决是对合同内容本身的确认，而非来源于法律的规定。合同是民事主体协商之后形成的意思表示的一致，该合意体现了当事人的自由意志，把合同作为民法的渊源，就体现了对意思自治原则的尊重。这就要求法官在合同纠纷案件中找法的时候将合同作为首先寻找的对象，同时要求法官在解释合同的时候应当尊重作为"私人立法者"的合同当事人的意志，致力于还原合同文本的真意，而不是把自己当作立约者专断任意地修改合同文本。因此，合同作为民法的渊源，是规范司法自由裁量权的需要。有效的书面合同在合同诉讼当中，是首要适用的法律渊源。

2. 习惯法、习惯规范与自治规范

习惯、习惯法和习惯规范分属于不同领域，习惯是一种社会现象，是一种既存的、被感知的社会事实，承载着行为人的经验，属于事实的范畴；有些习惯蕴含了一定的行为规范性，这些表现出来的客观的社会规范与宗教规范、道德规范、伦理规范等其他社会规范并存，体现了社会成员

---

① 《最高人民法院关于裁判文书引用法律、法规等规范性法律文件的规定》（法释〔2009〕14 号）第 4 条规定，"民事裁判文书应当引用法律、法律解释或者司法解释"。同时在《最高人民法院关于司法解释工作的规定》中规定，"最高人民法院发布的司法解释，具有法律效力""司法解释施行后，人民法院作为裁判依据的应当在司法文书中援引。人民法院同时引用法律和司法解释作为裁判依据的，应当先援引法律，后援引司法解释"。——笔者注

自我行为的约束，能够满足共同他成员对其行为的期待，也可以作为第三人对一定行为的评价标准，被称之为"习惯规范"。习惯规范被国家制定法设置在某些条文中以指引主体的行为，或者被法官作为裁判规范成为判例法的一部分，这时已经是国家权力通过立法和司法的方式对习惯规范的"法"的确认，已经属于国家法的范畴，不再是社会规范的属性；这时就应当被称为"习惯法"，是真正的法，是与制定法相区分的法，但作为现行法的一部分，其和制定法一样都属于裁判依据法源和正式法律渊源。我国没有判例法传统，因此，习惯法在我国仅限于通过制定法某些条文的指引而被立法间接确认为"法"的情况，有学者把这种指引性的条文称之为"准许性规范"。在我国民法典的物权篇直接规定了"准许性规范"，如民法典第289条和第321条的规定①。另外还有一些司法解释的规定，如《最高人民法院关于子女姓氏问题的批复》②和《关于适用中华人民共和国婚姻法若干问题的解释（二）的规定》③，如今这些司法解释的规定都已列入《中华人民共和国民法典》中。

社会体系中的规范形式常常优先于法律规范对社会发挥调整作用，社会规范的表现方式就是民间法，其中人们以反复从事的习惯行为方式表现出来的规范是习惯规范，一定的社会自治组织通过成文的方式，规定自治事项、规范其组织成员行为的规范，是自治规范。这两者的权威性都源

---

① 民法典第 289 条规定："法律、法规对处理相邻关系有规定的，依照其规定；法律、法规没有规定的，可以按照当地习惯。"第 321 条规定："天然孳息，由所有权人取得；既有所有权人又有用益物权人的，由用益物权人取得。当事人另有约定的，按照约定。法定孳息，当事人有约定的，按照约定取得；没有约定或者约定不确的，按照交易习惯取得。"——笔者注

② 该批复(1951 年 2 月 28 日发布，目前仍有效)规定："子女的姓氏问题，在夫妻关系存续中一般的情况是不会发生的，如来文所称，尽可以从民间习惯。如竟有此具体问题发生而父母双方不能达成协议时，自应以子女自己表示的意志为主。子女年幼尚无表示其自己意志的能力时，应从民间习惯。"——笔者注

③ 该《解释》第 10 条规定："当事人请求返还按照习俗给付的彩礼的，如果查明属于以下情形，人民法院应当予以支持：(一)双方未办理结婚登记手续的；(二)双方办理结婚登记手续但确未共同生活的；(三)婚前给付并导致给付人生活困难的。适用前款第(二)(三)项的规定，应当以双方离婚为条件。"由于各地关于彩礼的习俗并不相同，因此本条应该设计成指引性的条款，而不是直接将内容予以固定。——笔者注

于社会权力，都是尊重民事主体对自己生活的自主安排，是私人自治的体现，都具有与法律规范相似的"规范性"，都具有外部约束力使其与法律规范都是社会控制的外控规范，对符合公序良俗原则要求的习惯规范和自治规范的法源地位的承认是国家对一定社会权力予以认可的表现。两者的差别在于，习惯规范是以不成文的事实上的习惯行为为表现方式的，具有实践性，自治规范以明文规定的方式存在，具有形式上的明文性、严谨性；习惯规范是自发形成的，是"行动中的规范"，自治规范是自治组织体自觉制定的，是"制定的规范"；习惯规范主要通过共同体成员口耳相传和行为践行得以贯彻和落实，具有一定的隐蔽性，需要司法识别，自治规范需要公之于众，具有公开性和易识别性。中国传统上是一个礼俗社会，民法在中国历史上很少以制定法的方式存在，民事法律关系主要依靠风俗习惯、乡规民约、行业规范、道德礼仪等民间规范方式调整，习惯规范和自治规范起着举足轻重的作用。虽然现在已经基本建立起了民事法律制度，但法律不能解决所有的问题，习惯规范和自治规范都起到了先于法律的建立和维护社会秩序的作用，而且往往比法律更易被社会大众理解和接受。

3. 指导性案例

在中国是要引入英美的判例法制度还是借鉴大陆法国家的判例制度，一直是法学界争论的问题，2005 年《人民法院第二个五年改革纲要》正式提出要在中国建立和完善"案例指导制度"，将这种性质的争论引向了具体制度的设计领域。2010 年最高人民法院出台《关于案例指导工作的规定》以及 2011 年末最高人民法院开始发布一系列指导性案例，中国的"案例指导制度"的实践和制度建设的探索已经正式展开。我国的案例指导制度已经基本上确立了指导性案例的非正式法律渊源的地位，其在制度制定和运行主体的权威性、案例的推荐和决定的程序、案例的公开与发布以及案例的内容制作等方面已经初具模式。

4. 法理

法理可以分为法律类和事实类的原理，法律类的原理又可以分为价值类的法则和技术类的法则，价值类的法则主要表现为民法的基本原则和法的秩序法则，技术类的法则主要是法的技术与操作方法和法律内的条理和结构，如法律方法和法的适用原则等。按照其与制定法的关系又可以分为制定法之内的法理和制定法之外的法理，作为"漏洞补充的法律渊源"的法理是制定法之外的法理，其之所以能够补充漏洞，根本原因在于法理本身就是形成法的重要因素；而制定法之内的法理当然能够帮助运用各种解释方法释明法律条文，此时它是"解释性的法律渊源"。

5. 国际条约与国际惯例

国际条约与国际惯例是国际法的主要渊源，即使被国家和当事人认可也不能作为民事裁判依据直接进入我国的司法审判，这是基于主权独立和主权平等的要求，我国的人民法院只有遵循我国本国法的义务。我国所缔结的国际条约中涉及的国家意志不仅是我国的国家意志，还包括了其他缔约国的国家意志，国内法院直接适用国际条约会导致我国国家主权对内职能的削弱，因为这意味着我国立法机关的立法权部分被取代或者丧失，也是我国部分主权的丧失，因此，国际条约必须经过我国国内立法的指引和转化才能适用于司法审判。经我国国家意志将该国际条约转化为国内法的形式，法官可以依照国际条约的内容确定和分配当事人的权利义务，但这仍属于遵循国内法对于国际条约指引的规定，是根据国内法做出的判决，国际条约并不具有独立的裁判依据的地位。

国际惯例只有经我国立法和当事人认可才具有法律效力，适用方式也相应地分为法定直接适用和当事人选择适用两种类型。法定直接适用的方式是通过国家立法肯定国际惯例在国内的法律效力地位，可以将国际惯例的内容直接吸收为国内法，也可以在国际私法立法中做出指引适用国际惯例的规定，当事人选择适用某一国际惯例，是国际惯例在国内适用的主要方式，通过被当事人自愿协商一致纳入合同条款而具有了合同的法律约束力，这种情形下的国际惯例已不具备独立的规范意义，而作为合同条款的一部分存在。而作为合同条款存在的情况下还应当接受法官对其效力的审查，当确定不违反国家的强制性或禁止性法律规定的情况下，方能以其作为确定当事人合同权利义务的有效依据。因此，国际条约和国际惯例在民事审判中的适用方式，要么是通过国内立法转化和指引的方式才能够被应用，要么是作为有效合同的具体条款被法官适用，而不能在没有立法或者合同的前提下被法官直接或者独立作为民事裁判依据来适用。因此，国际条约和国际惯例在民法渊源中并不具有独立的形式意义，而必须以一定的国内立法和有效合同为前提。

第三节　我国民法法典化的必要性

一、法典化是世界民法发展的潮流

法律是随着国家的出现而出现的，贯穿了人类社会化发展的始终。而民法则是市民生活中必不可少的核心法律之一。它调整着人与人之间最基本的相互关系，是人类社会有序发展的基础。一般来说，任何一个社会制度都会有其相应的民法体系和各种民事方面的法律，各个国家之间民法发展水平也高低不一，但是其民法发展到高级阶段的标志则是民法典的制定，因而世界民法发展的潮流便是民法的法典化，拥有民法典的国家中不仅仅有法国、德国这些大国，甚至连蒙古、越南等国家都拥有自己的民法典。由此可见，民法的发展特别是有大陆法系传统的国家的民法发展，是以法典化为标杆的。因此我国作为一个有着五千年历史沉淀而且有着一百多年的大陆法文化浸润的国家，更是应该顺应世界民法发展的潮流，制定我们自己的民法典。

二、法典化是民法自身发展的需要

法律的发展轨迹，一般都是先从习惯法到成文法，再从成文法到法典法。可见，民法自身的发展要求也是向成文法的方向发展的。时至今日，民法共经历了三次大的法典编纂热潮。第一次是发生在 6 世纪的罗马法编纂，产生了《罗马法大全》；第二次是发生在 19 世纪欧洲的近代民法典编纂运动，产生了以法国民法典、德国民法典、瑞士民法典等为代表的一大批著名的民法典；第三次是发生在 20 世纪末的 90 年代，以 1992 年新荷兰民法典，1994 年俄罗斯民法典，1994 年蒙古民法典，1996 年越南、哈萨克斯坦、吉尔吉斯斯坦民法典，以及 1998 年土库曼斯坦民法典等为代表。甚至是一贯以英美法系代表自居的美国，也在借鉴法典法的优点，发起了法典化运动，制定了如《统一商法典》在内的一批法典法。为什么民法的发展需要它以一种法典的形象示人呢。这首先和市民社会的形成有关系。在现代社会，法律不再是高深莫测的学科，也不仅仅只有专业人士才能驾驭。现代社会中，法律与每个人的生活都息息相关，紧紧相连。这就要求法律的制定应该更加通俗和贴近生活。而民法的法典化正是解决这一问题的途径，一方面法典化能显著降低普通民众学习法律的难度，将杂乱的法律集中起来，便于人们学习与查找。另一方面也降低学习法律的成本，用一本法律便能包含调整人们权利义务关系的基本规定，而不用去购置各个法律的单行本。其次，法律的法典化还能促进法学研究的不断进步。对于法学研究者来说，一本综合的法典远远比杂乱的单行法更方便研究与查找。同时法典相较于单行法还更容易修改和注释，这也有助于法律的不断进步。所以，我们可以看到法典化也是法律发展的自身要求，所以我国的民法发展的方向也正是制定民法典。

三、民法法典化是现代社会发展的要求

（一）法典化对促进改革开放的作用

从 1978 年开始，我国开始改革开放，改革是社会发展的动力，也是经济活跃的源泉。经过四十多年的努力奋斗，我国的经济建设成就举世瞩目，中国经济增长为世界第二大经济体，GDP 也成功超过日本，跃居世界第二。可以说改革拯救了中国的经济和未来，但是改革毕竟是一项政策，其本身并不具备长远性和稳定性，而经济发展的基础是什么？是统一的市场和自由的贸易。这些都是政策所不能给予的。2008 年以来，世界性的经济危机席卷了整个世界，中国的经济发展也受到了影响。在全球经济疲软的严峻形势下，迫切需要刺激性的改革来保证经济的软着陆。深化经济体制改革的切入点是什么，应该是法律的改革。法律能从根本上保证经济改革的推进；保证统一市场的形成；保证贸易的自由平等；保证政策的长远性与稳定性。所以，成文的法典是经济体制改革稳步推进的最强有力的后

盾。民法作为和经济生活息息相关的法律，也应该发挥其促增长、保稳定的内在作用，而最好的形式，便是制定我们统一的民法典。

民法的法典化也是我国改革开放的重要标志。民法的法典化符合世界民法发展的潮流，是我国自身法律系统的重大改革。法典化会促进我国法律体系与世界的接轨，进而促进改革开放的深入推进。从全球经济一体化的角度来看，民法作为调整经济关系的主要法律，也需要一体化才能促进经济的良性发展。各国的民法规定越是不统一、差异越大，就越会阻碍国际间的经济交往。因此，民法的法典化能缩小我国民法体系和国际主流的差别，促进市场的国际性发育，深化我国的改革开放水平。

（二）法典化是市场经济发展的必然要求

市场经济是社会化的商品经济，是市场在资源配置中起基础性作用的经济。市场经济具有平等性、竞争性、法制性、开放性等一般特征。市场经济是实现资源优化配置的一种有效形式。由市场经济的特征我们知道，市场经济也是法制经济。首先，市场经济作为一种权利性经济，是市场主体的局部利益的集合，需要利用法律来保障和维护市场主体的利益。其次，市场经济是高度竞争的，需要运用法律创造和维护公平竞争的自由竞争环境。最后，市场经济作为契约精神的体现，仅仅依靠交易双方的自我约束是不行的。这就需要法律来维护市场竞争，保障市场的秩序。我国发展市场经济四十余年，也深深地体会到法制的健全是市场经济发展的基本保障。一是起到对资源的合理配置作用，在市场经济中，资源的配置是自发的，但又是盲目的，因此需要法律来合理引导资源的配置。二是起到对经济规则的保护作用，市场经济是自由经济，同时又讲诚实信用的规则，否则市场经济也无从谈起，所以要求法律对经济的基本规则予以保障。民法以其和经济的天然联系成为市经济建设中的建设重点，因此从市场经济的发展来说，也要求民法尽早法典化。

（三）法典化符合现代法律关系发展的趋势

法律的平民化，第一是构建社会主义和谐社会的需要。构建社会主义和谐社会是一项复杂的系统工程，需要我们长期的努力才能完成，而在这其中，法律在保障公民基本权利、维护社会公平正义、缓解社会矛盾方面发挥着基础性的作用。秩序是社会发展的基本要素，也是建设社会主义和谐社会的基本要求。完善立法、严格执法才是建设和谐社会的核心工作。在现代社会，随着社会经济环境的不断发展，人与人之间的矛盾正向着多样化、复杂化演变。人们的法律意识也在不断提高，对于法律在处理人民矛盾中的期望值也越来越高。法律在社会中承载的是稳定性、连续性、规则性、安全性等功能。而实现法律所追求的社会秩序，就是要形成民主法治、安定有序、公平正义、诚信友爱、充满活力、人与自然和谐相处的社会状态，这是社会主义和谐社会的本质内涵。所以民法的法典化对实现和谐社会至少有三个方面的好处。首先，民法典协调社会各阶级的利益分配，有利于建立安定有序的社会环境。利益是客观的，永远存在的，而民法典可以通过法典的规定确认、界定、分配各种利益，协调社会利益关系，保障、促进社会各主体的利益实现。其次，民法典的制定可以更好地保障社会公平正义、建立诚实信用的社会主义诚信体系。公平正义是法律与生俱来的品质，也只有通过法律才能保障；诚实信用是社会主义市场经济的基本要求，也只有通过法律才能保障。构建社会主义和谐社会必须以保障人民的根本利益为出发点，通过民法典的制度配置、权利设置确认社会主体相应的权利与义务，在此基础上培育和发扬诚实信用的社会风尚，使社会发展实现从法律到道德的飞跃。最后，民法典可以更好地保障人权，实现以人为本，促进人的全面发展。人权创造和谐，在政治上表现为民主，在法律上表现为法治。法律可以将人权保障制度化，保证整个社会的运转服从于法律至高无上的权威，做到法律高于人情，高于权力，真正用法律保障人权，协调人与人的关系，维护社会和谐。

第二，民法典符合法律平民化的趋势是由于法的价值决定的。法的价值是指法的有用性，也就是法满足人的需要的积极意义。法的价值的研究，经过了千百年的凝练，固化了秩序、自由、效率和正义等几种基本价值形式。在现代社会中，法律是秩序得以建立和发展的最重要的手段。而自由则意味着人拥有做一切法律所允许的事情。效率则是法律的重要价值目标。公平正义则是法律所追求的理想状态。这些都是法对于人的价值。现代社会，人们对于法律在调整相互之间的关系的期望值越来越高，也就要求法应该最大程度地发挥它的价值。民法为何长盛不衰？就是因为它在社会经济生活中发挥着巨大的作用，所以制定民法典更能体现出法的价值。发展与解放全人类是无产阶级的伟大理想，真正的法是为了谋求人的发展的。不管是从建设和谐社会还是法的价值来说，都证明民法的法典化和人的全面发展这个要求是相统一的。

第四节 现阶段制定民法典的有利条件及基本要求

一、制定民法典的有利条件

（一）立法上的有利条件

我国民法学的发展已经经历了一百余年的历史，可以说几经沉浮。从1908 年的《大清民律草案》开始，我国已经有了包括《中华民国民法》在内的至少 4 部民法典性质的法律。从这些法律的变迁便可以一窥我国民法研究的历史。中华文明源远流长，从先秦李悝制定《法经》到《大清律》，历时两千余年。但在 1860 年以前，中国的民法都是在封建社会下形成的封建性的民法，终究逃不过民刑合一、民法儒家化的桎梏。从 1860 年之后，我国才渐渐走上民法现代化的道路。清光绪二十八年（1902年），清廷任命法学家沈家本、伍廷芳主持修律，几经努力，至 1910 年底，民法典草案完成，名为《大清民律草案》，包括总则、债权、物权、亲属、继承等五编，共计 1569 条，该草案在制定时大量聘请日本和欧洲的法学家参与制定，故而在体例上是参考大陆法系特别是德国民法典和日本民法典的体例。虽然该草案最终未及实施，但这次民法的编纂是我国第一次制定现代民法，其重要意义在于将大陆法系，特别是德国民法的概念体系引入中国，从而决定了中国近现代民法的基本走向。中华民国建立后，先于 1925 年完成《民国民律草案》，后在 1930 年编纂完成《中华民国民法》，包括总则、债权、物权、亲属、继承五篇，共 29 章，共 1225 条。这部民法典是中国历史上第一部真正的民法典，同时值得注意的是该民法典是民商合一的民法典，与新中国成立后的民法有较大不同。

新中国成立后，我国就开始着手制定新的民法典。1956 年完成第一部民法草案，共 525 条，分为总则、所有权、债权、继承四编。这是模仿苏俄民法的结果，表明新中国的民法体系开始从以法德为师转向以俄为师的道路。改革开放以后，随着我国从计划经济向市场经济的改变，民法的地位和作用日益凸显，于是中央从 1979 年11 月成立民法起草小组，至 1982 年 5 月起草了《民法草案（一至四稿）》。该草案共包括 8 编，43 章，465 条。由于我国当时刚刚走上改革开放道路，经济和社会生活还处于摸索阶段，立法者认为制定统一的民法典的条件还不具备，因此决定采用先制定一部民法通则，再分别制定各民商单行法的方法。迄今以来形成了以民法通则为统帅的包括合同法、担保法、婚姻法、继承法、物权法等单行法在内的民法体系。虽然这种体系在改革开放的初期，显示出了它灵活、易变的优势，但是随着改革的进一步深入，社会发展的规律日趋稳定，单单一部民法通则已经不能满足市场经济的发展和社会生活对法律调整的要求。因而制定民法典变成了一个现实而迫切的任务。立法机关对于我国制定民法典曾经有过"三步走"的设想。第一步，制定统一合同法，实现市场交易规则的统一和现代化；第二步，制定物权法，实现有形财产归属关系基本规则的完善和现代化；第三部，制定民法典，实现整个民法的现代化。

（二）学术界的理论准备比较充分

新中国成立以来，法学界就一直在为我国民法典的到来而进行着准备。从 1954 年民法草案开始，我国至今已经进行了三次民法典的编纂活动，前两次因为历史原因，已经淡出了我们的视线，甚至于第二次民法典草案的编纂因为"文化大革命"的错误引导而失败了，但是我国的学术界从来就没有放弃过对民法典的追求。21世纪初，我国又兴起了一轮民法典立法的热潮，其中最具代表性的就是包括民法典（草案）在内的各种民法典研究。2002 年 12 月，《中华人民共和国民法（草案）》首次提请全国人大常委会审议，拉开了新世纪民法典制定研究的序幕。这部民法典草案共分为九编，分别是第一编总则，第二编物权法，第三编合同法，第四编人格权法，第五编婚姻法，第六编收养法，第七编继承法，第八编侵权责任法，第九编涉外民事关系的法律适用法。其中民法草案中的总则、物权法、人格权法、侵权责任法、涉外民事关系的法律适用法等五编，是在现有法律基础上重新起草的。该部法律内容庞大，为包括商事规定在内的民商合一的民法典，共 1200 余条。除此之外，在学术界中对于民法典的研究也呈现出百花齐放的局面。如中国社会科学院学部委员梁慧星教授认为我国的民法典应该是"编纂体"，建议制作一部着重逻辑性和体系性的大陆法系的民法典。他认为中国民法师从大陆法系民法，特别是德国民法典，因此，从法律的稳定性来说我们应该坚持这种法律传统，以逻辑性为标准，采用德国式五编制体例来制定我国的民法典。中国人民大学的王利民教授认为我们应该采用松散式、联邦式的民法典。他认为我们不应该制定一部无所不包的大民法。不能以传统的民法观念来看现代民法的制定。所以他认为我们的民法典应该是"汇编体"，就是按照英美法系的方式来编纂。

厦门大学的徐国栋教授认为应该以罗马法为思路制定我国的民法典，他认为应该把民法典分为两大部分，即人法和物法。人法包含：①亲属法；②自然人法；③法人法；④继承法。物法包含：①物权篇；②债权篇；③合同篇；④知识产权篇。其特点是带有罗马法的鲜明特色，把人法篇放在物法篇前面，这是明显的强调人文主义。

中国社会科学院李永军教授认为西方国家法律民商分离是历史原因造成的，以前西方法律是摈弃商事的，商人无社会地位，遭受歧视。中国以前商人也是无地位的，历史上也从来没有商法典。但是现在民法的许多内容发展，是由于商事关系和商事活动促进的。因此，根据中国的现实，在制定民法典时应考虑民商合一。

中国政法大学的米健教授认为民事与商事活动在主体与客体方面均存在一定的区别，商法没有国界，而民法则有国界。另外，民法所调整的范围和包括的实质内容基本一致，而商事活动则是变化多端的，商业准则也会随时变化。因此，民商合一会导致法律适用的僵硬，跟不上商事活动的快速发展。所以他主张民法典应该民商分离。

李永军教授认为，人格权不能独立成篇。因为：（一）人格权没有放弃转让、继承、买卖、登记等问题。（二）正面规定人格权是没有意义的，因为人格权只有受到侵犯时才能显现。（三）人格权是不能支配的，不是支配权，没有支配性。几乎所有国家都将人格权放入侵权行为中规定，从反面进行规定来保护人格权。没有规定并不是立法疏漏，而是开放式的立法。我国《民法通则》中是封闭式的规定，封闭式的规定是反人文主义的，而人格权应是开放式的。

而王利民教授则认为人格权单独设篇有利于符合保护人权的要求，同时也突出了以人为本的立法思想，也符合我国现在的立法理念。因此其主张我国的民法典应该突出保护人格权，应该单独设篇。

除此之外，包括徐国栋教授的《绿色民法典（草案）》在内，当时官方、民间已经有了五部民法典草案。其争议之大，史无前例。主要焦点集中在采取"编纂"模式还是"汇编"模式、债法总则编的存废与否、人格权是否独立成编、知识产权应否纳入民法典、物权法中所有权如何分类，涉外民事关系的法律适用是否纳入民法典之中六大争论。总体而言，民法典（草案）是一部较先进的法案，特别是诸如时效制度规定较有效率、物权保护种类增加、确立契约和侵权行为的分野、确立无因管理和不当得利的不同性质等方面有较大进步。另外在立法结构上，也有两个方面的进步，一是在总则编设专门章节规定"民事权利""民事责任"。二是将"人格权法""婚姻家庭法""继承法"排列在一起，初步体现了对人身关系进行统一法律调整的要求。

除了民法典（草案）外，其他学者对民法的研究也达到了相当高的程度。如厦门大学徐国栋教授的《绿色民法典（草案）》便是一例。该草案从人与自然和谐相处的理念出发，与落实科学发展观、构建和谐社会、构建节约型社会的政治理念高度契合。强调经济发展与环境资源保护的和谐统一，强调人权与动物权的统一。高度宣扬诚实信用理念，反映了市民社会对诚信、对人权和对自由平等的强烈诉求。而且强调对社会公共利益的支持，强调对社会公序良俗的维护，强调对社会弱者的保护，等等。虽然该法案过度偏向于绿色概念，还有部分不成熟的地方，但是法案中还是有许多创造性的观点值得我们深思。

综上可知，我国法学界对民法典的建设是做了大量的研究的，这些研究都具有很强的先见性和前瞻性，完善了制定民法典的理论基础，是制定民法典很好的借鉴和启示。

（三）社会条件上的有利因素

1. 市民社会的逐渐形成

民法典的形成需要一个宽松自由的社会环境和社会观念，最典型的就是要形成市民社会规则。市民社会的概念最早起源于古希腊，即"自由和平等的民众在一个合法界定的框架下结成的政治共同体"。这就证明市民社会倡导自由与平等，这种社会规则使人们在经济生活中可以自由决定跟谁交易、如何交易，可以平等协商。不受他人和国家的干扰，个人权利可以充分实现。在这种宽松自由的经济环境中才能培养出私权意识，才能培养出所有权绝对、契约自由、过失责任这三大民法典基本原则。

从中国的历史来看，从来就没有像现在这样存在良好的市民社会的发育条件，由于在长期的封建社会中统治者坚持的重农抑商思想，导致中国的商业环境一直不是自由平等的。同时，从立法上看，我国自古就是一个重刑轻民的社会，民刑不分，大部分的社会规则都是刑事规则。因此在这种社会环境下很难促进自由经济的发展，也就更不可能形成民法典。但是改革开放以后，我国的社会环境有了巨大的变化，各种社会规则和生活规则都有了改变，这使得民法典的制定有了可能性。首先是主体条件的变化。在农村实行了家庭承包经营制，使得农民自己掌握了生产资料，可以自由地分配生产成果，不再完全依赖集体。同时乡镇企业的兴起，使得农村经济结构发生了变化。城市里出现的个体工商户、民营及三资企业也活跃了市场经济，使得经济活动更加自由。同时国有企业的不断改革，使得更多的企业有了经营自主权。民法三大支柱之一的主体结构发生了重大变化。其次就是财产所有权的变化。改革开放之前，社会主义公有制是我国财产权归属的主导思想，基本表现形式是个人没有权利占有生产资料。改革开放之后我们实行以公有制经济为主体，多种所有制共存的制度。由此，个人和企业可以自由地进入市场，而物权法等法律的出台，更促进了市场的和谐规范，保障了所有权的归属。最后就是契约社会的逐步建立。

自由契约是民法的基础之一,改革开放以来,身份制社会开始分化,城乡隔阂被打破,职业界限受到很大冲击。人们的交易越来越平等,也越来越自由,诚信成为社会的共同追求。契约社会初步建立。

总而言之,我国市民社会正在不断的构建和进化中,虽然还有不成熟的地方,但是基本框架和规则业已建立,成为制定民法典的一大有利条件。

2.市场经济的不断发育

自党的十一届三中全会以来,我国的经济改革不断深入,市场经济的发展已日趋成熟。主要表现在四个方面。一是市场主体的改革不断推进。现阶段我国已经逐渐完成国有企业市场化的改革。将很多以往的垄断行业逐步市场化,如对邮政系统和铁路系统的市场化改革。在进行国有企业改革的同时,我国近年来还在不断推行事业单位的改革。目前,已建立起功能明确、治理完善、运行高效、监管有力的管理体制和运行机制,形成基本服务优先、供给水平适度、布局结构合理、服务公平公正的中国特色公益服务体系。社会分工的广泛化使得更多的市场主体从事了专门的生产和服务,由此市场的主体更加自由与平等,市场的运作更加健康,有力地推进了市场经济的发展。二是市场体系完备化。通过四十多年的努力,我们已经初步建立了一个统一的全国市场。这个市场跨地区、跨行业、跨资本,并且已经和国际市场接轨。我国的市场经济基本框架已经建立。三是市场环境逐步公平化。在公司法、保险法、物权法、合同法等经济法律的保障下,我国的经济环境愈发趋于公平,逐渐形成了良性的市场竞争环境和良好的市场秩序。四是我党坚持改革开放政策不放松,为我国的经济发展提供了平稳安定的发展环境,使我国的市场经济不断走向深入。

市场经济的不断发展,为民法典的制定提供了优良的社会基础,为民法典的制定提供了舆论和物质的支持。同时,市场经济的发展也决定着我国的民法典要顺应现实的呼唤,早日出炉。

3.法律全球化的不断深入

全球化实质上是一种基础文化和制度在全球范围内的广泛传播并被人接受的过程。而随着经济的全球化,法律与其他文化产品和服务一起被顺理成章地输出。法律全球化现在有两大表现形式：首先就是普通法系和大陆法系的互相影响，其次就是资本主义制度法律和社会主义制度法律的趋同化。

万物存在即合理，普通法系和大陆法系作为当今世界的两大主流法系，各自具有其实用性。大陆法系具有结构清晰、法律稳定、司法简便等优势，而普通法系则具有适用灵活、紧跟时代等优势。随着法律全球化的不断深入，两大法系出现了互相借鉴，互相学习的趋势。

在法律全球化之前，资本主义法律制度和社会主义法律制度是势不两立、互相对抗的。但是随着生产力的不断发展，资本主义与社会主义这两大社会制度之间的隔阂越来越小，有很多地方甚至出现了殊途同归的现象。比如资本主义法律越来越重视劳动者的权益保护，重视对社会资源的合理分配，重视对经济的宏观调控。而社会主义法律不断鼓励自由的市场经济的发展，包容多种所有制经济的共同运行，保护私有财产，等等。

法律全球化对于我国民法典的制定肯定会带来巨大的冲击，但是从有利方面来看主要有两点。一是法律全球化有利于我们制定民法典的时候借鉴他国经验。法律全球化的两个显著特征就是大陆法系和普通法系以及资本主义法律制度和社会主义法律制度的不断融合、借鉴。我国的民法典制定也可以搭上全球化的快车，对资本主义法律制度和普通法系制度进行深入研究，取其精华、去其糟粕，吸取一切有益的成果和经验，用到我们自己的法律制定上来。二是法律全球化有利于我国的法律制度与国际接轨，迅速地缩小和世界先进水平的差距。越是后来制定的法律，越是会体现出后发的优势。民法典的制定就可以利用这后发优势，紧跟时代，紧跟潮流，最大程度地保持法律的稳定性和普遍适用性。

二、制定民法典的基本要求

（一）符合党的基本原则

法律的本质是体现统治阶级的意志的。立法者和法学家的责任不仅在于制定法律，还要将国家的意志，统治者的客观要求反应到法律中。

在我国，一切权利属于人民，所以民法的第一要务就是支持和保证人民可以全面的行使自己的权利，保证人民享有广泛的权利和自由。其次，我党在依法治国中要求要推进科学立法、严格执法、公正司法、全民守法。坚持法律面前人人平等，保证有法必依、执法必严、违法必究。完善中国特色社会主义法律体系，加强细化立法，确保人民可以参与到法律的制定中来。因此民法典的制定也要符合弘扬社会主义法治的精神，树立社会主义法治理念，增强全社会学法尊法守法用法意识的要求。

相应的政府在民法典制定过程中的责任在于：第一，建立强有力的党和国家机器，保障法制改革的顺利进行。第二，根据社会变革的实际情况，组织资源完成对法律的创制、修改、编纂，建立相应的法制系统。第三，组织与动员社会资源参与法制化进程，为法制现代化建立社会支撑体系。

（二）与中国特色社会主义相结合

我国的民法典最终是为了我国的社会发展服务的，因此必须符合中国的实际，走中国特色社会主义道路。

首先我国制定民法典，必须贯彻社会公正或社会正义的基本要求，体现人民当家作主的社会性质。改革开放一方面加快了我国经济的发展，极大地改善了我国人民的生活水平。但是另一方面也扩大了人民之间的贫富差距，而且加剧了国家内部社会福利分配体系和公共资源分配体系的危机。尤其在我们社会主义国家，市场经济是公有制和市场经济之间的结合。它的理想价值观在于解放生产力、发展生产力的同时，带来社会的公平与正义，消除两极分化，促进社会的共同富裕。所以我们制定民法典，就必须充分考虑社会主义的理性要求；确认和保持社会主体在发展自我实现的过程中的平等权利，建立一个公正的市场竞争体系；设计一套理性化的规范，强化法律宏观调控社会分配的职能，促进社会利益需求的平衡发展；通过一定的法律机制，解决社会分配不均的现象，保障社会的健康有序发展。

其次，民法典应当与中国国情紧密结合起来。我国是实行社会主义公有制的国家，现在正处在社会主义初级阶段。民法的每一条款，不仅要尊重自然规律、经济规律，还要考虑一个问题，那就是现实性。民法典要与中国国情结合，要注意以下问题。

1. 我国处在社会主义初级阶段，经济社会发展还处于起步阶段，但是新生事物的生命力是强大的，未来我国的发展潜力巨大，社会经济的变化会越来越迅速。这就要求民法典既要适用于现在的社会，又要有前瞻性，避免法律的滞后性。

2. 我国正处在社会转型的阶段，社会分化加剧，贫富分化加剧，城市化加剧，等等。发达国家的经验表明，一个国家在这种社会转型时期，社会矛盾会大量的涌现，社会规则会受到极大的冲击。在这种国情下，民法典要发挥其调整社会、稳定社会的作用，注意公平正义，注意社会利益的合理分配等等。

3. 民法应该与传统结合。我国的民法典，除了可以适当地吸收国外的经验和优点之外，还可以从中国本身的文化积淀中吸取灵感。民法能长盛不衰的条件在于：首先反映社会的基本生活方式与历史发展基本要求。其次体现人类生活的一些基本共同生活准则。在我国，有许多公序良俗就是我们长期形成的人类生活的共同生活准则、如诚信理念、礼义廉耻概念，尊老爱幼理念等。这些都可以在我们的民法中适当的吸收。一来可以对社会公正、效率与平等、诚实信用起到促进作用。二来也能使民法更接近生活，有利于老百姓的接受与理解。

（三）具有开放性

我们都知道制定法的一大弊端就在于不能很好地跟上时代，每一次法律制定和修改都要经过极其繁复的过程，所以这就要求在法律制定之初就能具有很好的开放性，适于快速调整。如法国民法典的制定就比较成功地体现了人类社会生活的一些基本社会生活准则，这些准则对于任何社会都具有共同意义。理论是灰色的，而只有生活是长青的。直接反映一些基本民众生活规则，通俗地赋予其生活实用性，给法国民法典增加了不少生命力。我们制定民法典时也应适当地吸取这一长处。又比如英美法系国家，特别是美国、英国，这些国家由于采用普通法系，使得法律具有很大的灵活性。这些法律很好地适应了现代经济生活的快速变化，对这些国家的经济快速发展具有巨大的促进作用。

随着科技的发展，很多诸如计算机侵权纠纷之类的法律关系并未体现在民法。可以说，以后还会有越来越多的新型权利义务关系的出现，这也要求我国的民法典要紧跟时代，与时俱进，在制定的时候就要有一定的开放性，为未来法条的增加和修改留有余地。

（四）具有务实性

邓小平同志说过：不管白猫黑猫，抓到老鼠就是好猫。法律的制定也是一样，需要有一定的务实性。民法的终极标准应该是改善与提高人民生活水平。以往我们往往讨论一部法律是良法还是恶法的问题，但是在现代社会，一般不会再出现恶法，现在我们讨论的是一部法律是好法还是坏法的问题。功利主义法学派认为法律的实施应该带来一定的好处，他们注意法律实施的社会效果，认为如果能给法的制定者也就是统治者或者法的承受者即公民带来利益的法律，就是好法；对社会经济发展或者是法的适用主体没有促进作用甚至产生阻碍作用的法就是坏法。当然我们也知道，不可能有一部法律对社会的任何一个阶级都是有益的。在某些方面，功利主义与我们的民法建设并不矛盾。民法的建设既要符合人民的利益，也要符合社会经济发展规律，毕竟民法的终极标准是要促进与提高人民的生活水平，所以民法典的建设可以在公有制为主导的理性指导下进行务实性的探索。

我们制定法律，经常是追求实质上的正义，将理想作为指导思想，但是理想和现实总是有差距的，理想主义难免会遇到许许多多的实际操作问题，甚至使法律成为社会发展的障碍。而功利主义的立法观念则很好地解决了这些问题。边沁（J. Bentham）认为，法律一般和最终的目的，根据功利原则来说，不过是整个社会的最大利益而已。而社会的利益是组成社会的许多个人利益的总和，所以凡是增进任何这样一个人的利益，也就增加了整个社会的利益。他反对法是永恒不变的，主张法应该根据社会的发展，不断谋求进步性。毛泽东同志认为："唯物主义者并不一般地反对功利主义，但是反对封建阶级的、资产阶级的、小资产阶级的功利主义，反对那种口头上反对功利主义、实际上抱着最自私最短视的功利主义的伪善者。"[1]所以说，评价法律，特别是民法，应该以其是否能改善和提高人民

---

① 毛泽东选集（第3卷）[M]. 北京：人民出版社，2006：864.

生活水平为唯一标准，因而民法典应当在以公有制为主导的理性指导下进行务实性的探索。

（五）注意保持自身的法律独立，维护国家法律主权

诚然，国外的很多制度值得我们学习，但我国有自身的特点，一味地照搬外国法律制度，就会迷失自我，进而产生"水土不服"的症状。在这一点上我们吃过亏：清末的法制改革就是一味地照抄照搬西方的法律——一时学习法国法，一时学习德国法，一时又学习日本法，甚至于民法草案的主编者都是日本人松冈正义。这样的后果是显而易见的，大清的民法典并没有起到促进社会经济发展的作用，反而加速了清王朝的灭亡。现在法律全球化浪潮席卷而来，我国就更应当在其中保持自己的方向，保持自身的法律独立。

全球化实质上是一种文化和制度在全球范围内的广泛传播并被人接受的过程。现代的法律全球化，都是以发达资本主义国家为马首，故而产生了一个我们不愿意看到的结果，即法律全球化，准确地说变成了跨国法治的美国化。这并非说美国化不好，而是因为从中国法律移植的历史来看，全盘移植他国的法律制度在中国往往是行不通的，法律的形式和精神之间呈现分裂、背离的状态。中国有自己的法律"土壤"。中国民法典的制定既要符合世界民法的发展潮流，又要保持自己的法律主权，否则就很有可能被边缘化。所以，将国际规则适当地引进来从而创制出本土化的规则应该成为我们立法的一个有效方式。这里有如下两个基本的要求。

第一，在移植国际规则和国外法律制度时应当将本国的国情条件考虑进来，尽量地适应中国的需求。我国的法制现代化有自己的特点，有自己的要求，是有中国特色的。在国际化的过程中必须从中国国情的具体实际出发，根据我国的具体需要，能动地将国际规则转化为我国的具体制度规范，或是理性地选择其他国家的某些制度，在直接或间接移植到我国的法律创制的过程中，使之成为我国的法律有机组成部分。

第二，要充分吸收我国文化的优良品质，将整合国际规则与弘扬中华民族传统结合起来。因为法律传统是一个民族长期形成的基本生存准则，是长期以来形成的法律现象以及这些现象发展所体现的连续性。在社会演化进程中，法律传统会逐渐变成一种历史文化力量，积淀在民众的法律意识、行为模式之中，从而逐渐成为社会成员所共同信仰或认同的载体，因此，整合国际准则和弘扬传统并不是矛盾的，可以有机结合起来。中国的法律传统也可以整合进我们的民法典，发挥它新的功能，焕发出新的活力。

第二章　我国商法概述

近些年由于我国改革开放的全面深入及社会主义市场经济体制的不断完善，我国的商事立法事业得到了长足性发展，当代商法体系的维形在我国国内已经开始逐步形成。而运行高效与结构健全之商事法律制度的建立，不仅可以从宏观上有效保障我国社会主义市场经济体制之内的各项商事活动的稳定发展，而且还可以有效地与国际上相关经济贸易政策接轨，尤其在我国加入世界贸易组织和各种区域性经济合作组织之后，我国已经开始逐步融入世界经济的大潮之中。加快完善我国商法的建立与发展能更加有效地推动我国市场经济体制的建设。由此可见，完善与发展我国国内的商事立法是具有重要的战略意义与实际意义的。

本章从商法的内涵入手，探讨商法的历史演进、商法在我国的本土化进程、全球化进程中我国商法面临的机遇与挑战以及我国未来商事立法模式的思考，为我国民法典实现民商合一做理论铺垫。

第一节　商法的内涵及历史演进

一、商法的内涵

（一）商法的基本概念

商法是指调整商事主体在商行为之中所形成的各类法律关系的总称，即调整各类商事关系的法律规范的总称。[①]我们首先可以从广义与狭义两个

---

① 范健. 商法 [M]. 北京: 北京高等教育出版社, 2007: 7.

方面去理解与把握商法。狭义的商法一般仅指商法典及其附属商事法规。而在广义层面上，商法包括了所有的商事法律部门，不仅涵盖了商法典，还包括了与商事经济活动紧密联系的各种单行商事法规，例如公司、银行、票据、代理、信托、保险等部门法规。与此种分类方式有所不同，由于世界各国商事法律制度存在较大的差异性，所在法学理论界有些学者在学术层面上将商法分为了实质意义与形式意义两类。形式意义的商法指的是在一国法律体系的内部独立于民法体系之外而单独制定的以"商法"命名的商事法典模式，其内容主要涵盖了商主体、商行为的界定、创设等商法的一般性与原则性的规则以及商事公司、海商、保险、破产等基本商事制度。形式意义上的商法之理论基础意在强调法律规范的表现形式与编纂结构，并以法律文件的表现形式，即商法典模式作为商法概念的界定基础。采用这种立法范例的代表国家主要有德国、法国、日本等大陆法系国家。

再让我们反观实质意义上的商法，实质意义上的商法是指一切调整商事法律关系的法律规范总称。其概念的理论支撑点为商事法律规范的性质、作用、构成以及实施的方式等在理论层面上的有机统一。它并非是以商法典作为商法概念的界定基石。实质意义上的商法包括了各种类型的商事专门法规，这些商法规范不仅仅局限于商法典之中，而且在民法、行政法等多部门法以及判例之中都有所罗列与交错，所以就实质意义的层面来看，世界上任何国家都在现实的司法运行之中存在着实质意义上的商法。

（二）商法的性质

按照当今世界大陆法系理论界的通说，商法的性质在其本质上与民法都属于私法范畴。与民法不同的是，商法还属于特别规定了有关各类商事主体权利与义务的部门法律规范，其在立法形式上也主要表现为授权性法律规范，因而商法又属于权力性法规。

1. 商法的私法性质

公私法的划分方式源自古罗马时期的著名法学家乌尔比安（Domitius Ulpianus），其以法律所保护的利益作为基本的划分标准，并把公法与私法看作是一对相互对应的概念。乌尔比安指出，具有公法性质的法律规范的相关内容不可以基于当事人之间的协议而随意变化与更改；而与公法性质的法律规范相反，私法性质的法律规范则具有任意性，允许基于当事人的意志而进行一定程度的更改。基于这种理论观点，在后世的各种学说之中的民法与商法都始终被看作是私法体系中最为重要的组成部分，因为商法主要调整的是私人个体之间的法律关系，而这种调整平等主体法律关系的法律规范，在现实运行中尽可能地排除国家强权利用其行政公权力的干预与介入。我们可以说，商法制度是建立在以平等、自由、意思自治为核心的私法观念之上的法律部门体系。

2. 商法的权利法性质

商法也是一种以保护广大商事主体之合法性权利作为根本目标的部门法规，商法的体系内容也都是派生与源自权利本身，在世界各国的商法规范之中的商法条文也都是授权性的规范，而这种具有私法性质的规范又与完全公法意义上的刑法与行政法等部门法中的绝对的限制性、禁止性规范大相径庭。其最基本的立足点在于确认与保护各商事法律关系中主体的自主性意志，并在法律层面上给予其获益性行为以支持，做到最大程度地保障广大商事主体能够按照自己意志合法获取商业利益。

商法的权利法特质既是对公民的个人权利和独立意志的认可与尊重，也是促进社会整体经济平稳发展的内在动力。正如亚当·斯密（Adam Smith）表述的那样："法律应该让公民自主地掌控自己的利益。"[①]作为当事人的公民，肯定比立法者更了解自己的利益。只要个人在不损害社会和他人利益的前提之下，追求自己利益，那么这种个人的逐利性行为就会对社会整体产生较为良性的作用，并可以间续性地促进社会整体经济水平的发展。

（三）商法的特征

1. 商法的复合性特征

同属于私法范畴的商法与民法有着诸多不同，其还兼有一些公法层面上的特征。在传统的民商法学理论中，认为商法与民法一样同属于私法

---

① ［英］亚当·斯密. 国富论［M］. 郭大力, 王亚南, 泽. 北京: 商务印书馆, 2014: 252.

范畴，但商法更加注重各商事主体之间的权利与义务的对应关系，也更强调商事主体的意思自治与商事行为的营利性，因而，商法规范较之民法更具有任意性与选择性之特征。随着资本主义自由竞争模式逐渐向垄断模式的转变与过渡，国家机器为了在一定程度上抑制极度膨胀的个人主义与利己主义思潮给社会带来的危害，改变在整个生产与竞争环节中无政府管制的放任自由之状态，国家的公权力便开始介入并进行强制性的干预，即宏观层面上调整分配方式来协调社会中各阶层集团之间的利益结构与关系，这不仅客观上强化了国家公权力对社会经济领域的直接干预力度，也提高了对个人私权的限制。传统的商法随之被加入了具有行政法、社会法等特性的强制性法律规范，并具有了某些公法上的特征，即出现了所谓的"商法的公法化"现象。但是，这种商法的公法化并不意味着商法被完全公法化，而只是表明了在商法领域被渗透了个别具有公法性质的因素，其仍然属于私法范畴，并始终受到私法原则与精神的支配。

2. 商法的营利性特征

所谓商法的营利性，指的是参加社会经济活动的主体通过其所从事的经营性活动而获取经济上的利益的特性，也就是说商法主要调整的是商事主体的营利性行为。其实商人与营利性自始便有着较为紧密的联系，商事主体从事经营性活动，最主要目的就在于追求经济上的效益，这一特性也是被世界各国的商法一致认可的特性。所以，从这一角度而言，商法也可称为营利法。商法的营利性特征也同样反映在与民法的区别上：商法调整的是经济财产关系，而民法调整财产关系的同时也调整人身关系；商法调整的财产关系都直接发生于商事领域之内并且都是有偿、营利性的，而民法所调整的财产关系并非都是有偿性与营利性的；商法调整的财产关系主要集中在例如公司、海商、保险等较为特殊的商事领域，而民法所调整的财产关系是更具有一般性状态的，并涉及财产所有权与流转。

3. 商法的技术性特征

商法作为一个实践性极强的法律部门，它对商行为的方式、环节以及规则都作了较为具体与明确的规定，具有可操作性和技术性，这与民法偏重于理性规范的特点颇为不同。

从商品经济的发展角度来看，其客观上要求法律尽可能使商事主体的设立程序化、商行为的规则简洁化，以达到经济活动快速发展的目标。这也就使得商法的各项规范具有不同于民事法律规范的技术性特点，即商法包含着大量的技术性规范。[①]现代商事交易行为中大量地植入了代表最新研究水平的、先进的科学技术，这也使得当代的商事法律规范的内容更具专业技术性，不仅要求人们具有一定水准的道德观念与商业信誉，同时也要求人们具有与其所从事的经济活动相关的专业技术能力。例如我国现行的公司法、票据法、保险法等商事单行法规之中的诸多规定都体现了现代商法较强的专业技术性特点。

4. 商法的国际性特征

商法的国际性特征是其区别于其他部门法规的最为重要的标志。商法所体现的是经济市场交易行为的规则，是规范现代经济市场主体和现代经济市场行为的各类法律规范的总称。商法按照国家间的关系大体上可分为国内商法与国际商法两部分。国际商法是调整跨越国界与跨区域的各类商事关系以及与此相关的其他类型关系的法律规范，因为市场经济活动本身就具有较为显著的国际性与区域性的特征，而且一个国家内部的市场经济的运行与发展也都离不开国际背景下的世界整体大环境。国内运行的商法不仅要积极借鉴别国商事立法的先进经验，同样也不能仅仅局限于本国领域之内，还要顾及有关的国际惯例。特别是在全球经济一体化趋势日益明显的当今社会，现代化的市场经济模式必然会冲破国家和地区间的界限。

尤其是在二战以后，现代的商法有了新的发展方向，其最主要的特点便是恢复了商法的国际性和统一性，但又与中世纪的商法有所不同，具有自己的特点。其原因可以归纳为以下两个方面。

一是伴随世界经济水平的不断增长，各国与各区域之间的经济联系日益密切，经济生活越来越趋向国际化，互相依赖的程度较之过去大大增强。国际经济的这种新发展倾向，在客观上也要求建立一套可调整国际经济贸易关系的统一的国际商事法律体系，并为国际经济交往提供一个较为

---

① 柳经委. 商法（上）[M]. 厦门: 厦门大学出版社. 2002: 14.

良好的法律环境。

二是各国在长期的经济贸易交往中逐渐形成了一些能够被普遍接受的商事贸易惯例和商事习惯，各国间的贸易方式也日趋接近。市场经济是开放的经济模式，国际经济一体化的趋向早已深入人心，而且这种一体化还意味着人才、资本、科学技术、商品以及人力劳务等资本要素在国际环境中的自由性流通。经济上的这种需求，必然需要法律，特别是商法必然要走向国际化的道路。尤其在人类社会进入20世纪以后，商法国际化的工作取得了较为长足的进步，国际上制定了一系列区域性的现代商事法律公约，例如在1988年起生效的《联合国国际货物销售合同公约》《国际贸易术语解释通则1990年修订本》，等等。

二、商法的历史演进

关于商法的起源，有三种观点。一种观点认为，商法源于古希腊的法律，甚至更早的楔形文字法。公元前15世纪《赫梯法典》中关于商品价格管理的规定以及古希腊时期的《罗得梅法》即古代商法的最初形式。另一种观点认为，商法源于罗马法，罗马法后期万民法中关于代理、冒险借贷、海运赔偿等规定构成了早期商法的基本内容。第三种观点则认为，商法源于中世纪，因为欧洲古代法中并不存在，也不可能存在独立的商法或与之相类似的完整制度。第三种观点为大多数学者所赞同。现在我国大陆和台湾地区的不少学者就认为，商法不像民法那样历史悠久，中世纪是欧洲商法的起源之时。

马克思认为："先有交易，后来才由交易发展为法制⋯⋯这种通过交换和在交换中才产生的实际关系，后来获得了契约这样法的形式⋯⋯"[1]这一经典论断深刻地揭示了商法产生的必然性、产生的客观规律性，使商法的起源，这个曾被大陆法系所坚持的"简单商品生产完善法"观念的某些学者弄得极为混乱而复杂的问题，明确而又科学地得到了回答，即商法产生于市场交易实践，并随着市场交易实践的不断发展和创新而不断发展和

---

① 中共中央马克思恩格斯列宁斯大林著作编译局编译. 马克思恩格斯全集(第十九卷) [M]. 北京: 人民出版社, 1963: 423.

创新。

可以肯定，商法是商品经济高度发展的必然产物。

商法的出现要比民法晚得多。就欧洲大陆而言，由于先有民法体系，商法实则脱胎于民法。我国法学界一般认为，中世纪是欧洲商法的起源之时。考察当时的经济发展状况及源于此的商法萌芽，能提供诸多有关商法本质和意义的启示。所谓中世纪商法，更具体地说是当时地中海沿岸诸城市的商事习惯法。11世纪是欧洲，尤其是地中海沿岸诸城市的商业复兴时期，特别是地中海海上贸易的繁盛、通向东方的商路的重新开放，极大地促进了沿岸诸城市商业的发达。商业发达带来的社会成果之一是商人阶层的形成。商人在商业上的优越地位演进为在经济上、社会上的优越地位，并进而演进为在法律上的优越地位。商人为了摆脱封建及宗教势力的束缚，争取自身自由和集团利益，逐渐结合起来组成商人自治组织，称之为商人基尔特。这种自治组织的功能不仅仅在于协调商人间的利益，处理商人间的纠纷，更主要的是体现在以下两个方面：（1）立法权，即能够独立制定自治规约，这些自治规约独立于当时的教会法和其他世俗法；（2）裁判权，即能够对商人间的纠纷做出裁决。当时的社会竟然能够默许和容忍这种集立法权与司法权于一身的商人自治组织的存在，与其说是社会的无奈，不如说是社会的选择。

商业的发达尽管形成了人们并不十分情愿接受的商人特殊阶层，但商业的发达毕竟更带来了社会的极大繁荣、社会财富的极大增加、国家实力的极大增强，并惠及社会公众和整个国家。而当时教会法和世俗法却十分不利于商业的发展和商人的利益，例如，教会法严禁放款生息，不准借本经商，不许转手渔利；世俗法则尊崇亲买亲卖，强调即时交易，反对中间代理，否认无因行为，等等。这些于商人不利的法律实则对商品经济的发展更为不利，从而间接地损害了国家的利益和社会公众的利益，而直接修改教会法和世俗法又不可能，故而默许和承认商人自治组织的自治权便成为必然的选择。同时，商人阶层已经取得的优越经济地位又为这种选择提供了客观可能性。由是观之，商人阶层这一完全有别于封建社会经济条件下经济生活主体的新型利益集团的出现是商品经济发展的产物，而商人阶层独立立法权和司法权的谋取，既是向阻碍商品经济发展的封建法律的挑战，也是促进商品经济向高层次发展的历史契机。

商人集团订立的适用于商人内部的规约、习惯日积月累，渐成大观，这便是最初的商事法律——一个新型的法律门类。这一新型的法律门类最初只适用于商人之间，但后来逐渐扩大到商人与非商人之间以及非商人相互之间。其内容则以反映商品交换关系的要求、规则为主，包括现代商法所称的买卖法、海商法、合伙法、保险法等。这些法律直接或间接地源于民法的原则、精神甚至制度，但已经有了不同于传统民法的个性特征，这些个性特征主要体现在以下几个方面：一是反映商事活动的营利要求；二是适应商事活动大量、频繁、大宗出现的要求；三是反映商事活动对分担商业风险的要求；四是适应对商人利益特殊保护的要求。这些个性特征通过诸如合伙制度、连带责任制度、第三人利益保护制度、保险制度、代理制度、商业登记制度、权利证券化制度、交易票据化制度等各项具体商事法律制度表现出来。

如果说欧洲中世纪商事法律的萌芽和发展是当时商品经济发展的必然结果，那么19世纪欧洲广泛出现的商事法典化现象则是近代西方自由商品经济高度发展的又一历史产物。事实上，就私法而言，19世纪前后欧洲的法典编纂运动是以民法典和商法典的同时进行、并驾齐驱为特征的。以法国为例，拿破仑在1800年8月任命四名法律家组成商法典起草委员会，紧接着在次年即任命七名法律家和实业家组成民法典起草委员会，负责商法典的起草工作；1804年法国民法典施行，1808年法国商法典施行。再以德国为例，德意志帝国商法典于1897年5月颁布，1900年1月1日与德国民法典同时施行。其他如意大利、比利时、卢森堡、荷兰、西班牙、葡萄牙、希腊等欧洲大陆国家，都是在起草、实施民法典的同时，起草、实施了商法典。

当欧洲大陆各国普遍开展商法法典化运动的时候，英美诸国的立法情况又是怎样的呢？由于地缘因素所致，英美国家未受到罗马法的影响，19世纪以前的英国法律是由普通法和衡平法构成的习惯法和判例法，进入19世纪后半期，英美国家同样加入了声势浩大的成文法运动，只是英美国家的成文法运动不像欧洲大陆那样以法典化为特征，而是表现为大量的单行立法和判例法。如英国，相继制定了1882年的票据法，1885年的载货证券法，1889年的经纪法，1890年的合伙法，1893年的货物买卖法，1894年的商船法和破产法，1906年的海上保险法，1907年的有限合伙法，1924年的海上货物运输法，1948年的公司法等。美国为统一各州商事立法，先后制定了1896年的统一流通证券法，1906年的统一买卖法，1909年的统一载货证券法和统一股份让与法，1922年的统一信托收据法，1928年的统一商事公司法及1925年的统一商法典等。

大陆法国家的大规模商事法典化也好，英美国家的大规模单行商事立法也罢，尽管在立法模式和立法技术上存在不小的差异，但其发生时间是一致的，其内容也是基本接近的，原因就在于无论是大陆法国家还是英美法国家，19世纪都是其商品经济发展的一个崭新阶段。一方面，经过数百年的资本积累，资本主义经济得到了充分的发展，在19世纪前期进入了自由竞争阶段；另一方面，19世纪后期又是资本主义经济由自由竞争阶段向垄断阶段的过渡时期。正是这一特殊历史背景促成了西方国家商事立法的成文化和商法之于民法的独立。换言之，商品经济的高度发展和商事关系的日益丰富是商法得以形成的社会前提。

第二节　商法在我国的本土化进程

一、商法在我国本土化的过程

我国古代奉行以农为本、重农抑商的自然经济政策，商品经济发展滞后，商人地位低下，商法传统缺失，因此在长达千年的封建社会中不存在独立的商法部门或集中的商法制度。近代意义上的商法在我国始于清末。至新中国成立前，我国商法在理论研究、立法实践和法律实效方面都取得了长足的进步，不仅具备了西方商法的基本特征，而且形成了自己相对完整的体系，并且在特定领域内发挥着它的作用。虽然在各个方面落后于当时的世界水平，但却足以证明商法在我国已经开始了它的本土化、现代化进程。两次鸦片战争以及接踵而至的西方列强的大规模入侵，中华民族不仅在肉体上遭到了重创，在精神上也经受着前所未有的煎熬。长期闭关锁国之后的"开放"，使举国上下猛然发现外面的世界发展得居然如此异样和迅速。贫弱不仅刺激着中华民族的自尊心，也同样刺激着国人对利益的追求。兴洋务、办新学、发展民族工商业和对外贸易，是我国被迫纳入世界资本主义经济漩涡之后的无奈之举，促使我国社会内部产生了对商法制度的强烈需求，在内外力的双重作用之下，我国开始具备了商法生长的"土壤"，商法被引进并开始了它的本土化过程。

第一，在理论研究方面，翻译外国民商法典及编译外国民商法专家的论著，是清末民商法传入我国的主要手段，也是其对我国民商立法发生实际影响的前奏。鸦片战争后，魏源在他的《海国图志》一书中首次将西方的公司制度介绍到中国；1862 年北京同文馆的设立揭开了我国官方有组织地正式引进与翻译西方法律与法学著作的序幕——1880 年在当时的刑部尚书王文韵的倡导下，在同文馆任教的法国人毕利干将法国商法典翻译到我国。[①]清末大量翻译外国商法和商事论著，在我国商法史上有着十分重要的意义。一方面这些商事法规论著的刊印出版把近代商法的概念、术语传到了我国，大部分甚至沿用至今；另一方面，通过这些商事法规论著的出版，外国的商法制度和理论也被介绍到了我国，从而为今后的商事立法借鉴外国相关制度提供了参考资料，为进行私法领域的法律移植活动奠定了基础。[②]在大量翻译的同时，商法研究会成立了，并分别于 1907 年和 1909 年在上海召开了全国商法讨论大会，专门讨论商法的起草。《商法总则理由书》是中国人对于商事立法问题进行研究的第一部比较系统完整的理论著作，它标志着我国已经开始形成了系统的商法思想和中国商法学的产生。民国时期不但延续了清末的理论成果，商法学也得到了迅速的发展，出版了大量有关商事法的论著，如王效文的《商事法概论》（1931 年）、

---

① 李秀清. 中国近代民商法的嚆矢——清末移植外国民商法述评 [J]. 法商研究 (中南政法学院学报)，2001 (06)：128.

② 李秀清. 中国近代民商法的嚆矢——清末移植外国民商法述评 [J]. 法商研究 (中南政法学院学报)，2001 (06)：129.

《商事法要义》（1947年）、王去非的《商法原论》等，从而形成了民商合一与商法学独立发展的新格局。[1]与此同时，我国的商法教育活动也开始勃兴。

第二，在立法实践方面，1904年清政府颁布《钦定商律》，其中包括《商人通则》和《公司律》，它们和1906年的《破产律》、1908年的《银行通行则例》以及《公司试办章程》《奖励公司章程》，以法律的形式确认了商业活动以营利为目的和商人的合法地位，一反我国以往重本抑末、重义轻利的传统，但由于是西法东渐的结果，这些法律都具有急功近利、拿来主义的特点。在内容上"模范列强"脱离了我国固有的国情商情，实际作用大打折扣，因而在当时各地势力强大的商会的强烈抵制下，清政府开始注重各地商业习惯的调查，并赋予商会一定的职权，使之参与到商事立法活动中来。在1907年、1909年两次商法大会上，由各地商会参与起草并通过了《商法调查案》，它就是后来未及实施的《改定商律草案》。该草案在内容上虽然仍然不能摆脱效仿外国商法的痕迹，但较之先前的商事法律而言，更多立足于各地的商业习惯，更多注重我国固有法律和西方法律的兼容性。清末的商事立法虽称简陋，但却标志着商事立法近代化的开端，它们初步改变了我国诸法合体、重刑轻民的传统法律体系，开辟了商事立法独立发展的道路。民国时期的商事立法也正是在这一时期的立法成果基础上发展起来的。[2]南京国民政府时期，民商事立法成果最为丰富，商法得到了进一步的发展。在民商合一的立法体例下，从1929年开始，民法典各编陆续制定颁行，通常属于总则内容的经理人及代办商，商行为部分的交互计算、行纪、仓库、运送营业、承揽运送及隐名合伙均编入债编，未能并入的商法总则部分的内容仍准援用北京民国政府时期颁布的《商人通例》（1927年）。其他具有特殊性质的商事法如公司法（1929年12月26日）、票据法（1929年10月30日）、保险法（1929年12月30日）、破产法（1935年7月17日）、海商法（1929年12月30日）、

① 任先行，周林彬. 比较商法导论 [M]. 北京：北京大学出版社，2000：192.
② 李秀清. 中国近代民商法的嚆矢——清末移植外国民商法述评 [J]. 法商研究（中南政法学院学报），2001（06）：139.

银行法（1931 年 3 月 28 日）、交易所法（1929 年 10 月 3 日）、合作社法（1934 年 3 月 1 日）等，不能并入民法典中的分别制定了单行法。这样，只短短几年时间，以民法典为统帅、商人通则与商事单行法并行的、较为完备的私法体系得以建立，但是民商合一的体例却并未能真正形成合一的民商统一法典。[①]

第三，在法律实效方面，清末至民国时期是我国商法的起步阶段。清末以移植大陆法系的法典法规为基本特征，我国封建社会以成文法典为主要形式、注重强调国家主义观念以及国家职权为中心的审判方式的传统与大陆法系比较吻合，而大陆法系的法典化体系也便于效仿，这使急功近利、力求在短期内建立近代法律体系的清政府最终选择了大陆法系。清末，清政府制定或颁行的商事法律基本上都采取了拿来主义的做法，很少注重各地的商业习惯，脱离了我国实际，加之清政府的迅速灭亡，许多法律并未发挥实际效用。直至南京国民政府时期，在社会经济政治发展的推动下，随着商法理论研究的日渐成熟，商事立法日渐增多，商法体系日渐完善，商法才真正开始在私法领域内发挥作用。这一阶段商法本土化的另一个重要作用是，唤醒了中华民族的商法意识和商人精神。在古老的中国，虽然家国一体的宗法专制统治强劲，但它始终没有完成对民商事生活的全面控制。民间生活由于统治者的鞭长莫及而生生不息，从而具有了脱离政治国家的广阔空间和独立性，我国古代因此依然存在着民商法发展的"土壤"。我国商人在商事活动中也形成了自己的观念、伦理和价值追求，即中国的商人精神。它深受儒家义利观的影响，以"诚信不欺"为伦理要旨，以"勤俭节约"为商人本分，并注重知识和道德的统一，它是中华民族精神和民族文化的组成部分。封建社会末期，为加强专制统治，这种源自我国内部被商人们所崇尚的自由思想自然成为统治者极力打压的对象，加之长期的闭关锁国，几个世纪以来中国的商人精神被尘封了。鸦片战争以后，封建专制根深蒂固的统治被撼动，自然经济迅速瓦解，城乡商业和贸易快速发展，资本主义经济关系逐步确立。随着资本主义的广泛深

① 王志华. 中国商法百年 [J]. 比较法研究, 2005 (02)：91-94.

入，新的经济运作方式使近代各种商事关系得以建立，这些都在客观上要求一定的商事法律制度与之相适应。清政府借助移植外国法的手段使商法理论和立法实践在短时间内急速开展。人们开始认识到民法、商法也是法律体系中的重要组成部分，这些法律是与人们的财产权、人身权等权利密切相关的独立的法律，注重的是人的权利的保障，遵循私权主体平等、物权法定、契约自由等原则。这些初步形成的私法观念并未随清政府的垮台和民商事法规的废除而消失，而是逐步潜入了人们的思维模式和生活观念之中，与我国传统市民社会自身孕育出的商人精神相契合，并在民国时期发扬光大。可以说，近代意义上的商法观念和商法意识是在中西方文化的冲突与交融中建立和发展起来的。

二、我国商法现代化的过程

新中国成立后，社会主义革命的烈火烧遍全国，民国时期的旧制度被彻底废除，取而代之的是高度集中的计划经济。社会主义性质的商业制度拒绝现代工商意识和法治意识，商法赖以生存的"土壤"被彻底改良。20世纪 50 年代末至 70 年代末，商法连同商品经济一起在我国社会中被彻底清除。直到 20 世纪 70 年代末开始进行的改革开放，才使我国进入了一个崭新的历史时期，商法的发展也迎来了真正的春天。党中央确立了在我国实施社会主义市场经济的政策并提出要高度重视法制建设，加强包括民商立法在内的市场经济立法工作。新时期的政治经济变革启动了我国新一轮的商品经济历程，一系列与传统计划经济体制完全不同的商主体制度和商行为制度在我国出现，所有这些都推动着人们重新认识市场经济体制下商法的价值与作用。正基于此，学者们也开始重视对商法理论的研究，一批研究中外商法制度的著作相继问世，诸多外国商事法律法规也被译成中文；中国商法年会每年定期举办，来自全国各地的商法学者热烈地讨论着中外商法制度建设；在设有法学院的高等院校中商法作为主干课被讲授。可以说，在法学领域内商法学已经和法理学、宪法学一样成为一门独立的法律学科。在此基础上，我国在公司、票据、保险、海商、外贸、拍卖等领域开始了较大规模的立法，一大批与之配套的规章也纷纷出台，由此初步形成了以商事单行法为内容的商法体系，商法作为独立法律的地位在我国已经确立。

改革开放加快了我国走向世界的步伐，伴随着国际商贸交流的日益频繁，尤其伴随着世界贸易组织的加入，我国经济已经开始融入世界经济的洪流中。这一时期和清末的最大不同就在于，在对待外国经济关系、法律文化、商事制度的问题上，我国由被迫接受、拿来主义转变为主动参与、积极改造。我国商法的现代化过程实际上就是向西方学习的过程，而本质上又是经济市场化的过程，在建立和发展中国特色社会主义市场经济体制的过程中，商法在我国找到了属于自己的位置。

第三节 全球化进程中我国商法面临的机遇与挑战

我国商法的独立化进程就是其本土化、现代化的过程。商法于 19 世纪末传入我国，经过一百多年的时间已经确立了它在我国私法体系中相对独立的地位，并强有力地推动了我国社会经济体制变革，甚至政治体制改革。它通过营利调节机制增强了人们的自主意识和竞争意识，使商人精神和商法观念在人们心中生根发芽。可以说，商法在我国的本土化是成功的，这种成功恰恰又说明了商法有跨越国界、实现国与国之间趋同的国际性特征。在经济全球化的大潮中，尽管不同国家的法律包含特殊的价值观念和伦理道德，但共同性已经开始呈现。法律全球化实践最突出的一部分就是商法的趋同化，具体表现在：第一，商法统一实体规则和程序规则迅速扩张，国际层面的立法不断加强；第二，国内商法的国际化，在全球化背景下商事规则正在进行着国内法与国际法之间、不同法系之间的互动融合；第三，现代商法还出现了向世界统一的新商人法的理性回归，在一个更高的起点上开始了新的"再生"。

商法在我国刚刚起步就遭遇了世界经济一体化和法律全球化，面临着前所未有的机遇与挑战。目前我国所处的形势是，随着社会化大生产的发展，国际经济一体化趋势不断加强，市场的范围由国内扩大到国际，现代市场已变为国际化大市场，为了应对经济全球化的到来，以及调整日趋发展的国际商事贸易关系的需要，全球范围内协调统一商法的浪潮风起云涌。但法律毕竟是上层建筑的一部分，更是文化的一部分，每个国家的法律文化都有其深刻的政治经济、传统文化、社会心理等因素。法律全球化的实现对于广大第三世界国家而言是一种挑战，因为它意味着西方国家法律文明向本民族的扩张。另外，全球化又确实可以给第三世界国家的法律现代化带来某种机遇，它对第三世界国家实现从传统向现代的法律转型起到一种强大的外部推动作用。[①]因而，在我国商法的现代化过程中，对于外国法律的态度应该是博采众长——既要对商事法律中现代商法的精神充分加以吸收，又要反对盲目国际化和西方化。

综上所述，我们若对中西方商法的独立化进程做一个简单的比较，可以得出这样的结论：无论在东方还是西方，商法在独立化进程中所表现出的区别于其他法律的显著特征是基本一致的；商法所调整的商事交易关系，在实行市场经济的国家和地区也趋于一致；商法在各国发挥的作用也基本相同。不同的是商法在各国作用发挥的程度，即法律实效不同，这是由一国的实际国情，即由一国的经济基础、政治结构、历史传统、文化观念等诸多因素共同作用的结果，因此，商法在各国变形为不同的立法形式，从而使实质商法的效用得以发挥。我们不能草率地得出这样的结论：商法在哪个国家作用发挥得最好，就证明哪个国家的立法模式最优。面对从未直面过的国际大背景，我国商法今后的发展仍然要继受大陆法系和英美法系国家商法的经验。目前在与世界接轨方面，我国对西方国家商法具体制度的继受已经不会再引起太多的争议，现阶段面临的最大问题就是怎样选择真正符合我国改革开放实践的立法模式。这表面上是一个形式问题，实则却关乎商法在我国如何为自己的存在寻找合理的依据，如何在立法技术上确定自己的调整范围，如何将自己调控经济生活的能力发挥至极。

---

① 刘剑文编. WTO 与中国法律改革 [M]. 北京：西苑出版社，2001：13.

第四节　我国未来商事立法模式的思考

一、商事立法模式的若干主张

我国学者对商事立法模式有着不同主张，概括来说，可以分为民法典模式、民商法典模式、商法总纲模式、商法典模式、商法通则模式。

（一）民法典模式①

在民法典制定中不可避免地会遇到民商事法律关系的解决问题。许多主张民商合一的学者，支持制定统一的民法典。民商合一论又就其主张分为法典上的合一论与观念上的合一论。前者认为将商法内容全部融入民法，民法吸收商法；后者则主张采用民商合一，即意味着民法典之外不再单独制定商法总则，而商事单行法以特别法的形式存在，并认为我国在制定合同法时，即已提供了民商合一的典范。

（二）民商法典模式②

持此种观点学者认为民商本为一体，真正的民商合一即应制定一部完善的民商法典，认为其理论基础即在于民商法之间存在的不可分割的联系，可概括为"民离商缺乏生命，商离民少其根本"③。民商法典之外应另立单行法作为特别法为其延伸。有学者坚持主张制定民商法应当具有伟大气魄，制造出具有中国特色的民商法体系。

（三）民商法总纲模式④

认为在民商法立法完善过程中，应该放弃试图制定一部大而全的民法典，而应制定一部在功能上总揽民商法活动的基本原则和民商法律通则的

---

① 张世红. 商法总论的构想 [J]. 当代法学, 2006（01）: 25.

② 卞翔平. 论私法的二元结构与商法的相对独立 [M]//中国商法年刊. 上海: 上海人民出版社, 2002: 45.

③ 卞翔平. 论私法的二元结构与商法的相对独立 [M]//中国商法年刊. 上海: 上海人民出版社, 2002: 45.

④ 张世红. 商法总论的构想 [J]. 当代法学, 2006（01）: 25.

法律文件，命名为《中国民商法总纲》，并对现有的各单行民、商事法律整理、编纂、完善，从而建立起以民商法总纲为统帅，各单行法为支撑的民商事法律网络体系。

（四）商法典模式①

有的学者坚持民商分立观点，主张我国应实行实质商法意义的民商分立。他们认为民商分立不以制定独立的商法典为民商分立的基础，只主张承认商法具有相对独立性，使之成为一个有特定规范对象和适用范围的法律体系和法律部门。

（五）商法通则模式

所谓商法通则，即商法中不属于公司、合伙企业、证券、票据、保险、海商、信托、破产等各单行法律、而对一般性问题加以规定的部分。在形式意义上民商分立的大陆法系国家，商法通则的内容一般规定于商法典之中，主要内容有商事主体（商人）身份、商事登记、商号、商事簿记、商事代理及经理权、商事辅助人（如代理商、经销商、行纪商等）、商行为的一般规定和特别商行为等。需要指出的是：商法通则和商法总则是不同的概念。有成文商法典的大陆法系国家，其法典的总则部分内容各不相同，不过一般涉及上述八项内容中的前六项，日本、韩国等国和我国澳门地区的商法典均如此。

二、民法典实施前我国商事法律体制

我国民商立法的论争中，主要有民商分立论、民商合一论以及大融合、小分立等几种观点。这就涉及我国应采取何种商事立法模式的问题。

（一）民商分立论

具体又分为形式主义和实质主义的民商分立论。持前者观点的学者认为：商品经济关系的形成、独立存在和发展是构成独立商法体系的客观物质基础。从我国经济体制改革的进程和现实的立法状况看，民商分立模式是适应商品经济和市场经济发展需要的立法模式，其有利于民法与商法的

---

① 张世红. 商法总论的构想［J］. 当代法学, 2006（01）：25.

发展，并促成早日建立适应市场经济发展所需要的法律体系。

民法与商法各自不同的价值取向决定着二者形式理性的内容，决定了其应各自独立成典。民商分立体例最有利于表现商事主体与民事主体、商事行为与民事行为的区别，并在立法形式上真实再现民商法事实上的独立状态，从而做到形式与实际的统一。

为剔除传统法律文化中轻商抑商的成分，彰显现代文明社会重商扬商的观念，应选择民商分立的立法模式。

从现今中国法律制度的整体结构看，民商分立的格局已经确立，因而商法应作为独立的法律应与传统民法分开，在民法典之外另立商法典。持这一主张的学者则认为：实质主义的民商分立论强调不以制定独立的商法典为分立的基础，只承认商法的相对独立性，使之成为一个有特定的规范对象和适用范围的法律体系和法律部门，反对以民法取代商法或以商法取代民法的极端化错误主张。同时，在立法模式上进行创新，提出制定商法通则（或商事通则）的立法建议，以实现商法对统一市场的全面规制，并实现商法体系自身的健全与完善。

（二）民商合一论

多数学者仍竭力主张民商完全合一，他们认为：现代社会已不存在商法调整的商人存在的社会经济基础，作为商法典前身的商人习惯法调整的特殊商主体及特殊商行为在当今社会已不复存在。由于商的"泛化"，在民法与商法调整的交易活动中，民事主体与商事主体、民事行为和商事行为已实难分开，主张民商分立不仅不利于对市场经济关系进行统一规范，也会引起法律适用上的困难和混乱。民法与商法在基本价值追求上具有重合性，受某些相同价值规则和价值取向，如平等、意思自治、合法性等的约束。应将民事生活和整个市场所适用的共同规则和共同制度集中规定于民法典，将适用于局部市场或个别市场的规则规定于民事特别法，实现市场经济条件下民法与商法的融合。

（三）大融合、小分立

另一些学者认为，在民法与商法的关系中，二者具有融合的趋势，不可能做到泾渭分明。如同公法与私法的划分一样，民法与商法仍有划分之必要。因此，我国制定的民法典，不应当将民商合一绝对化，应当充分认识商事活动的特点以及商事主体和商事行为的特定性，采取半分半合的方式，在民法典之外另立一部商事通则，依照当初民法通则的模式，将商事活动原则、商事权利、商事主体以及商事企业的基本形式、关联企业、连锁企业、商业账簿、商事行为、商事代理等加以规定。这样，既不会将其放在民法典中行使商事方面的通则，也应该在商法通则中把有关商事活动的规则加进去。

无论"民商合一"还是"民商分立"，二者均融合于市场经济的大环境中，说"民法商化"或"商法民化"都不为过。二者统一的是实质，分立的不过是形式而已。因而，"大融合、小分立"的观点似乎更为可取。

我国目前采用的商法立法模式是：在坚持民商合一的主张下，强调在制定民法典的同时只需制定单行的商事法规作为民法的特别法。通过考察我国当前所采用的商事立法的模式，其虽然具有灵活简便等优点，但弊端也是显而易见的。

第一，我国采取单行商事法律的立法模式，虽然有灵活、务实、简便等优点，但由于缺乏总则的统率，难以起到提纲挈领的作用，使单行商事法律变成了孤立、单一的法律，不能形成商法内在应有的体系，这显然不利于对我国市场经济关系的统一规则，亦无助于对单行商事法律原则、制度、规则的统一理解，更不利于对单行商事法律的贯彻实施。此种状态下的商事法律犹如一个人只有四肢躯干而没有头脑，无法通过头脑的指令来驱使四肢自如运动。

第二，意图通过制定民法典来解决商法欠缺总则的问题，只是部分学者的一厢情愿，事实上起草中的民法典不仅不可能囊括商法总则的内容，也不可能包括商法总则的全部内容。由于自身性质的局限，民法的内容不可能无限膨胀，更不可能取代商法而形成"私法一元化"局面。如果不顾及民法自身的属性，让民法典涵盖了商法总则的全部内容，那就势必造成民法的异化，使民法典变得不伦不类。据此，解决单行商事法律缺少总则统率的问题不能寄希望于民法，必须靠商法自身的健全与完善。

第三，就我国商事立法的现状分析，由于长期以来国内市场与国外市场的分别管理，加之国内市场的多头管理，导致政出多门，立法多头，与统一市场、统一规制的市场经济的法制要求极不适应。同时，由于商事立法缺少系统性和前瞻性，致使商事法律、法规杂乱无章。

三、《中华人民共和国民法典》的出台与实施

伴随我国经济的发展，制定新中国第一部民法典一直是党中央最为关切的问题。从1954年全国人大常委会组织力量起草民法典开始，历经66年，期间由于种种原因，民法典的编纂被反复搁置，直至2020年5月28日，十三届全国人大三次会议表决通过了《中华人民共和国民法典》，自2021年1月1日起施行。自此，被称为"社会生活的百科全书"的《中华人民共和国民法典》问世。民法典是我国在借鉴国外民商关系的处理模式的基础上，确定在民商法关系上的立法特点，根据我国国情，结合实际要求实施的民商合一的模式判断。它是新中国第一部以法典命名的法律，在法律体系中居于基础性地位，也是市场经济的基本法。

（一）《中华人民共和国民法典》立法经过

1954年，全国人大常委会组织力量起草民法典。此后，由于反右斗争扩大化，立法活动被终止。

1962年，民法典起草工作再次被提上议程，并于1964年完成了草案（试拟稿），后因"文化大革命"而停止。

1979年11月，全国人大常委会第三次组织民法典起草工作，至1982年形成民法草案第四稿。虽然草案并未正式通过成为法律，但现行的民法通则都是以该草案为基础。

2002年12月，第九届全国人大常委会第三十一次会议审议民法草案。之后，由于物权法尚未制定，加之对民法草案的认识分歧较大等原因，民法草案最终被搁置下来。

2014年11月，党的十八届四中全会明确提出编纂民法典。

2015年3月，全国人大常委会法制工作委员会启动民法典编纂工作，着手第一步的民法总则制定工作，以1986年制定的民法通则为基础，系统梳理了总结有关民事法律的实践经验，提炼了民事法律制度中具有普遍适用

性和引领性的规则，形成民法总则草案。

2016年3月4日，十二届全国人大四次会议副秘书长、发言人傅莹在新闻发布会上表示，民法典编纂工作已经启动，从做法上分两步走：第一步是制定民法总则，第二步是全面整合民事法律。民法总则的征求意见稿已经出台，预期6月份能够提请人大常委会进行审议。同年6月，十二届全国人大常委会第二十一次会议初次审议了民法总则草案，标志着民法典编纂工作进入了立法程序。

2017年3月15日，《中华人民共和国民法总则》由中华人民共和国第十二届全国人民代表大会第五次会议通过，自2017年10月1日起施行。

2018年8月27日，民法典各分编草案提请第十三届全国人大常委会第五次会议审议，不再保留计划生育的有关内容，新增离婚冷静期。12月23日，民法典"侵权责任编"草案提请十三届全国人大常委会第七次会议审议。12月23日，民法典"合同编"草案二审稿提交全国人大常委会审议。为体现对合同的保护，二审稿规定，依法成立的合同，受法律保护。

2019年6月25日，栗战书委员长主持召开十三届全国人大常委会第十一次会议，会议审议了民法典"婚姻家庭编"草案和民法典"继承编"草案。12月20日，法工委对民法典各分编草案进行了修改完善，并将2017年已经出台施行的《中华人民共和国民法总则》编入草案，重新编排条文序号，形成《中华人民共和国民法典（草案）》，提请12月常委会会议审议。12月23日上午，十三届全国人大常委会第十五次会议听取全国人大宪法和法律委员会副主任委员沈春耀作关于《民法典各分编（草案）》修改情况和《中华人民共和国民法典（草案）》编纂情况的汇报。据沈春耀介绍，民法典（草案）共7编，依次为总则编、物权编、合同编、人格权编、婚姻家庭编、继承编、侵权责任编，以及附则，共1260条。12月24日上午，十三届全国人大常委会第十五次会议举行分组会议，审议民法典草案。12月28日上午，十三届全国人大常委会第十五次会议表决通过了全国人大常委会关于提请审议民法典草案的议案，决定将民法典草案提请2020年召开的十三届全国人大三次会议审议。

2020年5月22日，在第十三届全国人民代表大会第三次会议上，全国人民代表大会常务委员会副委员长王晨作关于《中华人民共和国民法典（草案）》的说明。5月28日，十三届全国人大三次会议表决通过了《中华人民共和国民法典》，自2021年1月1日起施行。

（二）《中华人民共和国民法典》内容与实施

《中华人民共和国民法典》共7编、1260条，各编依次为总则、物权、合同、人格权、婚姻家庭、继承、侵权责任，以及附则。通篇贯穿以人民为中心的发展思想，着眼满足人民对美好生活的需要，对公民的人身权、财产权、人格权等做出明确翔实的规定，并规定侵权责任，明确权利受到削弱、减损、侵害时的请求权和救济权等，体现了对人民权利的充分保障，被誉为"新时代人民权利的宣言书"。

2020年5月28日，十三届全国人大三次会议表决通过了《中华人民共和国民法典》，自2021年1月1日起施行。婚姻法、继承法、民法通则、收养法、担保法、合同法、物权法、侵权责任法、民法总则同时废止，标志着我国民商立法选择了民商合一的立法模式。

2021年1月4日，民法典施行后的首个工作日，广东省广州市越秀区法院判决民法典首例高空抛物损害责任纠纷。一个儿童高空抛下矿泉水瓶，致使一名老人受到惊吓摔倒受伤，家长被判赔9万余元，引发社会广泛关注。民法典从纸上走进现实，对社会行为的指引效果也逐步显现。

第三章　我国民法与商法的关系

　　民法与商法的关系问题，即所谓的"民商合一还是民商分立"问题是是改革开放四十余年来民法学者和商法学者常常争论的问题。相关学者对这个问题曾进行深入的研究，相关的讨论文章也是汗牛充栋，在激烈的辩论之后，虽然并未对这个问题达成共识，但是，学者们对于民法与商法关系的研究为我国民法典的制定奠定了坚实的理论基础。

　　本章本着中立的态度，对民法与商法的关系作以详细论述，从民法与商法的内在关联价值着手，深入探讨我国民法与商法关系模式的历史沿革，并以商事代理制度的立法模式为例解读我国民法与商法的关系，旨在对我国民法与商法基础理论之比较提供理论基础与现实依据。

第一节　民法与商法的内在关联价值

　　依照法律实际理论标准，民法、商法在实际中有一定的联系，但是在民法、商法关系研究上却存在一定的分歧。根据学术标准，将民法、商法合在一起，可以形成单独的法律部门标准，是作为民法的特殊形式体现，而民法、商法单独设立，则是自理体系的法律部门标准。从广义角度分析，商法中包含保险法、公司法等商业交易活动模式的法律，是对商行为的实际行为、商业主体标准进行规范的过程；从狭义角度分析，则以商法典、附属制度为标准。依照民法、商法的实际调整过程，对商品的实际经济关系进行分析，判断二者存在的密切关联性。例如，商法中存在大量的民法的标准规范内容，相关制度要求、原则标准等。按照商法的实际规范、制度标准，其内容逐步被民法所利用。面对各类商品经济价值快速发展的变化过程，民法逐步吸收并加以利用，在商品经济快速发展变化的今天，商人开始以跨国产业交易为模式，不断提升经济综合发展建设水平，制定符合商品经济价值的民法标准，调整其布局，分析商法的调整过程。按照商法调整的高度、发达形式，商品经济的要求、规律，调整符合当代商品经济的规范标准要求。从 19 世纪的商业化普标错误认识出发，依照民法、商法为一体化论述形式，根据经济形态的整体简单商品价值和发达商品的经济现象进行分析，说明民法、商法各自的准则标准和规律形式，找出合一而论的不可取代过程。

第二节　我国民法与商法的关系

一、新中国成立之前的民商关系模式

中国法制源远流长，经历了漫长的发展，期间虽有变动，但法制的精神延续不断，绵延四千年之久，这样的状况一直持续到近代法制改革以前。而近代法制改革之后的法制模式又因为期间政治局势的变化可以分为新中国成立之前和之后两个时期。虽然在法制模式上，近代法制改革之后到新中国成立之前这段时间的法制模式和新中国建立之后的法制模式更加接近，但因为这段历史和当下现实的法制模式关系不大，主要是通过历史传统的方式发挥对现代中国法制的作用。

（一）清末法制改革之前的民商关系模式

中国法律的近代化开端于清末的法制改革，而在法制改革之前，中国的法律模式是沿袭四千年之久的中华法系。中华法系虽然已经消失在历史的长河当中，但它曾是世界上很有影响力的法系之一，影响了包括中国、韩国、日本、越南等约占世界总人口三分之一的人民的日常生活，在世界众多法系中独树一帜，别具风格。

中华法系起源于夏商周时期，在经历了春秋战国的积累和变革之后，在秦朝时形成了十分完备的体系，并继续完善和发展，在经历了汉魏晋南

北朝的法律制度和儒家思想的相互交融之后，在唐代达到顶峰，其代表性的成果是《唐律疏议》。五代十国时期，中国的法律制度发生了变异，宋元明清在继承已经成熟的中华法系基本制度的基础上，结合本朝的特点对基本的制度做了一些微调，形成本朝的法律制度。自夏朝以来，其间虽有朝代的更替，但中国基本的法律制度并未发生根本性的变化，中华法系特点也一直保持其延续性。

从宏观上看，中华法系的总特点是民刑不分，刑法发达，儒表法里。但就民法和商法的关系而言，其特点为以民为主，民商分立。

在中国传统的法制中，刑法占有十分突出的地位，尤其是自秦朝以来，随着中央集权的专制国家的形成，国家为了实现对人民的控制，从而实现"一民使下"的目的，尤其看重刑法的制定，以实现维护国家政权稳定的目的。在中国传统法制中，国家最高的法律既不是控制国家权力的宪法，也不是规定政府组织形式的行政法，而是为实现政治高压而制定的刑法。刑法不仅具有突出的政治地位，在法律条文的数量上也占有相当大的比例。

在刑法地位十分突出的背景下，国家法律制度当中关于民事法律的规定也主要集中在户婚、田产、土地等与国家管理密切相关的方面，再加上强大的政府持续地干预市场交易，更多地采用行政手段而不是市场手段，因而在正式的法律制度中对交易、买卖等现代民法制度的核心内容很少做出具体的规定，对这些社会关系的调整往往是由民间习俗完成的。

但相关的习俗在调整民事法律关系和商事法律关系上并不相同，即有关民事关系的习俗和有关商事关系的法律之间存在很大的差异，这主要是由当时的社会经济条件决定的。在古代中国，地域十分广大，除了商事交易外，人口流动十分不便，因此，民事习惯主要是在熟人社会里发生作用，而商人因为贩卖货物的需要，流动性较强，因而相较于民事习惯在熟人社会中发生作用，商事习惯适用的群体主要是陌生人社会。再加上中国古代社会是士农工商四民区分的社会，商人群体与一般的老百姓之间本来就属于不同的社会群体，因而很自然地产生了商事法律和民事法律之间的区分。

（二）清末法制改革到民国北京政府之间的民商关系模式

中国传统社会中的这种民商关系模式从先秦一直延续到近代，一直保持着稳定性，直到近代，随着西方列强打开中国国门，西方先进的法制理念，法制理论和法律制度逐渐传入中国，并引起了一些有识之士的注意。

相较于西方私法观念和制度的引进，首先在中国有识之士当中引起关注的是西方的公法制度和理论，而变法图强中变法的核心内容也主要是公法制度。19世纪60年代，随着中西交流的逐渐加强，从西方学成归来的学子和出使西方的归国的人员都盛赞西方民主制度的美好，甚至有人称赞西方的民主制度堪比中国"三代"，在这种背景下，关于西方政治制度的书籍层出不穷，相关的介绍也越来越丰富，而推动政治制度变法的仁人志士前赴后继，奋斗不已。

与公法领域中理论介绍热和制度实践热不同，私法领域的相关介绍十分缺乏，而相关的制度实践也主要是在租界等外国人较为集中的区域。这种私法和公法极不平衡的局面直到清末法制改革时才逐渐打破。

鸦片战争之后，中国传统法律制度与西方近现代法律制度之间的巨大差异就成了西方列强在华攫取特权的借口，西方列强以此为借口在中国攫取了领事裁判权、会审公廨、治外法权等多项特权，但因为当时外国人只集中在少数几个地方，因此，外国法与本国法之间的冲突并不是十分强烈。随着西方列强对中国的侵略进一步加深，在华居住的外国人活动范围的扩大，治外法权等西方列强的特权严重损害了国家主权，为了维护国家主权完成，清政府被迫开始法制改革。

清末法制改革中关于私法的改革始于1901年慈禧太后关于法制改革的诏书。1901年慈禧太后下诏开始法制改革，1902年沈家本和伍廷芳被任命为修订法律大臣，1904年，清政府组织修订法律馆，延请日本法学家来中国讲学，并主持翻译了一大批西方法典，为修订法律做准备，1907年清政府正式开始民事法律的编纂。在此时，清政府一方面抓紧民法典草案的起草，另一方面积极展开民事习惯的调查，①直到1910年，清政府分别完成了

---

① 邱志红. 清末法制习惯调查再探讨 [J]. 广东社会科学, 2015（05）：124–133.

《大清民律草案》和《大清商律草案》的起草工作。

在当时的中国，清政府选择形式意义上的民商分立这种私法的编纂模式，原因有以下几个方面。一是因为形式意义上的民商分立是当时流行的私法编纂模式，而且清政府在法制改革的过程中主要效仿的对象就是采用形式意义上的民商分立这种模式的。[①]在19世纪末20世纪初，世界被西方列强瓜分，清政府可供借鉴和学习的对象十分少，再加上清政府为了通过法制改革快速实现富国强兵，因此学习的对象主要是德国、日本等通过法制变革迅速实现富国强兵的国家，而在德国、日本等国家，在处理私法关系的模式时，主要采用的是形式意义上的民商分立模式。二是因为清政府当时的主要关注点在宪法、行政法、刑法等公法领域，而并未对私法领域的改革给予很多的关注。在清末法制改革的过程中，各派政治团体对于要不要保留皇帝，皇帝具有多大的实权等问题展开了激烈的争论，而在刑法领域，法理派和礼教派之间的"礼法之争"更是成为当时法律制定的焦点。总体而言，清政府在法制改革的过程中，将主要的焦点集中在公法领域，对私法领域的关注度不够，在私法领域，清政府更加注重法律的引进，而很少进行制度的创建。三是因为中国士农工商的四民划分传统。中国自秦始皇完成统一以来，整个社会就从爵位社会转变成了四民社会，先秦的等级制度消失了，取而代之的是一个扁平社会中基于人的职业而做出的四种划分，这种划分源远流长，在唐宋逐渐定型，并一直延续到清末。在四民的制度体系中，商人本来就是一个不同于一般百姓的特殊阶层，因此，采用民商分立的立法模式是中国传统历史逻辑发展的必然。四是因为发展商业，实现富国强兵的需要。中国自近代被列强入侵以来，实现富国强兵一直是几代人共同努力的目标，而企图通过商业的手段实现富国强兵梦想的典型代表是洋务派。洋务派是清政府中相对开明的一派，主张在清政府体制允许的范围内实现一定的变革。洋务派起初改革的领域主要集中在军用领域，后来随着洋务运动的逐渐展开，相关的改革也逐渐在民用领域逐渐实施。在当时的中国，主张通过商业的发展实现富国强兵的不仅仅是洋务

---

① 聂卫锋. 中国民商立法体例历史考——从晚清到民国的立法政策与学说争论 [J]. 政法论坛, 2014
　（01）: 125.

派，其他各派也多有主张大力发展商业，以对抗西方的侵略，更有甚者提出了与西方进行"商战"的主张。统治集团内部的这种思想也对当时商法的制定起到了极大的推动作用。

清末法制改革走出了中国法制现代化的第一步，但好景不长，随着1912年清政府的覆灭，帝制的瓦解，国家进入了共和时期，清末法制改革的诸项成果也成了历史文献。南京临时政府存在的时间过短，再加上政府立法的重点在公法领域，因此在私法领域，南京临时政府乏善可陈。民国时期的民事立法始于中华民国北京政府。

中华民国北京政府在民事立法的政策上基本上延续了清政府民事立法的政策，民法典草案也以清政府民法典草案为基础，而且也制定了许多商事规则，在民商事立法中继续保持民商分立、二法并行的局面。但中华民国北京政府时值乱世，中央政府权威不再，地方势力此起彼伏，政令难行，法条的法律渊源作用显著降低，判例的法律渊源地位显著提升，形成了中国历史上独具特色的判例法时代，在当时，判例成为与法典并行的法律渊源之一，而在判例中，法官仍然坚持民商分立的原则，即民事案件的说理主要依靠情理等因素，而商事案件裁判的依据主要是促进经济活动发展的需要。

（三）中华民国南京政府时期的民商关系模式

中华民国北京政府仅持续了短短的十几年时间就因政治局势的变化而垮台，其间的法制建设成果也因政权的更迭而断送，而中华民国南京政府开启了中国法制建设的新征程。

中华民国南京政府相较于中华民国北京政府最大的优点在于政治局势的稳定。1928年国民党北伐之后，占据了江浙沪等全国税收的重要基地，形成了雄霸东南的局面，其后的一段时间里，在经历了南征北战之后，国民党至少在名义上实现了全国的统一，大力建设法制的政治条件已经成熟，而其后的几年，国民经济的发展进入了黄金时期，再加上国民党党员中，出国留学学习法律者甚多，法制建设的意识较为强烈，在诸多因素的共同作用之下，国民政府展开了大规模的立法活动，以极高的效率创制了一部部法律，逐渐将国民经济的基本生活纳入法制的轨道。

在中华民国南京政府大规模编订法典的过程中，最为重视的当属民法典的制定。中华民国南京政府政权刚稳定，国民政府立即组织相关人员起草民法典草案，而且法案的起草参与者是当时中国杰出的一批法律学者，而民法典的编纂也是编纂最耗时的一部法典，整部民法典的起草耗时三年，比宪法的起草时间还要长，足以体现中华民国南京政府对创制民商事法律的重视。

虽然中华民国南京政府十分重视民法典的起草，但在处理民法和商法的关系时，中华民国南京政府因当时政治局势、国际环境等的影响而走上了一条完全不同的道路，即在处理民法与商法的关系时，既没有采用德法等国的形式意义上的民商分立，也没有采取瑞士等国的形式意义上的民商合一，而是走上了实质意义上的民商合一的道路。

中华民国南京政府在处理民商关系时采用实质意义上的民商合一模式，究其原因如下。

首先，是国民党内激进的意识形态占上风的结果。国民党由于其复杂的运作和发展历史导致内部的意识形态十分多元化，但随着孙中山在国民党中的地位逐渐提升，再加上孙中山本人受当时共产主义运动的影响，导致在国民党内部相对激进的意识形态逐渐占据主导地位，而蒋介石及其重用的CC系等的上台是国民党意识形态激进化的巅峰，而国民党意识形态激进化在民商事立法领域的体现便是强制推行民商事法律条文的合一，抹杀了商人阶层相较于其他社会阶层的特殊性。中华民国南京政府的首任立法院院长胡汉民曾在报告给国民党中央执行委员会的文件中解释道："中国古代无商人阶层，为实现整个社会的平等，无为商人特殊立法的需要。"①

其次，是受了当时错误的法学理论的误导。中国自清末法制改革以来，在民事立法上一直在借鉴西方发达国家的法律制度，而且一直强调要借鉴西方最先进的法学理论。1908年瑞士编订了统一的民商事法律，民商合一的法学理论逐渐在法学界兴起。但因为当时交通、通信十分不发达，再加上清末到中华民国北京政府时期法学界内出国留学的人员主要是去日

① 秦晖. 走出帝制 [M]. 北京: 群言出版社, 2015: 207.

本学习，因此，所谓民商合一的理论并未在国内形成气候。20世纪20年代，随着大量留学德、法的法科生归国并在政府中担任要职，欧洲大陆关于民商合一的理论也逐渐流传开来。1928年国民党中央执行委员会下达的制定民法典的决定中，要求法典编纂者以世界上最先进的法理为指导，而当时十分流行的所谓的"民商合一"理论便以世界上最先进法学理论的面目成为当时处理民法和商法关系的指导性原则。①

再次，是出于革新政府面貌的需要。自清政府垮台之后，整个国家便进入了乱世，政权更迭频繁，战乱频繁，民不聊生，从袁世凯称帝到曹锟贿选，政治丑态百出，老百姓已经对中华民国北京政府失去信心，亟待一个全新面貌的政府出现，国民党正是在这种背景下登上历史的舞台，而国民党为了维护其形象，也需要做出一些不同于前任政府的事情，其中包括立法的革新，在这种背景下，国民党一反前任处理民商关系模式的做法，而采用实质意义上的民商合一作为其处理民法和商法关系的基本原则。

最后，是受了当时国际关系的影响。清政府时，日本对中国的侵略一步步加深，但并无亡国的风险，因此清政府在法制改革中学习的对象主要是日本，但从20世纪初开始，日本加紧对中国的侵略，灭亡中国的野心逐渐暴露，因此，在中华民国南京政府时期，当局主要的外交对象是美国和欧洲大陆国家，而在中华民国南京政府前期，当局政府尤其与德国走得很近，这就导致当时国家建设的各个方面受德国的影响很大，而在私法立法方面，除了民法典的具体条文很多受德国的影响之外，在处理民法和商法的关系时，当时在德国十分流行的民商合一关系理论也成为相关的指导性原则。

在中国源远流长的历史中，由于受儒家"利义"观念的浸染，再加上国家为了实现控制人口流动、维持社会稳定等目标，在法律政策上将商人和一般的百姓区隔开来。在清末法律大变革的时代，由于受历史传统、政治局势、国际关系等诸多因素的影响，在处理民法和商法的关系时仍然采取民商分立的立法模式，这种模式一直延续到中华民国南京政府时期。中华

① 聂卫锋. 中国民商立法体例历史考——从晚清到民国的立法政策与学说争论 [J]. 政法论坛, 2014（01）: 112–130.

民国南京政府时期，在一波波革命浪潮的推动下，国民党意识形态的激进化达到了新的高度，在这种思潮的波及下，国民政府在处理民法和商法的关系时一反历史的常态，而采用实质意义上的民商合一模式。纵观中国历史，在中国的历史传统中，民法和商法的分立是主流，民法与商法的合一仅是短暂的一瞬。

二、新中国成立后的民商关系模式

中华民国维持了37年即告灭亡。虽然民国时期是中国法制现代化进程中的重要环节，民国时期的立法成果也引人瞩目，但因为民国时期整个国家都处于动荡之中，再加上国民党反动派实行一党独裁，以党规取代国法，因此，很多立法成果只是停留在纸面上，并未得到有效的落实。1949年新中国成立，中国进入了法制建设的新时期。

（一）改革开放前的民商关系模式

1949年初，国民党反动派大势已去，只剩下苟延残喘，而中国共产党如同旭日，冉冉升起。1949年2月22日，中共中央发出了《关于废除国民党〈六法全书〉和确定解放区司法原则的指示》，在解放区，国民党的《六法全书》被废除。在接下来的半年时间里，随着中国共产党在全国的建政，该指示在全国范围内生效，《六法全书》在全国范围内失效，为中国共产党进行新的法制建设工作奠定了基础。

在新中国成立后的前几年，因整个国家建设的重心放在维护政权稳定、经济改造等方面，因此，在立法方面没有什么标志性的成果。1954年是新中国成立后到改革开放之前这段时间里法制建设成果最为突出的一年。这一年，《中华人民共和国宪法》获得通过，但在民商事法律的制定方面，没有十分突出的成果。

1956年全国经济完成了社会主义改造，市场经济被逐渐取消，在此后的20年里，因经济建设的重心在重工业上，再加上人民公社、"大跃进""文化大革命"等政治运动一波接着一波，经济活动受到很大影响，因此，法制建设的成果十分缺乏。总体而言，这个时期中国的法制建设基本上处于停滞状态。

（二）改革开放后的民商关系模式

新中国真正进行法制建设的工作是在改革开放之后。改革开放之后，我党逐渐转变执政方式，逐渐将国家治理纳入法制的轨道上来，再加上当时吸引外资，发展商品经济的需要，为了保障相关工作的有序进行，全国人大及相关部门抓紧制定与经济相关的法律，而在这个过程中，如何处理民法和商法的关系这个问题也随着立法的逐渐深入而浮出水面。

改革开放后，改革进程有序推进，经历了一个由浅入深、循序渐进的过程，而与之相伴的是中国私法制度的完善，有关民法和商法关系讨论的深入，大致而言，改革开放后，关于民法和商法关系模式的讨论经历了三个阶段。

1. 1993年之前的民商关系模式

从1978年到1993年是中国建设商品经济的时期。这个时期因为实行的是有计划的商品经济，商品经济关系还相对简单，因此，私法规范还相对简陋，十分不完善，而这个时期私法法制建设的最大成果是以民法通则为代表的一大批民商事法律的制定，而这个时期，相较于民法和商法的关系问题，一个更为突出的问题是私法和经济法的关系问题。①

在当时私法和经济法的关系成了法学界研究和争论的热门话题，而其间参与讨论的多是全国著名的法学家们。当时因全国还处于计划经济时代，因此经济法学者占有相对的优势地位，有些学者主张建立大的经济法体系，将民法纳入经济法的观点，而这场论战最终的结论是，法学界认为民法调整平等主体之间的人身财产关系，而经济法调整非平等主体之间的经济关系。②

在当时，关于民法和商法的关系问题并未引起私法学界的热烈讨论。一是因为相较于民法和商法关系问题，私法和经济法的关系问题在当时的环境中更加紧迫。二是因为当时处于法制初创期，而且当时经济建设急需制定出相关的法律，相对于具体法律条文的制定，私法内部相关法律的结构并不是一个十分突出的问题。

---

① 孙莹. 我国民法调整对象的继受与变迁 [M]. 北京: 法律出版社, 2012: 54.

② 王保树. 关于民法、商法、经济法定位与功能的研究方法 [J]. 现代法学, 2008（03）: 3-11.

虽然在改革开放后到1993年之前的这段时间里，中国的法制建设中关于民法和商法的关系这个问题在制度上并未设计清楚，理论上也未得到深入讨论，但是，这个时期丰富的立法成果还是为这个问题的后续展开奠定了一定的基础，这个问题的真正展开是在1993年之后。

2. 1993年到2014年之间的民商关系模式

1993年中国正式进入市场经济，计划经济进入了历史的舞台，以计划经济为依托的经济法也变得相对弱势，《合同法》《物权法》《公司法》等一大批民商事法律的制定让民法和商法的关系这个问题逐渐浮出水面，而2001年制定民法典的相关提议将这个问题的讨论引向高潮，在这场讨论中，学者们关于这个问题的观点大致可以分为三种，即民商分立派，民商合一派，实用主义派。

（1）民商合一派关于民商关系模式的观点

在当前中国的法学界，民商合一是法学界内关于如何处理民商关系问题的主流观点，该观点认为，在处理民商关系时采用民法和商法合为一体的立法模式，即采用实质意义上的民商关系模式处理我国私法立法中的民法和商法的关系问题，而在学术界该观点获得了大多数学者的支持。持该派观点的学者支持民商合一立法模式的理由如下。

①私法立法中采用民商合一的立法模式可以节约立法成本。立法作为国家运行的首要活动，其运行成本极高，而将民法和商法统一起来，可以减少立法工作的工作量，从而节约立法成本。[①]

②私法立法中采用民商合一的立法模式有助于维护法制的统一，方便法律适用者适用法律。民法和商法之间虽然存在很大的差异，但是二者之间的这种差异并不是十分明显，而且商法学界对这种差异的判定模式没有可操作的标准，因此在私法立法中推行民商合一的立法模式不仅可以有效地规避这个问题，而且有助于实现一国法制的统一，也有助于法律实践者操作相关法律。[②]

---

① 汪青松. 主体制度民商合一的中国路径 [J]. 法学研究, 2016 (02) 62–78.

② 袁碧华. 我国商法立法模式探讨——以民商合一格局下民法典总则的商事规范构建为中心 [J]. 岭南学刊, 2016 (03) 95–100.

③私法立法中采用民商合一的立法模式是延续历史传统的需要。中国自中华民国南京政府在私法立法中首次采用实质意义上的民商合一的立法模式以来的法律实践已经证明了这种制度模式的有效性，再加上我国在改革开放初期的私法立法实践中也采取了类似的立法模式，而且相关的制度实践在中国已经逐渐趋向成熟，因此，在往后的立法中继续采用实质意义上的民商合一的立法模式可以有效地维护历史传统，也是最经济节约的立法模式。①

④私法立法中采用民商合一的立法模式是当今世界民法典制定的趋势。从20世纪后半叶开始，世界上的很多国家在制定本国新的民法典的时候逐渐放弃民商分立的立法模式，而且在民法和商法的具体条文上，民法和商法之间也越来越趋于一致，因此，在私法立法中采用民商合一的立法模式是顺应世界发展趋势的需要。②

⑤私法立法中采用民商合一的立法模式是保障交易安全的需要。交易安全是德国民法典的伟大发明，是德国民法典对世界法制建设的伟大贡献，在私法立法中采用民商合一的立法模式，规定统一的物权交易制度，有助于保障交易安全，进而促进商品经济的发展。③

（2）民商分立派关于民商关系模式的观点

民商分立派认为中国在处理民法和商法的关系时应当采用民法和商法相互独立的处理模式，即在编订民法典的同时，应当编纂独立的商法典或者制定类似于民法通则中的商事通则，支持这个观点的学者多是商法学者。在当今中国法学界，因为支持民商合一的观点处于主流地位，处于守势状态，因此，支持民商分立的学者多是针对支持民商合一学者为民商合一提供的理由而展开反对的辩论。其理由如下。

①主张民商分立的学者认为立法活动中不能以立法成本作为唯一的考虑因素，在相关立法活动必须进行的情况下，不能出于立法成本的考虑而不进行相关的立法活动。在现代国家，立法是国民做出相关行为的前提，

---

① 梁慧星. 当前关于民法典编纂的三条思路 [J]. 律师世界, 2003 (02) : 4-8.

② 彭真明. 论现代民商合一体例下民法典对商事规范的统摄 [J]. 社会科学, 2017 (03) : 92-100.

③ 谢欢. 民商合一视阈下商事规范的立法选择 [J]. 绥化学院学报, 2016 (05) : 36-40.

立法的缺失会导致民众无法判断相关行为的意义，因此，在相关立法必须进行的时候，不能因为立法成本而不及时进行相关的立法致使国民对相关的行为无法进行判断，进而造成社会生活的混乱。①

②主张民商分立的学者认为正如民法学者所说，民法和商法之间的区别实际上就存在，而且不能因为民法与商法之间的区别无法找到统一的标准就用立法抹杀这种实际存在的区别。正如曾经民法和经济法之间的区别的标准也很模糊，而民法和经济法之间的区别随着研究的深入逐渐明晰一样，民法和商法之间的区分标准也会随着相关研究的深入而逐渐明晰。②

③主张民商分立的学者认为民法学者所谓的历史传统只是经过其裁剪的历史传统。中国的历史传统十分丰富，中国在清末法制改革之前采用士农工商四民划分，一般群众适用的法律和商人阶层适用的法律本不相同，而在清末法制改革后到中华民国北京政府灭亡这段时间，一直都采用民商分立的立法模式，而在处理民商关系时采用实质意义上的民商合一只是最近几十年的事情，并不能代表中国丰富的历史传统。

④主张民商分立的学者认为，在当今世界，采用民商合一的立法模式只是小国结合本国的实际情况做出的调整，民商合一的立法模式并未成为大国私法立法的指导原则。20世纪下半叶、21世纪初，德国、法国、日本等传统的民商分立国家都对其民商法典进行了规模较大的修改，但都保持民商分立的立法布局未变，而且从趋势上看，民商分立的立法模式在这些国家更加稳固，而且即使民法的规定越来越商法化，但是民法和商法之间的区别仍然存在，两者之间的区别并不因为民法的商法化而消失。

⑤主张民商分立的学者认为交易安全并非私法立法的唯一价值。交易安全是德国民法典的伟大发明，也是德国法学家的伟大创造，但是交易安全并非整个私法体系的唯一价值标准。相对而言，商法更加注重交易安全的保障，而民法更加注重维护原有的社会关系。虽然交易安全是近代民法的伟大创造，但并不能将此原则绝对化，将其作为整个私法体系的绝对原则。

---

① 张辉、叶林.论商法的体系化［J］.国家检察官学院学报, 2004（05）: 72-79.

② 范健.走向《民法典》时代的民商分立体制探索［J］.法学, 2016（12）: 21-27.

（3）实用主义派关于民商关系模式的观点。

实用主义派关于民商关系模式的观点既不同于民商合一派，也不同于民商分立派，该派关于民商关系模式的观点是建立在他们不赞同制定统一民法典的基础上，认为私法立法应当以实用主义为最高原则，而不能囿于体系性的框架中，该派的代表人物主要是专攻英美法的学者。

在中国法学界，虽然主张制定统一民法典的呼声不断，但是反对制定民法典的声音一直存在，代表性的学者有中国政法大学的江平教授和方流芳教授。江平教授是1986年民法通则的起草者，是促进中国私法法典化的引路人，但在20世纪八九十年代，江平教授在深入研究英美法之后，对英美法的实用性和灵活性十分佩服，便逐渐走上了反对制定民法典的道路，他认为在维持民法通则等相关民事法律现状的基础上，构建松散的民事法律体系，消除民法制度内部的矛盾，既可以大量节约民事立法的成本，也是一种十分实用的立法方式。①

不支持制定统一民法典的学者主张维持现行民法松散的结构体系，在此基础上将民商法律通行的原则抽象出来并法律化，纳入民法通则的体系当中，在此基础上完善民商法律的相关规定，并消除现行法内有关规定的矛盾和冲突。不同于主张民商合一和民商分立的学者重视相关的立法活动，实用主义派的学者更加注重法律实践的作用和意义。

3. 2014年之后的民商关系模式

2014年10月20日到23日在北京召开的中国共产党第十八届中央委员会第四次全体会议上通过了《中共中央关于全面推进依法治国若干重大问题的决定》，这是第一次以中央委员会的形式通过关于法治建设的决议，中国的法治建设进入了新时期。在该项决议里，执政党对于全面促进依法治国的意义进行了全面的论述，对怎样推进依法治国进行了全面的部署，该决议成为当前我国进行法治建设的根本性指南，而在该决议中，最突出的亮点是中央委员会提议尽快编纂出中国的民法典。在决议审议通过之后，全国人大常委会及其他相关机构积极编制立法规划并组织相关学者起草民

---

① 梁慧星.当前关于民法典编纂的三条思路[J].律师世界,2003(02)：4-8.

法典草案。根据全国人大的立法规划，我国民法典制定的步骤是，先在整合原有法律的基础上编纂出民法典总则编，在此基础上，修订补充原来物权法、合同法、婚姻法、继承法等相关的法律法规，组合编纂出中国的民法典。

在全国人大编制出立法规划，组织相关人员起草民法典草案后不久，相关的学者又将民商关系问题提上台面，重新展开新一轮的讨论。在这次讨论中，因为民法学者掌握了立法上的主动权，因此参与讨论的积极性显然没有商法学者高，而商法学者为了能对民法典的制定产生影响，并借此实现民商分立的主张，积极在全国范围内制造舆论声势，在随后两年召开的全国性的商法年会和地方性的商法年会上，民法与商法的关系问题成为商法学界讨论的重点。2015年在郑州召开的商法年会以"商法的现代化与民法典的编纂"为主题，着重研讨民法与商法的关系、民法典编纂中商法规范的安排、民事立法与商事制度的协调、商法各个部门法的发展完善等学术话题，而在开幕式上，中国法学会副会长张文显教授指出，商法作为独立的学科，有独立的研究对象和知识体系，不赞成将商法作为民法的特别法，商法应独立发展；在社会主义市场经济法律体系中，民法典与商法典是鸟之两翼、车之双轮的关系，商法学界应有强烈的意识推动商事立法的进展，推进中国特色社会主义商法学体系的创新。商法学界前几年推进的商事通则立法，已经有了基本的草案，需要继续推进。希望商法学界在推进商事立法的科学化和体系化、推动商法学科的独立性建设、商事审判的独特性与商法制度现代化等方面贡献更多的学术才智。[①]张文显教授的观点代表了绝大多数商法学者关于民法和商法关系的观点。在当时中国民法典尚未制定完毕，商事立法仍亟待完善的背景下，商法学者必然还会通过其他的途径发挥对立法更大的影响力。

---

① 中国商法学研究会. 中国商法学研究会2015年年会综述_中国商法网［EB/OL］. http://www. commerciallaw. com. cn/index. php/home/research/unitinfo/id/14. html.

第三节　以商事代理制度的立法模式为例解读我国民法与商法的关系

作为一种独立的法律制度，代理是商品经济发展的产物，商事代理和民事代理共同组成了完整的代理制度。因理论和实践的不同，商事代理在不同的国家呈现出了不尽相同的立法模式，与民商法的整体立法模式具有千丝万缕的联系。当前，我国的商事代理立法存在着体系性不足、代理商制度缺失、法条冲突较多、法出多门等问题，目前的立法模式难以满足社会主义市场经济和商事活动发展对商事代理制度的要求，因此，商事代理的立法模式选择和完善对策具有重要的理论意义。

虽然我国民法典已经编纂完成并于2021年1月1日起实施，且具有民商合一的特征，但商法学界对民法和商法部门之间的关系仍未形成一致意见。观察民法典以及各个商事单行法实施后我国的总体商法布局，总纲性的商法规范在我国几乎完全空白，因此也无法构建起科学的商法体系以及商事代理制度。针对商事代理制度的完善和立法，商法学界的主流看法认为商事代理制度不宜规定在民法典中，但对于其具体立法模式有两种主要意见。第一种意见认为应采用在《商法通则》中独立成章的模式。这种意见认为此种模式能够从体系上和逻辑上更好地符合商事代理制度的特征。商事代理制度与商主体制度、商行为制度之间存在不可割裂的、天然的联系。以商法体系建构的视角来看，将前述的三个制度在《商法通则》中进行统一制定，可以完善商法的内在结构。第二种意见认为应采用单行商事代理法模式。持该观点的学者认为可对商事代理制度进行单独立法，使其成为将来"民法典+商事单行法"的民商法律体系的一部分。笔者从商事代理的概念界定出发，深入分析商事代理的特点、我国民法典中商事代理制度的不足，试图从我国近年民商事立法和理论的发展中探究民法与商法的关系，分析出我国的商事代理立法模式选择，推进我国民法典的完善。

一、商事代理的概念、分类与特点

（一）商事代理的概念界定

1. 大陆法系：以"区分论"为基础

代理权是代理法律关系和代理制度的基本构成要件，除被代理人与代理人之间的法律关系之外，代理人与第三人、代理人与第三人之间的法律关系也是由其决定的。长期以来，大陆法系的代理理论以"区分论"为基础，即严格地区分"委托"与"授权"，委托人和受托人订立的委托合同并不必然意味着代理关系的产生，只有当基于委托人的授权令受托人被赋予以委托人之名义与第三人发生民事法律关系的代理人资格时，代理关系才在前述的三方当事人之间构成。①

由于将委托行为区分于授权行为，而委托行为是这其中的基础法律关系，所以有因或无因便成为商事代理问题之关键。在此前提下，便产生了一个问题：若委任行为无效、不成立或被撤销，那么授权行为的效力是否会受到与之相同的影响？对此问题有两种对立的答案。其一，无因说，即委托行为与授权行为之间彼此独立、并无影响，委托行为即使无效、不成立或被撤销，也不会影响授权行为的法律效力。其二，有因说，即委托行为的法律效力决定授权行为的效力。观察大陆法系立法的立场，由于可以较好地保护第三人利益，在降低交易成本的同时保障交易的安全，无因说是大陆法系国家的主流意见。

大陆法系国家因为长期持有无因性理论，故对商事代理进行界定时，向来将其形式特征放在首位，选择商事代理制度的基本理论原则为显名主义。在商事法律中，商事代理的范围通常仅包括商业辅助人、代理商两类主体的显名商事代理行为，而不将间接代理行为称为商事代理。由于不被称作商事代理行为，间接代理行为通常分别由行纪制度、居间制度等单独调整，且往往归入合同法或商法典的其他部分中进行立法，仅日本等少数

---

① 肖海军. 商事代理立法模式的比较与选择［J］. 比较法研究, 2006（01）: 62.

国家（如日本《商法典》504 条[①]）将间接代理行为归入商事代理的范围。

2. 英美法系：以"等同论"为基础

因英美法系不像大陆法系在立法层面上对法律部门进行明确的划分，所以独立的民商法部门并不存在，在其法律体系中对代理进行规定的法律，主要即为商事代理法。[②]不同于大陆法系，英美法系代理制度的理论基础是"等同论"，在理论构建上重视内在的代理实质关系。等同论是指代理人的行为和被代理人的行为被视作等同，即将其看作被代理人本人的行为，被代理人对代理人给予具有法律意义的信任和授权，在授权的范围内，代理人的行为视作等于被代理人本人所做，代理行为或代理关系完全是基于委托的后果。基于此种理论思维的指导，英美法系在实践中判断代理成立与否的标准，在于被代理人的授权存在与否，或代理人是否在权利上能够参与三方法律关系，影响关系中另外两方之间的权利义务关系。至于代理人与他人进行法律行为时，究竟是以其自己的名义还是以被代理人的名义，对被代理人与代理人之间代理关系的成立并无影响。故等同论在效果上对被代理人利益的保护要强于区分论。

在此背景下，英美法系相关立法在代理的分类上，依代理人在交易中是否披露委托人的身份并以此判断代理人对法律责任的承担情况，把代理分为显名代理、隐名代理和完全不公开被代理人身份的代理；在代理规范的适用范围方面，代理人的范围包含多种不同叫法的商事主体，如被代理人内部的雇员、店员，外部的诸如行纪商、居间人、代理商等。

（二）商事代理的分类

依前文的定义标准，无论是英美法系还是大陆法系，亦无论大陆法系中采取民商分立模式还是民商合一模式的国家，广义上的商事代理基本都可以概括为法定代表人、经理与其他雇员等商业辅助人的职务代理和代理商的代理两大类。其中部分国家的法典在字面上将代理商的商事代理规定为狭义上的商事代理，但也对职务代理做了相对详尽的规定。代理商与职

---

① 日本《商法典》504 条："商行为的代理人，在行使代理行为时，不必他方表示其行为系对本人之代理，其代理行为仍对本人有效。"——笔者注

② 肖海军. 商事代理立法模式的比较与选择 [J]. 比较法研究, 2006（01）: 60.

务代理人均可为代理人，但两者的主要区别如下：其一，代理商是独立的商人，与委托人不存在雇佣或从属关系，更不是委托人的商业辅助人。职务代理人并不是商人，而是担任商人的商业辅助人或法定代表人，对其产生约束的，是其与所属商人之间的雇佣关系或法定代表关系。其二，代理商在其独立的营业场所进行经营，但职务代理人并无自有的营业场所，而是在其所属商人的营业场所从事相关工作。其三，同一个代理商能够同时服务于多个被代理人，而职务代理人在一般情况下只能从属于一个商人。其四，在从事商事代理活动时产生的营业费用原则上由代理商自行承担，相反，在职务代理中，是由商人承担其下属的职务代理人从事代理活动产生的费用。

此外，依照不同的标准，商事代理还存在多种理论上或立法上的分类，如依据代理形成的原因，商事代理能够分类为协议代理、追认代理、不容否认的代理和为情势所迫的代理；根据代理主体性质的不同，代理可以分为合伙代理和公司代理；根据代理的行业和内容，则可以分为买卖、证券、保险、房产代理等；在英美法系，出于对代理形成之原因的重视，还存在显名代理、隐名代理（仅披露被代理人存在）、完全不公开被代理人身份的代理。

以德国为例，现行的德国商法典第一编第七章为"商事代理人"，此处"商事代理人"专指代理商，该章第 84 条规定的代理商概念为："（1）代理商是指作为独立的经营人受托为另一企业主媒介交易或以其名义成立交易的人。独立的人是指基本上可以自由形成其活动和决定其工作时间的人。（2）非为第1项意义上的独立的人而平常受托为一名企业主媒介交易或以其名义成立交易的人，视为职员。（3）该企业主也可以是一名代理商。（4）代理商的企业依种类或范围不要求以商人方式进行经营的，也适用本章的规定。"[①]可见该条将代理商与职务代理进行了明确区分。而职务代理则在第一编第五章"经理权和代办权"、第六章"商事辅助人和商业学徒"中予以规定。同时在规范对象上，法典涉及多种类型的商事

---

① 德国商法典［M］.杜景林，卢湛，译.北京：法律出版，2010：4.

代理，如保险代理、建筑储蓄代理、保付代理、兼业商事代理、航运代理等。

（三）商事代理的特点

尽管民事代理和商事代理同为代理法律关系，由被代理人、代理人和第三人构成的三方关系是两者共同的法律关系结构，不过这两种代理分属民法与商法两个法律部门，在许多方面存在着明显差异。除民法和商法在调整对象、内容上的明显差异之外，民法和商法在价值取向和产生基础上也具有显著差别，故现代的各国法学界普遍因此将民法和商法区分为两个法律部门。

以价值取向上的差异为例。民法的诸多价值目标之中，公平首当其冲，当公平原则与民法的其他基本原则相冲突时，民法会首先选择公平，即采取公平至上、兼顾效益与其他之立场。与民法不同的是，商事立法优先追求的法律价值是效益，若出现效益与其他法律价值相冲突的情况，其采取的基本立场是效益至上、兼顾公平与其他。民商法在对待公平与效益的关系与地位上所采取的这种不同的价值取向，既反映了民法和商法在立法上不同的价值追求，也反映了民法和商法在调整市场经济关系时所具有的不同作用和各自独特的存在价值。[①]不同的价值取向体现于民事立法和商事立法当中，便决定了民法和商法诸多制度上的差异，代理制度亦然。掌握商事代理的特点，对于在商事代理立法工作中的立法模式选取、制度构建等均具有重要意义。相较于民事代理，商事代理具有以下的特点：

1. 目的之营利性

营利不仅是商事代理区别于民事代理的首要特征，也是商事行为和商法的核心范畴，来自商法效益原则的内在要求。代理商是以商事代理为职业的主体，职务代理中的代理人无论担任哪种职务，其代理行为都是以被代理人的商业利益为目的，而民事代理行为的目的则因代理事项、代理关系的产生原因及被代理人与代理人的关系呈现出多样性。

对于代理行为营利性的判断，若代理行为属商主体的代理行为，则当

---

① 赵万一.商法基本问题研究［M］.北京：法律出版社，2002：87.

然认为具有营利为目的，属于商事代理；而对于非商主体的代理行为是否具有营利性，则应结合其行为目的和内容进行确定。例如，王保树教授主张将商事行为的营利性划分为三层含义：一是追求私益，不同于公益和慈善事业；二是行为的有偿性，以此区别私法上虽为私益但属无偿的行为；三是追求资本不断增值和经济收益最大化。①值得注意的是，伴随营利性出现的是商事代理的有偿特征。民事代理涉及的法律关系既包括财产关系也包括非财产的人身关系，根据当事人的约定，既可以是无偿的也可以是有偿的。商事行为所涉及的只有财产关系，故商事代理因其营利性特征决定其只可能是有偿行为。与此同时，正由于商事代理的营利性，相较于无偿的民事代理行为，法律对商事代理人注意义务的规定较多，其承担的法律责任也更为严格。

2. 代理权来源之单一性

根据《中华人民共和国民法典》第 163 条规定，代理权的产生依据有两种：其一，委托代理权，也称意定代理，产生自被代理人对代理人的授权行为；其二，法定代理权，即依照法律的规定产生代理权。民事代理权的发生可能来自法律规定也可能来自被代理人的授权；但是法律规定并非商事代理权产生的原因，商事代理权只能由商事主体间的合同关系或公司章程，也就是被代理人的授权而产生。换言之，民事代理包括法定代理和意定代理两种，商事代理则仅包括意定代理。

3. 被代理人之组织性

商事代理中的被代理人不仅应具有民法上的民事权利能力和民事行为能力，还应当具有商法意义上的组织性。商事代理是基于组织关系而产生的代理类型：其或是基于组织内部的从属与被从属关系，一般表现为组织内部成员（雇员或法人代表等）对组织的代理；或是基于组织外部的组织之间的代理，一般表现为组织外的主体对组织的代理。②一方面，组织内部成员与组织之间存在雇用合同等产生的持续性的代理与被代理关系，另一

① 王保树. 商法总论 [M]. 北京：清华大学出版社，2007: 32.
② 蒋大兴、王首杰. 论民法总则对商事代理的调整——比较法与规范分析的逻辑 [J]. 广东社会科学，2016 (01)：228.

方面，组织外的主体与被代理的组织签订代理、行纪等合同，在合同存续期间内，代理人可以反复地实施代理行为，故因被代理人的组织性，商事代理通常是持续的、反复的，且存续时间以合同或企业内部章程为准。与此不同，民事代理多属一次性行为，且因被代理人一般为自然人，其存续可能受到被代理人死亡等因素的直接影响。

4. 不以显名为必要

如前文所述，通观以"区分论"为理论基础的大陆法系和以"等同论"为基础的英美法系，商事代理并不以是否显名为根本特征，即使有国家在立法的措辞上不将间接代理称为商事代理，也将间接代理以商事代理制度的理论内核另作规定。

在民事代理中，因代理人进行代理活动应以被代理人的名义，所以当追究代理行为产生的法律责任时，应当归责于被代理人，同时被代理人享有向代理人主张损害赔偿等权利；而在商事代理中，由于间接代理大量存在，代理人更加职业化和专业化，使得代理人可以独立承担责任。若本人身份不完全公开给第三人，责任可能由代理人独立承担，也可能在本人身份事后被披露给第三人时由本人承担，还可能以连带责任的形式由代理人与本人向第三人共同承担。

此外，商事代理的这一特点也为代理行为的实际操作赋予了更加灵活多样的形式，可为明示授权，亦可为默示授权，既可事前授权，也可事后追认，使得商事代理制度满足多变的商事活动的要求。

二、从我国目前的立法模式看我国民法与商法的关系

我国民商立法模式的探索和发展也是在立法实践中逐步实现理论上的从无到有的。在改革开放开始后，我国初步打破了新中国成立后长期缺乏民商事法律的僵化状态，在一部分迫切需要法律规制的领域进行了立法，例如 1981 年的经济合同法等。由于当时我国民事立法实践经验有限、理论基础薄弱、专业的立法工作者寥寥无几，尚不具备在短时间内创制民法典的客观条件，因而民法通则作为民事基本法应运而生。民法通则对我国大多数的民事法律制度都有所涉及，明文确定了民法的基本原则和许多领域

的指导性规则，并设置了一定的商事规范。后来的合同法不在字面上区分民事合同与商事合同，而且在分则中设置了大量商法领域的合同类型，如行纪合同、居间合同、仓储合同、货物运输合同等，其中的行纪合同、居间合同连同第 402 条、第403 条初步建立了我国的商事间接代理制度，甚至对融资租赁等至今未在法律位阶上制定过单行法的制度从合同规范的角度进行了规定。因为民法通则和合同法具有较为明显的民商不分的文本外观，学术界出现了较为有力的认为我国是民商合一立法模式的声音。

可能是受此暗示，我国此后在创制民法典时便显示出了力求实现民商合一的倾向，并得到了官方文件的确认——2017 年全国人大常委会的《关于〈中华人民共和国民法总则（草案）〉的说明》提出："我国民事立法秉持民商合一的传统，通过编纂民法典，完善我国民商事领域的基本规则，为民商事活动提供基本遵循，就是要健全市场秩序，维护交易安全，促进社会主义市场经济健康发展。"①可见我国立法机关认为民商合一已经成为我国的立法传统。直至2021年1月1日起施行《中华人民共和国民法典》，婚姻法、继承法、民法通则、收养法、担保法、合同法、物权法、侵权责任法、民法总则同时废止，我国民商立法呈现了民商合一的特点。

民法典对商法规范试图囊括的方面主要体现在以下几点。其一，在第二章规定个体工商户和农村承包经营户，在第三章规定大幅修改后加入了合作经济组织法人等的法人制度，在第四章规定包括个人独资企业等的非法人组织制度。依传统商法的视角，民法典实际上已经建立了尚不完整的商事主体制度。其二，在法人制度中复制了部分的公司法规范，规定了法人的成立和设立规则、决议效力、人格否认、清算解散等方面。其三，在第 170 条引入了职务代理制度，一般意义上的商事代理被部分地得到确认。

对以上商法规范相关的条文稍加研究，我们即可发现，民法典虽然以民商合一的思路引入了这些商法规范，却引入得并不完整，商事代理制度的另一大板块——代理商在总则中完全不见踪影，在民法典各分编的立法

---

①　关于《中华人民共和国民法总则（草案）》的说明_新华网［EB/OL］. http://www.xinhuanet.com/politics/2017lh/2017-03-09/c_129504877.htm.

规划中似乎也没有位置；公司法相关的条文对比我国现行公司法的规定，没有创新之处，仅有一些蜻蜓点水式的互动。

以上为民法典包含的商法规范分析，就其致力实现的民商合一的立法思路而言，存在着诸多不足。

首先，民法典虽然引入了部分商法部门的基本规则，也在制度建设上有所进步（如职务代理），但是引入的程度与深度远远达不到其立法时标榜的民商合一的理想水平，大多流于形式，仅起到类似于宣誓的作用。

其次，民法典设置的部分商法规范将公司法等商事单行法的内容简单地进行少有改动的提取，这样的立法方式将造成相同的法律规范在两部分别属于一般法和特别法的法律中同时存在，那么一旦将来公司法等商事单行法在修订时对这些进行修改，设置在民法典中的相应法条便也应进行修改，势必会大幅增加修法的难度，压制单行法的发展。

最后，民法典在引入部分商法规则的同时也忽视了大量相关的商法规则以及几乎全部的商法原则。主要的商事原则包括商主体法定原则、交易便捷原则、交易安全原则、营业自由原则和公平竞争原则等，除了法人部分能体现商主体法定原则外，整部民法典都更像是一部仅为民法部门而制定的法律，而非为民商法部门制定的法律，其他的商法原则并无明显的体现；民法典也未以提取公因式的方式设置通用于民法和商法的一般性法律原则，故而在法律原则的设置上与民商合一的愿景相去甚远。至于商法规则方面，遭到忽视但又有相关规则已经进入民法典的商法规则更是不胜枚举，譬如代理的任意解除权问题、间接代理制度问题等。

民法典共7编、1260条，各编依次为总则、物权、合同、人格权、婚姻家庭、继承、侵权责任，以及附则。我国短期内并无商法典的立法计划，我国的民商法体系将稳定为"民法典+商事单行法"的体例。

第四章　我国民法与商法基础理论比较

目前民商法学界中，民商合一成主流；立法上，在民法典起草中，形成民法一统私法之局面；司法实践中，"大民事审判"得以推行。民与商，这本不相同的两个私域，似乎不融合不足以顺应市场经济、不代表现代和进步。但民与商真是融合不二了吗？从主体看，一般民事主体与商事主体并非一致，虽然部分民事主体在符合条件的情况下，可以经登记成为商主体，但只能是民事主体可为商，并非民事主体皆是商。从行为看，一般民事生活关系简单，行为完全自由；而商事行为，往往处于复杂的关系网络中，规则甚多，只有在符合规则的条件下，才能获得自由和保障。从立法看，再完善的民法典，都只能保证民事基本规则的完备，而无法涵盖商事的大部分特有规则。从司法看，无论现代司法还是更早之前的司法，民、商事审判都有不同的特点和裁判规则。最后，回归到我们每一个人的个体感受，无论我们所处的社会如何进步、经济如何发达，相信每一个人都会感觉一般的民事生活与或近或远的商事活动完全是两回事。

本章从民商法律调整的差异着手，详细对比民、商事责任，深入探讨商法与民法的重大区别，旨在对我国民法与商法做基础理论比较，为我国民法典的完善和商事立法的推进提供理论参考。

第一节　民商法律调整的差异

民法与商法有着不同的调整领域，以营利性为核心的商事领域与传统民法所调整的财产关系和人身关系呈现出差异性的调整思路。当民法不足以应对商业活动的需求时，商法本身所形成的特殊规则就有了存在的空间。

一、营利目标与市民生活区分下的法律原则差异

商主体的产生及其进行的交易活动始终是商法关注的重点，商法以商主体的经营活动为调整核心，商法的基本原则也侧重于对交易活动的调整。这与民法的基本原则呈现出较大的差异。王泽鉴认为，民法是一部强调以人为本的法律，"人的互相尊重"是其伦理基础，在民法体系中每个人都可以要求他人尊重其存在及尊严，但该要求的提出以每个人尊重他人为前提。民法的基本原则是自由、责任、社会关怀以及信赖保护。[①]这与传统大陆法系的观点是一脉相承的，受自然法理论和人文主义影响，传统大陆法系国家将所有权绝对、契约自由以及过错责任作为民法的基本原则。[②]虽然我国缺乏这样的历史传统，但从我国法律实践来看，意思自治、民事主体地位平等、诚实信用等基本原则已经为立法所采纳，也得到了法学界的认可。民法基本原则着重彰显人文主义价值，而商法基本原则却主要关注商事交易活动的进行，两者拥有不同的调整重心。

不仅如此，尽管有些原则在民法与商法中均有所体现，但其内在含义却有着相当的差异，不可一概而论。以意思自治原则为例，民法的意思自治是指民事主体可以按照自己的判断设定自己的权利义务，法律尊重这种选择。民法上的意思自治，更多体现为一种为或不为的自主性，是一种法律许可范围内的自主选择。但是在商法领域，意思自治更多体现为自主形成交易的规则，法律不再干涉，是一种规范创制的自治和争议解决的自治。除了自治的内容存在差异外，为防止经营自由权的滥用，商法的意思自治还更多地受到商主体准入制度、组织制度上的限制，这与民法上的意思自治原则在实质含义上并不完全一致。

但是，我们也应当注意到，民、商法调整的基本理念和原则差异是相对的而不是绝对的。第一是在整个市场经济的法律调整中，民法提供的是一般规则，商法提供的是特殊规则，由于同属私法体系，民法中基本原则

---

① 王泽鉴. 民法总则 [M]. 北京: 北京大学出版社, 2014: 28–30.

② 江平. 民法学 [M]. 北京: 中国政法大学出版社, 2011: 20.

与商法在一定程度上是相通的。第二则是因为民法与商法调整对象的差异不是泾渭分明的。在商事色彩非常显著时，商法的特殊性是不言而喻的，但在民法与商法交界的部分，这种差异未必足够明显，此时民法的一般原理也便存在了适用的空间。

二、职业商人与一般市民区分下的主体规则差异

民法上的人，呈现出的是一种"弱而愚"，其力量弱小、始终不能与大企业对抗而达到自己愿望。商法上的人则是"强有力的智者"，始终追求和打算着利润的商人，是一种"受利益引导的""利己的、理性的、运动着、具有强大风险控制力"[①]的形象。基于这种调整对象上的差异，民法与商法在调整时产生了不同的思路，也衍生了不同的法律规则。

（一）民、商主体规则的理论区分

民事主体以权利能力为法律标志，以行为能力为理性标志，其具有平等性、意志独立性、权利义务独立性以及以自己名义从事民事活动的特征。[②]而商事主体则是以自己名义实行商行为，并能够独立享有权利承担义务的人，商主体必须以自己名义进行活动，独立享有权利、承担义务，并且其实行的一定是商行为。[③]单纯从概念上来看，民事主体与商事主体最大的区别，就在于其行为范围的差异——商主体的行为一定是商行为，而民事主体则没有这样的要求。商主体从事的是以营利活动为核心的营业行为，这是二者主体制度法律差异的起点。

首先，在规则设置上民法规则以自然人为基础，商法规则以法人或者说是企业为基础。从本质上说，商主体是一种法律拟制的主体，商法的主体规则设置也始终以拟制的法人为核心，包括商主体的组织、交易、监管均渗透出拟制主体的色彩。但民法却并非如此，尽管民法亦对法人的组织和行为做出了规定，但自然人毫无疑问是民法调整的重心。

其次，民事主体与商事主体法律资格取得方式不同。商主体权利能

---

① 曾大鹏. 商事担保立法理念的重塑[J]. 法学, 2013（03）：11.

② 江平. 民法学[M]. 北京：中国政法大学出版社, 2011：44-45.

③ 施天涛. 商法学[M]. 北京：法律出版社, 2010：44.

力的获得以法定为原则，其享有的权利具有商事特有属性，"何人可以经商，在多大范围经商？"这些均有赖于法律的明确规定，并不当然取得。但民事主体，特别是自然人其权利能力则是以出生和死亡为节点，更多是一种自然获得。从法律哲学层面来看，近代民法是"天赋人权"的启蒙思想下发展起来的，其本身就蕴含着"天然人格"的内在精神，而以营利为核心的商法，发源于中世纪商人的特权法，近代虽然取消了这种商人的特权，但对商人群体的特殊监管仍然需要法律的特别对待。这一差异导致民法和商法在主体资格取得上立法明显不同。

最后，民事人格与商事人格的权利内容不同。民法上的人格权是一种人的自由与尊严在实证法上的折射，是基于"人之所以为人"的属性所享有的排他性的权利[1]，是一种以精神权利为核心的人格利益。而商法的人格权则天然具有财产的属性，通说认为的知识产权、商号权、商业名称等权利均带有财产的属性，二者的保护内容和保护方式是有所区别的。

（二）商事主体特殊调整的制度表现

基于民事主体与商事主体的巨大差异，商法对商事主体进行了特殊的调整，设置了包括商事登记、商业账簿以及商事中间人和辅助人等在内的一系列制度，这与民法总则中关于自然人和法人的规定截然不同，呈现出鲜明的商事色彩。

第一，商事登记制度，也可以称为商业登记。商事登记是一种综合法律行为，其目的是设立、变更或终止商主体资格。具体而言，商事登记指的是主体依照商事登记法规提出申请，经登记审查机关核准，将登记事项记载于商事登记簿的综合法律行为。[2]在商法上，商事登记既是国家机关行使政职权管理商事主体的重要手段，更与商事主体身份的取得和丧失相关联。如果说自然人民事主体的取得是以出生和死亡为节点的话，那对于商主体来说，商事登记某种程度上就是商主体的出生和死亡。商事登记对商主体的名称、出资人、住所、法定代表等事项均有所涉及，通过公开商人的重大信息，商事登记为保障商主体的经营活动和社会交易安全提供了

---

① 江平. 民法学 [M]. 北京: 中国政法大学出版社, 2011: 57.

② 范健, 王建文. 商法的价值、源流及本体 [M]. 北京: 中国人民大学出版社, 2007: 346.

最低限度的保护。①

第二，商事账簿制度。世界上采取《商法典》制定模式的国家，都有关于商事账簿的规定。在商法上，商事账簿的设定是一种常态。制作商事账簿是商事主体的法定义务，商事主体必须依照客观、真实、及时的原则制定商事账簿，立法往往会对商事账簿的种类、制作时间、方式、形式、内容、保管等方面做出详细的规定。对于交易各方而言，商事账簿是进行交易核算的重要工具，对于监管部分而言，商事账簿的存在则是一种特殊的义务设定，是进行税收征管、资产评估等重要依据。商事账簿的设定，是商主体的一种特殊义务，而对于民事主体来说，既无这一必要，也无这一要求。

第三，商事中间人与商事辅助人制度。商事中间人指的是从事中介商行为的商事主体，该主体通常在商事登记中会明确自己从事的是中介商行为。商事中间人也被称为中间商，包括代理商、居间商以及行纪商。商事辅助人则是指由商主体支配或委任，辅助其进行商事经营的人。②商事辅助人主要包括了经理人、代办人、雇员等主体。不同于古典时期自我经营的模式，在现代商业经营中，商事中间人和辅助人是非常重要的商业组成部分，他们通过介绍、代理等方式促成商业交易，成为商事交易中不可忽视的一部分，使得行业分工更加细化，商业交易更加便捷，既不同于商主体，更不同于民事主体。此外，商法中还有诸如商业名称等特殊的主体制度内容，均与民法主体制度内容有着不同的调整思路和调整逻辑。

三、营业活动与一般法律行为区分下的行为规则差异

民法上的法律行为是私法自治原则的具体体现，其以意思表示为核心，强调主体内心意思与实际效果的一致性，是一个具有高度抽象意义的法律概念。但商行为并非如此，依照通说，商行为是指商主体所从事的以营利为目的的经营行为③，尽管有学者认为商行为是一个隶属于法律行为的下位概

---

① 张民安. 商法总则制度研究. [M]. 北京：法律出版社，2007：433.

② 范健，王建文. 商法学 [M]. 北京：法律出版社，2015：41.

③ 赵旭东. 商法学教程 [M]. 北京：中国政法大学出版社，2004：41.

念，具有一般法律行为的共性[①]，但商行为的特殊性却是不可否认的。

首先是目的上的差异。商行为的特别之处就在于商行为的营利目的。民事行为有很多目的，有基于自身需要、有基于个人喜好，但是总体看来均不具有营利性的目的，但是所有商行为都有基于营利这个目的，如买卖货物，开办企业、投资金融证券，没有一种商行为不是基于营利这个目的，这便是商行为的本质特征之一。

其次是行为方式的差异。商行为是长期的、固定的职业化行为，是一个不断反复的过程。商行为往往构成很多人的职业生存手段，例如行纪、居间等，是一个人的职业性行为，这与带有随机性的民事行为是明显不同的，这也把那些偶然营利的行为排除在了商行为的概念之外。营利的主观目的、营业的客观行为、商行为的存在始终与形形色色的商业活动相联系，而这些商业行为需要特殊的规则，由此形成了民法与商法在行为规则上的差异。

第二节　民、商事责任之比较

一、经济差异与风险负担分配之比较

责任的差异对处于社会关系的主体而言，其实是一种风险负担的差异。不同的社会关系状况下，主体之间的风险负担各有不同。在前资本主义时期，由于主体身份的不平等，法律对主体的风险负担是一种无法用现代正义规则予以衡量的存在。随着资产阶级革命的胜利，资产阶级倡导的自由、平等观念深入人心。思想领域的理性主义使个性解放、个人主义在人们思想中勃发，任何对于个人自由决策的强制都被认为是不正义的；政治领域建立了三权分立的政治体制，国家不得任意干涉私人事务；经济领域形成以商品经济为基础的经济个人主义成为社会的主导原则。[②]法律上，法国《人权宣言》等权利法典所确立的"天赋人权""人生而平等"使人

---

① 施天涛. 商法学 [M]. 北京：法律出版社，2010：87.

② 全先银. 商法上的外观主义 [M]. 北京：人民法院出版社，2007：32.

的平等人格得到确立，形成民法上的契约自由、所有权绝对和过错责任原则，这些均是商品经济的产物。而商品经济的最初形态有两个显著特征，即平等性和互换性，这种思想、政治、经济和法律环境，必然在法律上形成一种尊重真实意思表示的结果，而这种在行为中尊重真实意思表示的原则，经常将风险推到行为相对人一方。今天，商品经济已发展到市场经济，社会生活的实践表明大量的简单商品经济依然存在并构成社会生活的基本部分。在这里，行为人的自由依然受到尊重，意思表示的真实与否依然是判断行为效果的重要标准，因此，风险负担的状况并没有改变。换言之，在简单商品经济的背景下，法律依然保障着行为人的自由需要、推崇个人主义和自由主义，依然将风险分配给行为的相对人，这正是民法作为商品经济的基本法的制度表达。正基于此，民法的基本风险分配原则是保护行为人而将风险负担交给了行为相对人。这也构成民事责任在分配上的一种模式预设。

相对民法的风险负担，商法的风险负担在行为人，而不是相对人。这是因为商法调整的是市场经济关系。在市场经济条件下，商品经济发展初期因经济关系主体平等性、互换性形成的自由竞争的经济秩序随着垄断的形成受到挤压而相对缩小。占据市场交易关系主导地位的是那些在社会上占据强势地位的企业等主体。强势主体可以滥用优势地位侵害弱势相对方，市场的自由竞争秩序由此面临全面崩溃的风险。这不仅仅表现在商主体与消费者之间，也表现在大商人与实力不大的小商人之间。在这种情况下，要保持市场配置资源的效率，维持利益平衡需要，风险分配必然要求向行为人一方倾斜，限制其意思自治和契约自由、软化所有权绝对。这种调整是符合正义原则的。按照皮特·凯恩（P. Cairn）的理论，法律责任是按照人际标准来设立的，而人际标准是借助于好坏一起承受的原则来加以证明的，即根据这个原则，使有能力的人对他们行为的坏的结果负责。如果他们有能力在整个人生过程当中产生的好结果多于坏结果，这是公平的。即使有能力的人对他们违反人际标准负责，如果他们努力就通常可以达到这些标准，这是公平的，没有能力这样做的人应该根据他们缺乏最低能力被免除法律责任。[①]这对商事关系中的主体也同样适用。商法对市场经济条件下的风险负担分配原则也契合了这种有利平衡的规则。

二、义务根据差异与责任基础之比较

在法律上，义务是一个与权利相对应的基本概念，凡属义务必有对应之权利；同时，义务也是与责任相关联的一个概念，有义务必有责任，义务在本质属性上具有约束性、强制性和制裁性。"现代英国法理学之父"、分析法学派创始人约翰·奥斯丁（John Austin）将法律义务定义为"应当作为或不作为或负有作为或不作为的义务或职责，在不服从命令的情况下将受到制裁"[②]。牛津大学法哲学教授约瑟夫·拉兹（Joseph Raz）将"义务"与"制裁"相联系，认为"众所周知，每一个法律都强加了一种义务。只有当违反义务会导致来自公开的政策或惩罚性法律所附加的制裁时，义务才存在。……一种制裁说明只有一种义务存在，因而，也只有一种法律涉及这种违法行为"[③]。研究者关于义务的以上阐释，一方面说明了义务的本质，另一方面也揭示了义务与责任的高度关联性和一体性，责任的概念往往要由义务来定义。如果把责任理解为因为违反第一性义务而招致的第二性义务的话，那么，也可以说，有什么样的第一性义务，就有什么样的第二性义务。此处，我们主要是讨论民、商事责任在第一性义务根据上的不同。

（一）商事责任以约定为核心

根据传统民法责任体系的"两分法"，侵权责任以法定义务为核心要素，契约责任以约定义务为基本前提，这样，私法中的义务，可以在整体上分为法定义务和约定义务两类。约定义务产生于当事人之间的约定和承诺，上文已做了一定的阐释，此处不再赘述。仅需说明的是，由于商事责任的基本构成均同交易主体、交易过程、交易行为相关，所以契约是商事的基础，也是商事责任发生的最核心领域，因此，在一般意义上讲，商事

---

① ［澳］皮特·凯恩. 法律与道德中的法律［M］. 罗李华，译. 北京: 商务印书馆，2008: 114–115.

② ［英］约翰·奥斯丁. 法理学的范围［M］. 刘星，译. 北京: 中国法制出版社，2002: 19.

③ ［英］约瑟夫·拉兹. 法律体系的概念［M］. 吴玉章，译. 北京: 中国法制出版社，2003: 30.

责任是契约性责任，其主要的前提性义务是约定义务。当然，我们也会发现，即使是商事责任也并不都是以约定义务为前提，如现行法上发生于契约准备、履行阶段和契约终了之后产生的附随义务，就不是约定义务，却也会在商事责任中予以处理，所以，严格说，商事责任以约定义务为前提是不周延的，但为研究上的方便，我们是可以将约定义务作为一般商事责任产生的义务根据的。

（二）民事责任以法定义务为核心

论及法定义务，我们首先会感到概念不清，到底什么是法定义务、它是否属我们需承担的普遍性义务、它的范围和表现形式是什么？关于法定义务，一般认为它属于法律的强行性规范、禁止性规范所设定的义务；它属于行为主体对他人所负的一般性义务，也称为普遍性的不作为义务。[①]也有人认为，承认民事义务是对世人和一般人所承担的义务，实际上并不能解决任何问题，为了贯彻公共政策，解决具体问题，人们最好把义务看成是特定当事人之间的义务；同时认为，虽然现代民法典有的规定了行为人不得侵害他人的一般民事义务，如法国民法典第1382条，但总体上是采取限制的态度，英美司法更是一直不承认普遍性义务的理论。两大法系之所以不愿强加行为人此种普遍性的不作为义务，是因为如果强加行为人这样的法律义务，则势必意味着任何损害他人利益的行为均构成过错行为，均要使行为人对受害人的损害承担法律责任。

笔者支持法定义务普遍存在说。在抽象和宏观的意义上，普遍性的义务还是存在的，它其实是法所标示的一种权利义务的分配状态，旨在设立一种范围和界限，建立一种权利、义务和责任的分配格局。在规定人们享有人身权、物权、知识产权等财产性权利的同时，宣示行为人对他人的这些权利、利益具有尊重、保护的义务，否则，可能即须承担责任。当然，法定义务虽谓之"法定"，但并非完全为法所具体规定，其实在很多情况下是根据社会规范的需要设定的一种行为原则或标准。在现代社会，行为标准和义务具有共同性，即它们均是公共政策的一种反映，只是因为人们

---

① 王利明.民法·侵权行为法［M］.北京:中国人民大学出版社,1993: 25.

习惯上不愿意将义务问题分割成各种具体的、系列的行为问题，才使二者看起来有所不同。其实，法定义务恰恰是人们长期的社会行为中划定的行为标准的另一种反映形式。这些法定义务在具体的社会关系中以不同的形式呈现出来，形成不同法律关系中的注意义务；不同社会关系中的注意义务又不断丰富和限定法定义务内涵和范围，因此，法定义务并不是一个封闭的体系，只限于制定法本身所具有的内容和范围，它还不断吸收非制定法上的合理部分。在法国，有学者认为习惯性规则就是法定规则之外的第二类民事义务产生的根据，包括惯例和道德规则。①我国法学界认为，注意义务除制定法上明确规定的义务外，还有依合同约定产生的、职业、业务所要求的、习惯、常理所要求的以及因在先行为而产生的。笔者认为，法定义务虽有概念上、范围上的不同观点，但民法调整一般社会生活的功能正是通过法定义务的广泛设定和在具体民事责任中具体注意义务的认定实现的，因此，民事责任的基础是法定义务。

（三）保护义务的分配和归属

与约定义务和法定义务不同，有学者认为在私法上还存在第三种义务，即保护义务。②一般认为，私法上的保护义务在侵权法上表现为安全保障义务，在契约法上表现为附随义务。这种义务与侵权法上的一般注意义务不同：一般注意义务发生于不特定的当事人之间，而保护义务发生于具有信赖和社会性密切接触，即需要特别保护的主体之间。同时，这种义务也不同于约定义务，它虽然是伴随附随义务理论发展而来，是一种准契约义务、类契约义务，但毕竟不是约定义务，不能适用契约责任予以规范。对此，有学者认为，保护义务的出现是民法"勿害他人"原则、"保护他人"理念在现代条件下，侵权法与契约法发展的一个产物。其虽然首先在

---

① 惯例规则如医师等专业人员之间产生的规则；因私人之间的关系产生的规则；公平竞赛产生的规则等；道德产生的规则包括善意而为的义务、不损害他人的义务、谨慎和深思熟虑的行为义务、基本道德要求产生的义务等。——笔者注

② 如邱雪梅. 试论民法中的保护义务——"两分法"民事责任体系之反思 [J]. 外国法评译, 2007（05）：46-49；叶榅平. 民法中的保护义务——以其具体适用为中心 [J]. 法律科学, 2008（06）：54-61. ——笔者注

保护当事人的人身财产不因合同的订立、履行而遭受损害的过程中产生于合同法领域，但也很快发展到侵权法领域。根据通说，保护义务是指在合同的履行过程中，当事人应当遵循诚实信用原则、根据合同的性质、目的或内容，顾及另一方当事人的人身和财产权利及利益，保障其不因合同的履行而遭受侵害的作为或不作为义务。①可以看出，人身和财产权利及利益的保护，一般是侵权责任法的调整范围，但却发生于合同的磋商、履行等过程中，但又与给付义务确保合同的履行利益目的无直接的联系。这就使原本为侵权法所守护的保护人身、财产等固有利益在契约附随义务的基本思想中被具体化。

　　面对契约发展中出现的这种新的人身和财产的责任保护问题，如何解决、安排保护义务在侵权责任和契约责任中的位置？不同国家采取了不同的方法。法国的做法是：在契约关系有效存在时，依契约责任来调整，但当不存在有效的契约关系时，则通过侵权责任来解决。该国首先在劳务契约领域创设了契约上的保安债务，认为劳务契约包含雇主在合同履行过程中负有保护雇员人身和财产安全之义务；后来，这一义务，又扩展到旅客运输合同，旅客如在旅行中受到事故伤害，即相当于承运人违反了确保对方安全的合同义务。最后，法国将之适用于更多的领域，在诸多典型契约中科以合同当事人保护他方人身和财产安全之义务。德国法与法国法不同。该国契约法不仅视契约为当事人合意的产物，而且将契约关系视为一种有机体，采取了以附随义务为中心扩大契约责任的思路，最终通过缔约过失、积极侵害债权、附保护第三人作用契约等制度，在合同法领域解决契约发展过程中各种人身和财产的损害赔偿问题。与法国和德国不同，采用判例法的英美法在处理上述问题时采取了更灵活的策略，即一方面在合同法中创设新的制度扩张契约责任；另一方面以注意义务为中心的过失侵权责任来解决除受害人人身、财产损害之外的纯经济损失的赔偿问题。起初，因英美合同法传统上注重约因和对价理论，限制了合同责任的扩张，因而，往往直接寻求侵权责任的保护。后来，随着社会经济的发展，弱势

---

① 叶榅平.民法中的保护义务——以其具体适用为中心[J].法律科学,2008(06):54-61.

群体大量出现，侵权法开始重视对注意义务的判断。一般认为，侵权人承担注意义务应具备三个相互关联的要件：一是危险能够预见；二是预见的风险是可以避免的；三是负有注意义务的人与受害人有一定的联系，即"邻居要件"。一般认为，正是"邻居要件"使合同中发生的人身和财产损害纳入到了合同责任领域。

从上述保护义务的发生、发展及其责任实践的结合可以看出，在不同的制度安排中，保护义务与不同的责任制度予以了结合；同时说明，无论在何种责任制度中，保护人身和财产的安全均是一个值得关注的前提和基础。商事责任不断扩充自己的势力范围，逐渐将通常需由一般民事责任解决的问题纳入了自己的领域。当然，商事责任中有关人身和财产保护，从最终目的上也是为商事关系服务的，因此，完全可将之归入商事责任调整的范围。

第三节 商法与民法的七个重大区别

笔者从历史演进、性质、调整对象、法律规范特点、主导价值、主体以及若干具体制度等七个方面对商法与民法作了比较，指出两者具有重大区别。商法具有独立于民法的起源；商法与民法虽然都是私法，但商法公法化的现象较之民法更为明显；作为商法调整对象的商事关系主要是发达商品交换关系，作为民法调整对象的民事关系主要是简单商品交换关系；商法规范具有技术性、进步性、任意法与强制法相结合和国际性的特点，民法规范具有伦理性、固定性、以任意法为主和地域性的特点；商法的主导价值是效率，民法的主导价值是公平；商事主体与民事主体有重大区别；商法与民法在几乎所有具体的重要制度上都有明显差别。

一、商法与民法历史演进的区别

（一）民法的历史演进

民法，历史悠久，源远流长。早在私有制和商品生产、商品交换刚刚出现时，作为反映和调整这种经济关系的基本行为准则，即民法就相伴产生了，并且不断发展、完善，至罗马帝国时期终于形成了博大精深、影响卓著的罗马私法。经过许多国家在西欧封建社会中期以后所掀起的罗马法复兴运动，最终在世界范围内形成了源于罗马法原则、理念和制度的民法法系，民法成为商品经济的基本法。其典型代表是1804年的法国民法典和1896年的德国民法典。

（二）商法是商品经济高度发展的必然产物

1. 商法产生的因素

翻开浩繁的历史卷帙，我们不难发现，商法是商人在处理自己因经商活动所产生的法律事务中，逐渐发展起来的独特法律制度，具有不同于民法的独立起源。国内外商法学界的通说认为，近代商法起源于欧洲中世纪。[①]美国学者哈罗德·J. 伯尔曼（Harold J. Berman）指出："11世纪晚期和12世纪是商法变化的关键时期。正是在那时，近代西方商法的基本概念和制度才得以形成，更为重要的是，也正是在那时，商法在西方才第一次逐渐被人们看作是一种完整的、不断发展的体系，看作是一种法律关系。"[②]可见，商法并不起源于作为民法渊源的罗马法。实际上，商法的出现要比民法晚得多。

商法的出现不是偶然的，其产生有着深刻的社会历史原因，它是多种因素相互驱动的结果。这些因素主要包括以下几个方面。

（1）经济因素

法是一定社会的经济体制结构和经济发展程度的体现和反映。一定社会的经济体制结构及社会经济发展程度的变化，常常会引起法律的变革，这种法律变革一方面可能会导致旧的法律传统和法律体系的崩溃，从而促使能适应社会需要的新的法律传统和法律体系的产生；另一方面，这种法律的变革也常常在旧的法律传统和法律体系内产生出一种新的法律类型。商法的产生就是这种社会经济因素发生变化的结果。

---

① 王保树.中国商事法[M].北京:人民法院出版社,2001:29.

② [美]哈罗德·J. 伯尔曼.法律与革命——西方法律传统的形成[M].贺卫方,高鸿钧,张志铭,夏勇,译.北京:中国大百科全书出版社,1993:406.

一般而言，10世纪时的西欧经济仍然是农村和农业经济占据主要地位。但由于社会生产力水平的提高，单位面积的绝对产量和个体劳动生产率都有了很大的提高。这使得农村的社会产品慢慢丰富起来，给城市的商业贸易提供了初级产品和市场。这表现在：其一，人们除了用本来十分稀少的金银之外，也可以用这些剩余产品交换来自东方的商品；其二，出售这类产品所得的利润，可以用作从事商业贸易的资本，以赚取另一份新的利润。

农村经济的发展为城市和海外贸易的发展创造了条件。"许多离开庄园的农民变成了商贩，更多的则涌入正在形成的城市，变成了工匠和商人。另外，小贵族的子孙也开始离开农村，进入城市从事制造业或商业。在意大利和欧洲的其他一些地方，甚至上层贵族有时也从农业生产转移到商业，尤其是转移到大规模的贸易和金融业。"①他们"将玻璃从科隆销售到巴黎，将皮革制品或熟铁从佛罗伦萨销售到巴黎，通过热那亚商人共同的商业冒险而把东方的香料和摩洛哥的谷物销售到伦敦"②。城市间的贸易和海外贸易得到了空前的发展。

到了11、12世纪，正是由于农业生产的迅速发展和城市规模的急剧扩大，使得商事交易关系空前地增多起来，于是商人就逐渐发展为一个新的社会阶层。而商人阶层的形成和商人数量的增多，则在更大规模上促使了商事活动的繁荣。这样，以从事商业交易为核心的集市和市场就逐渐开始出现，而集市和市场的扩大和发展更渐渐形成了某一种固定的商业区域。于是，城市便成为商人的集聚地，是异地贸易的枢纽，更是一个综合性大市场。这就引起了城市文明和商业文明的勃兴。城市文明与商业文明的勃兴又反过来必然引起商事关系的蓬勃发展。当时的传统法律已经越来越不适应调整这种愈来愈频繁而复杂的商事关系的需要，这就在客观上要求有一种新兴的法律规则或法律体系来调整因商业文明而产生的各种新兴的社

---

① ［美］哈罗德·J. 伯尔曼. 法律与革命——西方法律传统的形成［M］. 贺卫方, 高鸿钧, 张志铭, 夏勇, 译. 北京: 中国大百科全书出版社, 1993: 408.

② ［美］哈罗德·J. 伯尔曼. 法律与革命——西方法律传统的形成［M］. 贺卫方, 高鸿钧, 张志铭, 夏勇, 译. 北京: 中国大百科全书出版社, 1993: 407.

会关系和社会秩序。

（2）社会因素

从法社会学的角度来看，一定社会的法律总是一定社会中各种社会因素的体现和反映，它受社会因素的制约，并随社会因素的变化而发展。商法的产生和发展也是这样。纵观历史发展的进程，我们可以发现，与商法产生的经济原因密切相关的是广泛的社会原因，这是因为商业文明的兴起必然带来社会的剧变，而这种社会剧变又必然反过来影响法律的变革和发展。商法的出现"不仅是商业的革命性转变，而且还是整个社会的变迁"①。

在11、12世纪，随着社会生产力和商品经济的发展，商业文明和城市文明开始在整个欧洲兴盛起来。在这种商业浪潮的推动下，人们的社会价值观念发生了前所未有的变化，"人们不再确信贸易是亵渎神灵、引发罪恶的根源，相反将其看成是促进国与国之间和平的杠杆，是公道观念的本源"。②同时，商人们更加清楚地认识到：商业需要自由，而这种自由的前提则是法制与秩序。对此，法国学者勒内·达维德（Rene David）有一段十分精辟的阐述："……随着城市与商业的复兴，社会上终于认为只有法才能保证秩序与安全，以取得进步。……人们不再把宗教与道德同世俗秩序与法混淆在一起，承认法有其固有的作用与独立性。"③

然而，中世纪的欧洲大陆实际上仍稳定地处于封建法的支配之下。按照许多封建公国的法律，不但放贷收息、基本经营、商业投机和各种转手营利活动受到明令禁止，就是许多非生产性的中介商业活动、正常的债权让与交易也被认为是违法行为。不仅如此，由于部分商业城市的贸易状况与封建法制的实际状况极不协调，有关保护商业活动的一系列条件均缺少必要的法律反映。在后世商法看来，属于维护交易安全所必不可少的交付行为无因性规则、共同债务连带责任原则、商人资格与公示原则、担保连

---

① ［美］哈罗德·J. 伯尔曼. 法律与革命——西方法律传统的形成［M］. 贺卫方，高鸿钧，张志铭，夏勇，译. 北京：中国大百科全书出版社，1993：409.

② ［法］孟德斯鸠. 论法的精神（下册）［M］. 张雁深译. 北京：商务印书馆，1963：14-15.

③ ［法］勒内·达维德. 当代主要法律体系［M］. 漆竹生译. 上海：上海译文出版社，1984：38.

带责任规则等在当时的封建法中均缺乏观念基础。

为了摆脱封建法制的束缚，争取商业内在所要求的并与商人自身利益密切相关的自由，商人逐渐结合起来，组成商人的自治组织即商人基尔特。"基尔特"这一组织形式的最初意义在于通过行业自治和习惯规则协调商人之间的关系，处理商人之间的商事纠纷，后来，随着其经济实力的增强，逐渐承担起认可和接纳商人、制定和编纂规约或习惯规则、组织商事法庭和行使商事裁判权等多种职能。其中，由他们制定的商人行会规约和汇编的商业惯例、商事判例，导致在以后几百年间被因袭沿用，形成了较为系统的商人习惯法，对近代西欧各国商事立法影响至深。其内容以反映商品交换关系的要求、规则为主，包括现代商法所称的买卖法、海商法、合伙法、保险法等。这些法律已经有了不同于传统民法的个性特征，主要体现在以下几个方面：①反映商事活动的营利要求；②适应商事活动大量、频繁、大宗出现的要求；③反映商事活动对分担商业风险的要求。这些个性特征通过诸如合伙制度、连带责任制度、第三人利益保护制度、保险制度、代理制度、商业登记制度、权利证券化制度、交易票据化制度等各项具体商事法律制度表现出来。

（3）政治和宗教因素

"在论及新的商法体系产生的社会经济背景时，存在着一种危险，……忽视在所谓的"商业革命"中也发挥了重要作用的政治因素和宗教因素。"①

众所周知，欧洲是一个海运事业非常发达的洲，因此，商人们经常进行海外贸易。而当地的统治者，如王室、教会等都是在事实上认可这种商业贸易的，因为这种远距离的商事交易活动能给统治者带来新的财政收入，从而增强其经济政治势力。因此，从社会政治经济角度来看，商事贸易有利于增强社会统治阶级的政治经济实力，故而得到了统治阶级在一定程度上的认可，而统治阶级在一定程度上的认可，又反过来促使商事交易的情况发展。这与其说是社会的无奈，不如说是社会的选择。

---

① ［美］哈罗德·J. 伯尔曼. 法律与革命——西方法律传统的形成［M］. 贺卫方，高鸿钧，张志铭，夏勇，译. 北京：中国大百科全书出版社，1993：409.

在宗教上，十字军东征和殖民运动构成了教皇革命对外的军事计划和经济计划——促进了远距离的海上贸易和陆上贸易。教皇还企图从海上和路上向东扩展他的权威。同时，教皇党的新神学也强调教会改造和拯救世俗活动的使命。①除了诸如"贪财是万恶之根"之类的一些说法之外，11世纪晚期和12世纪的天主教不仅不谴责金钱或财富本身，而且确确实实地还鼓励追求金钱或财富，只要从事这种追求是为了一定的目的并按照一定的原则。②

2.商法的发展

15世纪之后，伴随着中世纪后期资本主义经济的兴起和商品贸易的繁荣以及以宗教为核心的封建割据势力的衰落和统一的民主国家的逐步形成，自治城邦开始破败，商人团体的自治地位逐渐丧失，原先分散于自治城邦和商人团体的立法权逐渐归集于中央集权的统一国家。与此同时，原先割据的经济和分散的立法，严重阻碍了商品贸易的发展和国家统一市场的建立，贸易的发展迫切需要在一国之内实现商法的统一。正是在这种政治和经济的双重历史条件下，有力地推动了商事成文法的制定。欧洲早期的成文商法主要是对中世纪以来长期形成的商人习惯法予以确认，为后来各国商法典的制定奠定了坚实的基础。

19世纪以后，随着欧洲资产阶级革命的成功，社会关系发生了根本的变革。保护资本主义商品经济关系，推动商事活动，促进统一完整的商品市场的形成，成为一系列新兴国家的基本国策。也正是从那时候开始，欧洲大陆国家相继开始了大规模的法典制定活动。其中，1807年的法国商法典是世界上第一部具有划时代意义的商法典，开大陆法国家民商分立体例之先河，标志着商法在人类法制史上已经成为一个独立的法律部门。

商法的历史演进告诉我们："没有任何领域能比商法更能使人清楚地

---

① ［美］哈罗德·J.伯尔曼.法律与革命——西方法律传统的形成［M］.贺卫方，高鸿钧，张志铭，夏勇，译.北京：中国大百科全书出版社，1993：409.

② ［美］哈罗德·J.伯尔曼.法律与革命——西方法律传统的形成［M］.贺卫方，高鸿钧，张志铭，夏勇，译.北京：中国大百科全书出版社，1993：412.

观察到经济事实是如何转化为法律的。"①

二、商法与民法性质的区别

（一）公、私法划分是法律最基本的分类

法律有公、私法之分源于罗马时代法学教科书的逻辑分析，基于个人利益与公共利益的二元对立关系的认识。罗马先哲们发明了一条精练的法理公式："法律学习分为两部分，即公法和私法。公法涉及罗马帝国的政体，私法则涉及个人利益。"②这一卓越的思维模式为古典自然法学家所继承和发挥，并逐渐贯彻于资产阶级革命后欧洲大陆的法律体系及法律制度之中。

法律之分为公法与私法，乃是人类社会文明进步的重大成果。日本著名法学家美浓部达吉将公私法的区别称为现代法的基本原则。他说，在现代国家，一切法律规范无不属于公法或私法之一方，且因所属不同而不同其意义。对于国家所制定的一切法规，若不究明该规定属于公法或私法，而欲了解其内容和所生效果，盖不可能！③

（二）商法兼具私法和公法的特性，但其本质仍为私法

尽管公、私法的划分向无统一的标准，但一般认为，私法即指民法和商法，公法则主要包括宪法、刑法、行政法、各种诉讼法等。商法与民法一同被视为私法的两大部门法，这是大陆法国家的普遍概念。在商品经济的发展历程中，随着交换关系的范围和主体的不断开拓，交换关系出现了个体向群体发展的趋势，具体关系日渐被抽象关系所打破。随着"财产资本化—资本权利化—权利证券化—证券流通化"的商事关系的复杂化进程，带来了商事主体的复杂性、难以明辨性和交易的多环节性，识别当事人动机真实性与合法性的机会相对减少，行为的把握愈加困难，商事关系所隐含的投机性相应增加，利益损害的不特定性、广泛性与弥漫性扩大，对商事关系与商事行为的监控难度越来越大，这使得传统商法中单纯的商

---

① ［德］拉德布鲁赫. 法学导论［M］. 米健，朱林，译. 北京：中国大百科全书出版社，1997：74.

② ［罗马］查士丁尼. 法学总论——法学阶梯［M］. 张企泰译. 北京：商务印书馆，1989：5-6.

③ 梁慧星. 民法总论［M］. 北京：法律出版社，2001：34.

人自治的私法机制已无法适应这一现实的变化，因而，"私法公法化"现象就很自然地出现在商法领域。其典型方式"就是向传统商法输入刑法、社会法等与经济活动有关的公法规范，从而拓宽商法的领域"①，即"商法公法化"。"国家的干预是通过在商法中楔入公法性规则而得以实现的"②，例如，公司法中关于公司登记、公司组织形态及其变更、公司章程的法定记载事项等规定；保险法中的责任准备金、再保险、保险业的监管等规定；海商法中的船舶登记、运输单证、海事赔偿责任限制、船舶抵押权等规定；破产法中的破产财产范围、债务清偿顺序等规定以及公司法、破产法、保险法、票据法中的罚责条款，等等，都属于公法性质的规定。

　　不过，需要指出的是，私法公法化只是表明公、私法的相互渗透，而绝不意味着相互取代。社会法律化也好，私法公法化也好，都只是说明公、私法之间的界限不再像以前那样清晰了，但公、私法的划分仍然是最基本的法律分类，因为公法与私法划分所包含的权利——权力结构并未根本改变，公法和私法划分的社会基础——国家与社会的分离依然存在。③"商法公法化"并不意味着商法已经属于公法，而是表明商法是一个渗透着公法因素的私法领域，是一个较之民法受公法限制和干预较多的私法领域。商法仍然属于私法范畴，受私法原则和精神所支配。正如我国学者范健所认为的那样："尽管在德国商法典中包含有大量公法上的内容，但是，这些公法性条款始终处于为私法交往服务的地位，由此，它还不能从根本上改变商法的私法属性。"④强调商法的私法属性，就是要突出商自然人、商合伙和商法人作为商事主体的法律地位，使其在商事交易中具有独立性、自主性和平等性；承认商法含有较多公法的因素，就是要加强国家对商事主体及商事交易活动的正确引导。

①　梁慧星，王利明. 经济法的理论问题［M］. 北京：中国政法大学出版社，1986：133.

②　外国民法论文选（第二辑）［M］. 北京：中国人民大学法律系民法室，1986：11.

③　梁慧星. 民商法论丛（第4卷）［M］. 北京：法律出版社，1996：45—46.

④　范健. 德国商法［M］. 北京：中国大百科全书出版社，1993：8.

三、商法与民法调整对象的区别

按照法理学的一般认识，法律对社会生活的调整主要是借助于社会关系来实现的，不同社会关系自身的内在联系和不同社会关系的彼此差异构成了法律调整对象的各自特性和相互区别，创造了调整同一类社会关系的法律规范体系，奠定了法律部门划分的基础。换句话说，划分部门法的标准主要是法律所调整的不同社会关系，即调整对象。因此，商法所具有的独立的调整对象反映了商法独立存在的可能性和必要性，是商法区别于民法的本质特征之所在。

在国内，按照通说，民法的调整对象是平等主体之间的财产关系和人身关系，即民事关系。其中，财产关系是当事人以财产为内容而发生的社会关系；人身关系是指与人身不可分离而不直接体现为一定物质利益的社会关系，又称人身非财产关系。

那么，商法的调整对象是什么？目前，我国多数学者认为是商事关系，即因从事营业行为所引起的社会经济关系以及与此相联系的社会关系的总和。

从宏观上看，商事关系是私法关系的一种，是与民事关系相对称的一个概念。在私法关系中，商法和民法有共同的调整范围，那就是商品交换关系。那么，如何界定商品交换关系中商法和民法各自调整的不同区域呢？对此，在商法学说上曾有以下几种有影响的观点。

一是媒介说。此说源于对"商"的一般认识。传统上认为，商是连接生产和消费的媒介。所以，把介于生产者和消费者之间媒介财货行为所发生的社会关系称之为商事关系，与此对应，把生产者与消费者之间直接发生的交换行为所引起的社会关系称之为民事关系。

二是商的色彩说。此说为日本商法学者田中耕太郎创立。所谓"商的色彩"，是指商事交易所具有的"集团交易"与"个性丧失"的特点，即其营业性所带来的大量、重复、连续性的交易，每次交易在法律关系的性质上具有共同性。与此相反，民事交易则是个别、偶然和随机性的，每一次交易在法律关系的性质上都具有不同的特点。

三是商法企业法说。为日本学者西原宽一所创立。该说认为，现代商事主体具有企业化的特点，所以，商法所调整的主要是企业活动所引起的社会关系，而民法所调整的主要是自然人的活动所引起的社会关系。

以上三种学说都从不同的侧面描述了商法和民法在调整商品交换关系方面各自不同的侧重点。由于"商法企业法说"抓住了近代以来商事活动的最活跃的因素——企业，也较好地揭示了商事关系两个要件——商事主体和商行为的本质特征，因而被多数学者肯定，成为一些国家的通说。①

比较民事关系和商事关系，两者的区别如下。

第一，从主体上看，民事关系大多是以自然人为基本主体；商事关系则以商法人为基本主体。第二，从客体上看，民事关系的客体一般为特定物；而现代社会化的生产以批量和规模的极大化为基本追求，各类商品普遍采用行业、国家甚至国际标准，所以商事关系的客体具有明显的种类化趋势。金融产品的定型化、标准化则更是与传统商品的特征相异。第三，从目的性上看，民事关系一般以满足主体的自身消费需求为目的，而商事关系则以营利，即资本增值为目的。第四，从对价关系上看，民事关系受市场波动影响较小，对价关系基本上由价值决定；而商事关系完全受市场的操纵，其对价关系主要由供求关系决定。第五，从交易链上看，民事关系以消费为目的，追求使用价值，交易一经完成，便进入消费过程，所以民事关系一般形不成交易链；而商事关系以营利为目的，追求交换价值，买进是为了卖出营利，所以，一宗商品往往要几经转手，形成一定的交易链。第六，从交易形式上看，民事交易具有个别的和偶然的性质；而商事交易则表现为同种交易大量反复进行，从而具有集团交易和个性丧失的特点。第七，从交易方式上看，民事交易均是现货交易，而商事交易既有现货交易，也有期货、期权交易，还有其他复杂的金融衍生产品的交易。第八，从交易种类上看，民事交易仅有简单的买卖、租赁、借贷等几种，商事交易的种类繁多，从买卖商发展到投资商、服务商，从制造商发展到经济商、运输商、保险商、证券商、广告商、管理商等。第九，从功能上

---

① 王保树. 中国商事法 [M]. 北京: 人民法院出版社, 2001: 9.

看，民事交易是为了稳定个人、家庭等基本的生活秩序，商事交易则是为了建立一种以现代企业组织为核心的、合理利用有限资源的市场运行机制和社会经济秩序。

从以上分析可以看出，商事关系主要是高度发达的商品经济关系，是一种主体公司化、客体种类化、以营利为目的、供求决定对价、营业化、交易链拉长、交易方式复杂、交易种类多样和具有合理配置有限资源功能的商品交换关系。而与此相对应，民事关系则主要是简单商品经济关系。由于在新型的商品交换关系产生后，简单的商品交换关系依然存在，它可以、也应当由民法继续调整。

四、商法与民法法律规范特点的区别

（一）从社会学的角度进行比较

从社会学角度观察，法律条款包括伦理性条款和技术性条款两大类。一般而言，民法规范是对市民社会及其经济基础的抽象和概括，是人们理性思维的结果，因而，民法条款绝大多数属于伦理性条款，即凭社会主体的简单伦理判断就可确定其行为性质，并不需要当事人必须具有丰富的法律专业知识和专业判断能力。

而商法规范则是关于市场机制运作的一整套制度规范。从市场主体的设立到撤销，从证券筹资到票据行为、破产行为、保险行为，从陆上交易到海商活动，这套规范相互衔接，缜密系统，可谓是人类对经济活动的最精巧的制度设计。[①]可见，商法规范是市场经济基本内容、基本规则及基本运作方式的法律语言。所以，商法是一种实践性极强的法律，具有可操作性和技术性，包含着大量的技术性规范，与民法偏重于伦理性规范的特点迥然不同，而且，随着现代商事交易中更多地融进先进的科学技术，这种技术性显得尤为突出。这些技术性规范的设计目的多是出于对主体营利性行为的保护，并且对这些技术性规范并不能简单地凭伦理道德意识就能判断其行为效果。它不仅要求人们具有诚实信用的道德观念和商业信用，也

---

① 顾功耘.商法教程[M].上海：上海人民出版社，2001：8.

要求人们具有更为精确、缜密的经济、技术知识和思维。

商法规范的技术性既表现在其组织法中，又表现在其行为法中。例如，公司法中关于公司设立的发起与募集方式、非货币出资方式的评估作价、出资证明书和股票的制作与签发、股东会的议事规则与表决程序、公司公积金和公益金的提取、公司资产的清算与分配等规定；证券法中关于证券的发行、上市与交易、上市公司的收购和信息披露等规定；票据法中关于票据的出票、背书、承兑、保证、付款、票据抗辩和追索等规定；保险法中关于保险合同的订立、保险费用的计算、保险标的价值的测定、保险事故的确定、保险损害之理赔等规定；海商法中关于船舶抵押、提单签发与转让、海难救助报酬与补偿、共同海损的认定及计算分摊等规定，无不体现出很强的技术性特点。

（二）从稳定性程度的角度进行比较

世界上没有永恒不变的东西。同样，法律作为上层建筑，会随着社会经济、政治的发展变化，以及人们对客观规律认识的加深，在保持适度稳定性与连续性的前提下发生变动。

商法与民法，虽同为社会生活之法律规范，但在其规范对象之社会生活状态，两者颇不相同。商法规范本身必须及时反映现实商事交易活动之需求，而商事交易活动的内容和形式不断变化和演进，因而商法的修改一般都比较频繁，体现出法律的进步性。如日本商法典施行以来，已经经过35次修改和补充，是日本大型法律中修改、补充次数最多的法律。特别是在第二次世界大战以后，日本立法者大量吸收英美商法，主要是美国商法的立法成果，补充了许多新的商事法律制度。另一方面，日本立法者又根据本国商事实践的发展，以革新精神，创立了许多新的商事法律制度。[①]相对而言，由于民法出自根深蒂固的、源远流长的一般社会生产和生活，因而各国民法则具有固定性和继续性，往往沿袭援用。换句话说，正是由于作为商法调整对象的商事关系较之作为民法调整对象的民事关系更具有变动性，所以，相对于民法而言，商法是不稳定的、多变的。总的说来，

---

①　日本商法典[M].王书江, 殷建平, 译.北京: 中国法制出版社, 2000: 3.

"贸易交往不仅对个别消费者，而且对整个民族承担着满足不断变化的生活和经济利益需要的使命"①。与其相反，民法则必须在某种程度上保持一定的稳定性，否则就会导致法律安全受到消极影响，所以，民法的相对稳定性和内在一致性与商法的变化性和流动性显然就形成冲突，进一步说，民商合一便会破坏法律制度内部的和谐。

（三）从强制性程度的角度进行比较

在法理学中，按照法律规范的强制性程度的不同，可分为强制性规范和任意性规范。强制性规范又称命令性规范，是指对于权利和义务的规定十分明确，不允许人们以任何方式变更或违反的法律规范。任意性规范又称允许性规范，是指允许人们在法定的范围内自行确定其权利和义务的法律规范。只有当他们未确定时，才为他们规定一定的权利和义务。②

1. 民事法律规范以任意性规范为主

民法主要是通过任意性规范而不是强制性规范来调整交易关系的。例如，合同法虽然规定了各种有名合同，但并不要求当事人必须按法律关于有名合同的规定确定合同的内容，而是听任当事人双方协商以确定合同条款。只要当事人协商的条款不违背法律的禁止性规定、社会公共利益和公共道德，法律即承认其效力。法律尽管规定了有名合同，但并不禁止当事人创设新的合同类型；法律虽然规定了合同成立的形式，但并不绝对否认口头合同的效力。因此，民法调整方法的特点是允许主体依法独立自主自愿地产生、变更和消灭民事法律关系，当事人有权根据自己的意志和利益决定是否参加或不参加某种民事法律关系，决定是否变更和终止民事法律关系。由这一方法所决定，民法的大多数规范都是任意性规范，即允许当事人通过协商改变这些规定，民法的调整方法即充分尊重当事人的意志自由的方法。

2. 商事法律规范是任意性规范和强制性规范相融合，且具有较多的强制性规范

商事组织和商事交易都是商法规制的对象。由于商事交易行为贵在简

---

① ［德］拉德布鲁赫. 法学导论［M］. 米健，朱林，译. 北京：中国大百科全书出版社，1997：75.

② 卢云. 法学基础理论［M］. 北京：中国政法大学出版社，1994：295.

便敏捷，而富于弹性，以由当事人自行决定为宜，所以立法上采用自由主义，多作任意性之规定。例如，保险法中关于保险特约条款的订立；海商法中关于共同海损的计算，海上运输合同当事人责任的约定等等，都是依当事人的意思而自行订定。而另一方面，由于商事组织在市场经济中处于十分重要的地位，商事组织是否健全，直接关系到交易的安全，影响到国家利益或社会公共利益，自不宜当事人自行决定，而应由法律严格规定。故在商事组织方面，商法采用强制主义，多作强制性之规定。为了强化商事组织，各国商事立法主要采取了以下两项制度。

（1）商事主体法定制度

商事主体的法定是指商事主体的类型、内容及对主体的公示要求由法律直接明确地加以规定。商事主体类型法定是指商法对商事主体的类型依其组织形式进行了准确而严格的划分，在实践中当事人只是就这些主体类型进行选择，而不能任意创设其他新的类型，否则就无法得到法律的承认和准入。商事主体内容法定是指商法对于各种类型的商事主体的财产关系和组织关系加以强制性的规定。对于这些规定，任何人不得随意变更。强制性公示要求是指商事主体依法登记注册的事项及其文件，不仅应置于登记机关，而且应置于其注册营业场所以备交易当事人查阅，如公司的登记事项及章程文件等应允许自由查阅。

（2）商事主体维持制度

商事主体的维持主要指企业维持，即商法应尽力保证企业作为健全的组织体的存续和发展。商法中体现企业维持制度的主要有：①有限责任制度。如公司法中规定有限责任公司和股份有限公司都实行有限责任制；海商法中规定船舶所有人因船舶所生的债务，以本次航行之船价值、运费及其他附属费为限。②确保企业资本规则。为了确保企业资本，公司法中大多通过以下规则来实现：公司的注册资本的最低限额；公司资本确定、资本充实和资本不变原则；资本不得贷给股东或其他个人，等等。③确保职工地位规则。如公司法中关于经理的聘任和经理职权的规定，关于职工权益的规定，等等。④风险分散规则。如保险法中各种类型的保险，海商法中规定的共同海损以及公司法中将股份分散于众多的投资人，等等。⑤企业破产、解散的风险回避规则。商法为企业和有关当事人提供的可供选择的风险回避制度有：明确规定企业的设立条件，以减少企业设立无效的情形，增加企业存续的可能性；规定企业合并、分立以及有限责任公司变为股份有限公司的法律效果，从而避免企业必须经过清算才能解散，还可以确保企业的同一性；对企业解散的原因进行限定，避免企业的任意解散，为企业保留了存续和发展的余地；对不能清偿到期债务，可能面临破产的企业，规定重整制度或和解制度，从而为企业免受破产之苦而重新进入市场提供了机会。

正是由于商法规范既有任意性规范也有强制性规范，使得商法的保障交易自由便捷和保障交易安全互补、要式主义和不要式主义并存等一些看似矛盾的内容得以存在，并支撑着整个商法体系。

（四）从空间范围的角度进行比较

民法由于受自身文化传统和国度的限制，具有较强的区域性、民族性，而商法则具有强烈的国际性。商法的国际性是由商事交易的国际性所决定的。商事交易常常跨越国家、地区、民族的界限，货物的买卖、技术的转让、资本的融通、海上运输及其保险、贷款结算等都直接反映了商事交易国际化的特点。

商法起源于西欧中世纪商人习惯法，而中世纪商人习惯法的最显著特征就是它的国际性。18、19世纪，在把商法统一到各国国内法制度时，一个显著的特点是：没有任何一个国家把商法完全纳入国内法。即便在这一时期，商法的国际性的痕迹依然存在，凡是了解商法的渊源和性质的人都能看到这一点。[①]

20世纪以来，随着经济的高速发展和贸易全球化趋势的日益加强，国际经济日趋一体化。这种一体化，既表现为国家间商品的自由流通，也表现为国家间的人员、资本、劳务的自由流动。于是，人们在从事商事活动时对法律规则的统一有了迫切的要求，因为"统一的法律使人们在法律上

---

① ［英］施米托夫. 国际贸易法文选［M］. 赵秀文, 郭寿康, 译. 北京: 中国大百科全书出版社, 1993: 10–11.

具有更多的可预见性和安全感"①。有鉴于此，在全球范围内掀起了"商法国际化"和"商法一体化"的热潮。商法国际化呼声的日益高涨，最终导致了四种倾向：其一，国际商事立法得到加强，制定和缔结了大量的国际商事法律、国际条约、国际惯例。其二，国际间相继出现了一系列旨在推动商法一体化的国际组织。其三，各国不断修改本国商法规则，使其彼此之间以及与国际商事法律、惯例之间更为协调。从目前多数国家的法制现状来看，商法中有关票据、海商、国际货物买卖和商事仲裁的国际一体化发展实际上已经是无法逆转的趋势。其四，集团性、地域性商法的统一。正由于此，今天的各国商法带有较强的国际性色彩。对此，德国私法学者李佩斯曾精辟地指出："尽管20世纪以来世界各国所经历的私法统一化过程可能包含有更广泛的含义，但这一法律统一化过程首先是从商法开始的。"②

总之，由于"商法首先不断地开辟使国内法与国际法趋向统一的道路。交易中不存在任何国度，正如个人主义只承认世界公民和世界市场一样"③，商法较之民法更能超越国家与民族的界限，弱化各国国内政治、经济、文化的差异，一国成功的商法制度往往会迅速地为他国所借鉴、效仿，一项成熟的国际商事条约更易为各国所承认、参加。由此说来，商法和民法的发展在某种方面不可能完全步调一致，故而将两者合一会造成法律发展的不平衡，以至影响法律的实施和操作。

五、商法与民法主导价值的区别

法律价值是一定的社会主体需要与包括法律在内的法律现象的关系的一个范畴。这就是法律的存在、属性、功能以及内在机制和一定人们对法律要求或需要的关系，这种关系正是通过人们的法律实践显示出来的。"在法律史的各个经典时期，无论在古代和近代世界里，对价值准则的论

① ［英］施米托夫.国际贸易法文选［M］.赵秀文，郭寿康，译.北京：中国大百科全书出版社，1993：98.
② 外国民法论文选（第二辑）［M］.北京：中国人民大学法律系民法室，1986：11.
③ ［德］拉德布鲁赫.法学导论［M］.米健，朱林，译.北京：中国大百科全书出版社，1997：73.

证、批判或合乎逻辑的适用，都曾是法学家们的主要活动。"[①]法律的主导价值则是指当法律所追求的多个价值目标出现矛盾时的最终价值目标选择。调整对象的差异固然可以直接界定部门法的调整范围，但主导价值的不同则会决定不同立法的最终目的，从而使法律部门的划分成为必要。商法与民法主导价值的差异是商法较之民法而独立存在的理论基石。

（一）效益——商法的主导价值

效益，在经济学上原指以最少的资源消耗取得较大的效果。这也是效益的初级的或直观的衡量标准。效益的高级的或深层的衡量标准是根据预期目的对资源的配置和利用的最终结果做出社会评价，社会资源的配置使越来越多的人改善环境而同时没有人因环境而变坏，那就意味着效益提高了。[②]

法的效益价值是指法能够使社会或人们以较少或较小的投入获得较多或较大的产出，以满足人们对效益的需要的意义。[③]其在于利用权利和义务的分配方式，来规范资源的有效配置及利用法律的有机作用促使效率结果的出现。

商法是调整商事关系的法律规范的总和。而作为商法调整对象的商事关系是商事主体基于营利动机而建立的。营利乃是一切商事活动的本质之所在，是商人据以从事经营活动的终极目标。从这个意义上说，商法就是为了商人的利润最大化而存在的行为规则。因此，商法中的一些重要制度之构造，如商事登记制度、商事账薄制度，商事名称制度等，以及商行为中的一些重要规则之确立，如买卖、代理、仓储、证券、票据、保险、海商等，都是为了确保商人的营利目标的实现。规范重点为商人的营利活动是商法的基本特征。这一基本特征本质上是对商人获利观和商业动力机制的法律肯定，体现着商法在增殖社会财富、发展社会生产力中的基本社会功能和价值追求。这也决定了效益在整个商法价值体系中的主导价值地

---

① ［美］罗·庞德.通过法律的社会控制——法律任务 [M].沈宗灵，译，北京：商务印书馆，1984：55.

② 张文显.二十世纪西方法哲学思潮研究 [M].北京：法律出版社，1996：210.

③ 卓泽渊.法的价值论 [M].北京：法律出版社，1999：206.

位，是商法配置社会资源的首要价值标准。

商法的效益价值可以表述为商法调整商主体行为使市场资源配置达到效用可能性曲线或称帕累托最优态，即经济实现"一般均衡"，任何重新改变资源配置的安排，都不可在无损于任何人的前提下使任何一个人的处境较前更好。①具体来说，商法实现其效益价值的途径主要有以下两种。

1.降低交易费用

交易费用是指生产以外的所有费用，包括信息费用（发现交易对象、产品质量、交易价格、市场行情等的费用），测量、界定和保护产权的费用（即提供交易条件或交易前提的费用），时间费用（包括讨价还价、订立合同的费用），执行合约的费用，监督违约行为并对之实施制裁、以维护交易秩序的费用，以及风险的费用。②交易费用是社会财富或资源的一种无谓浪费。由于节约交易费用有利于提高市场交易的效率，而商法是保护正当营利活动的法律，因此，节约交易费用成为商法存在的经济根源。商法可以从降低交易费用入手实现效益价值。

（1）公司制度是为节约交易费用而产生的市场替代制度，商法中的公司法律规范为其提供了法律保障

根据企业理论的一般观点，用企业内部的行政协调去代替市场上通过契约完成的交易，说明企业（公司）与市场是两种相互替代的手段。这是因为，由于组织生产不外乎通过市场交易和建立企业两种基本方式进行，与市场通过契约完成交易不同，企业是依靠权威（董事会和经理机关）在企业内部完成交易，即把交易由市场移到企业内部，以节约交易费用。简而言之，企业存在的根据就在于它能够减少交易费用。

公司法所确立的公司法人格制度之所以能发展完善到今天的地步，与其具有极大的经济功能密切相关，对此我们可以通过现代经济学家关于企业制度的起源和发展的学说来证实。应该说公司的独立人格和股东的有限责任作为公司法人格制度的核心内容，是公司法人格制度的经济价值之根

---

① ［美］斯蒂格利茨. 经济学（上册）[M]. 姚开建, 刘凤良, 吴汉洪, 等, 译. 北京: 中国人民大学出版社, 1997: 318.

② 张文显. 二十世纪西方法哲学思潮研究 [M]. 北京: 法律出版社, 1996: 210.

源所在。这种将股东的责任限制于其投资范围之内、使股东与公司债务隔离的原则，一直被视为是成立公司之主要利益。所以，当历史发展到将法人成员的有限责任与法人制度完美地结合到一起的股份公司和有限公司为主要公司形式时，就使公司制度成为社会经济发展的强有力的杠杆，使其在资本迅速集中、资本有效控制、投资风险减少、利润最大化等诸多方面发挥了其他法律主体所不能比拟的作用，真正实现了法人制度的社会经济价值目标。

（2）商法中的提高商事交易效率原则

商人从事商事交易要追求的最终目标是经济效率，即营利。经济效益的好坏、营利的多少取决于交易的简便和敏捷，取决于交易成本的降低和利润率的提高。正所谓"时间就是金钱，效率就是生命"。于是，各国立法都将提高商事交易效率作为商事立法的一个重要原则，并将其贯穿于各具体商事法规和商事惯例的全部内容之中。它主要体现在以下几个方面。

第一，商事交易的简便性。商法规则不同于民法规则的一个重要特征，在于强调商事行为的简便性。交易简便是指尽可能简化形式上的要求，在具体交易行为中只要有当事人的真实意志，而且不违反公序良俗或强行法的规定，法律并不加以干涉。另一方面，为了达到"快"的目的，各国商法在商行为方面一般采取要式行为方式和文义行为方式，并通过强行法和推定法对其内容预先予以确定。如在商事买卖中采用交互计算，以及在商事租赁、商事借贷、商事承揽、商事居间、商事行纪、商事信托等商行为中设有大量的强行法推定条款和任意法推定条款，进而使这类商行为在法律效力上具有可推定性，简化了当事人的协议过程，简便了交易手续，保证了交易的迅捷。

第二，短期消灭时效主义。即法律对于基于商事交易行为所生之债的法律保护期间特别予以缩短，从而迅捷确定其行为效果。这主要是因为现代市场交易信息传递快，交易的节奏也加快，市场机会瞬息万变，如果交易者不能迅速决策，必然坐失良机，影响营利。以牺牲债权人的时效利益为代价来换取交易迅捷的社会效益，体现了现代商事法的价值取向。按照这一立法主义，商法对于各类商事请求权普遍采取不同于民法上时效期间的短期时效。

例如，各国商法对于商事契约的违约求偿权多适用2年以内的短期消灭时效；对于票据请求权多适用6个月、4个月甚至2个月的短期消灭时效；保险法上对于保险金请求权通常也适用短于民事时效的短期时效；海商法上对于船舶债权人的先取特权多适用1年以内的短期消灭时效，等等。

第三，商事交易的定型化。所谓商事交易定型化包含了交易形态与交易客体的定型化两方面的内容。前者是指商法通过强行法规范预先规定若干类型的典型交易方式，使得任何个人或组织，无论何时从事商事交易均可获得同样的法律效果。如批发与零售的划分，买卖商与投资商、服务商的划分，不同类型的交易有不同的操作规范和服务规范。又如，同一商品的销售有统一的标识和定价，等等。后者是指商法对交易客体的商品化和证券化。交易的客体若是有形物，使之商品化，予以统一的规格或特定的商标，确保大量交易迅速成交。交易的客体，若是无形的权利，由于不便流通，商法使之证券化，如股票、公司债券、汇票、本票、支票、保险单、运输单、仓单、提单等证券，商法均规定了一定的内容与格式，使之定型化，便于使用和流通。不仅如此，商法还通过建立证券交易所和证券交易制度，以适应大量的证券买卖及证券权利迅速交易的要求。商事交易定型化规则是保障商事交易迅速的前提。

第四，免责手段的简便性。法律责任是保障法律关系实现的必要手段。商法在责任的承担和免除方面也有别于民法，无论是免责条件还是免责程序都较之于民法为简单。如为了迅速了结债的关系，在商事仓储契约到期后，经定期催告而不领取寄托物者，仓库营业人可直接拍卖寄托物；对承揽人加工物件，商法规定有特别留置权，定作人在法定期间不领取所加工物件者，承揽人有拍卖该物的优先受偿权；对于海上运输，货物一经有受领权者受领，即视为运输人已依照载货单证之记载交清了货物。凡此等简易免责方法，其目的亦在于迅速了结其法律关系，促进交易的敏捷。

2. 建立激励机制

传统的市场经济理论认为，市场主体在本性上都是"使自我满足最大化的理性主体"，即他们追求自身利益最大化，或更一般地说，是追求货币收入最大化或效用最大化的"经济人"。要使市场主体认识利益的存在，并追求利益的最大化，则需要一个有效的激励机制。所谓激励，就是要使经济活动当事人达到一种状态，在这种状态下，他们具有某种从事经济活动的内在推动力。激励机制是法律效益价值的实现途径。一般而言，法律激励功能的强弱，主要与处在法律权利义务分配中的当事人的努力与报酬程度有关。商法主要以剩余索取权入手，来构建市场经济环境下的激励机制。

（1）商法中的股票期权法律制度。在当今社会，委托—代理关系普遍存在于两权分离的现代企业中。在这种现实情况下，公司委托人与代理人的目标函数并不一致：作为委托人的股东希望实现公司市场价值的最大化，从而为股东创造更多的投资回报和剩余收入；而作为代理人的经理人员追求的是自身人力资本的增值和自身利益的最大化。为此，有必要在委托—代理双方间形成一种利益共享、风险共担的运行机制，即赋予代理人足够的激励，使代理人成为企业剩余的分享者，把企业经营成果在所有者与经理人之间进行最优的分配，并由双方共同承担经营风险，诱使追求自身利益的经理人作出符合所有者目标的行为选择，使代理人在追求企业剩余的过程中，自身效益也随之增强，从而力求经理人自身效用最大化的目标与所有者效用最大化的目标相一致。而股票期权制度就是一种很好的激励机制，商法对此提供了相应的法律保障。为解决股票期权中行权股票的来源问题，美国《模范公司法》第6章第30条规定：公司股东对用来向董事、高级管理人员、代理人或公司雇员、公司的下属单位或互相参股公司提供报偿用的、以满足股票兑换权或限价购买股票权而发行的股票没有优先权。对于股票期权的授权数量，德国《股份公司法》第192条第3款规定：股票期权授予额度不得超过公司基本资本的票面价值的1/10。对于股票期权的转让问题，法国《商事公司法》第208-7条规定：给予的期权所产生的权利在行使期权前不得让与。在期权受益人死亡的情况下，其继承人可在自死亡之日起6个月的期限内行使期权。为解决股票期权行权时经常出现的资金方面的困难，法国《商事公司法》第217-9条规定：公司不得为了使第三人认购其股份而借给资金、给予贷款或提供担保，但本条规定不适用于为让其职工购买公司的股份或购买其子公司的股份而进行的活动。

（2）海商法中关于海难救助费请求权的规定。海难救助是指在海上或者与海相通的可航水域，对遇险的船舶和其他财产的救助。救助方对遇险船舶和其他财产的救助，取得效果的，有权获得救助报酬。另外，进入20世纪60年代，随着造船技术的发展，特别是海上货物运输量的迅速增长，大型油轮遇难而污染海洋环境的重大事故时有发生，尽管救助人的设备和技术得到了改进和提高，但对于油轮的救助并防止或减轻油污对海洋环境的损害，救助人往往要冒很大的风险，付出极高的代价。为了鼓励救助人对构成环境污染损害危险的船舶或者船上所载货物进行救助，海商法规定：救助人对构成环境污染损害的船舶或者船上所载货物进行了救助，即使无效果，只要救助人在救助中无过失，就能从船舶所有人处获得相当于救助费用的特别补偿。海商法中关于海难救助费请求权的规定，意图合理激发救助方对他方遇险的船舶和其他财产救助的动机。

（二）公平——民法的主导价值

什么是公平？对此，英国著名法学家哈特（B. Harte）认为："'同样情况同样对待'和'不同情况不同对待'是公平观念的核心要素。"同时他又指出："公平观念的结构是相当复杂的，我们可以说它由两部分组成：第一，一致的或不变的特征，概括在同类情况同类对待的箴言中；第二，流通的或可变的标准，就任何既定的目标来说，它们是在确定有关情况是相同或不同时使用的标准……这些观念都隐含地参照一个随时对不同事物进行分类而变化的标准。"①

实际上，公平本为道德规范，主要是作为一种社会理念而存在于人们的观念和意识中，其判别主要是从社会正义的角度，以人们公认的价值观和公认的经济利益上的公正、等价、合理为标准来加以确定的。公平主要强调的是权利和义务、利益和负担在相互关联的社会主体之间合理分配或分担。这种分配或分担的结果能够为当事人和社会所接受。

在民事活动中，以利益均衡作为价值判断标准来调整民事主体之间的

---

① ［英］哈特. 法律的概念［M］. 张文显，郑成良，杜景义，等，译. 北京：中国大百科全书出版社，1996：157–158.

物质利益关系、确定其民事权利和民事责任分派的要求，谓之公平。①公平偏重于社会正义方面，不仅可适用于严格意义上的交换关系——合同关系，而且可适用于非严格意义上的交换关系——损害赔偿关系。②由于就调整对象而言，民法调整的是平等主体之间的财产关系和人身关系，其所关注的是民事主体之间的法律地位的本等和利益的平衡，其立足点不在于主体的额外价值获得，因而，公平是其首要原则。公平原则既体现了民法的任务、性质和特征，也反映了民法所追求的目标。对此，我国著名民法学者徐国栋教授深刻地指出："公平是民法的精神，尽管民法的各种规定千头万绪，复杂万端，如果要对其作一言以蔽之的说明，必定用得着'公平'二字。舍却公平，民法将不成其为民法。"③即公平是民法精神的集中体现。④甚至可以毫不夸张地说，公平是民法的活的灵魂。⑤因此，公平是民法的主导价值。

公平价值在民法中的具体体现是：民事主体有同等机会参与民事活动，行使和实现自己的合法民事权益；民事主体享有的权利与承担的义务具有对应性，不得显示公平；民事主体在承担民事责任时，责任与过错程度相适应。不少国家对公平原则还设有明文规定。例如，法国民法典第1135条规定：契约不仅依其明示发生义务，并按照契约的性质，发生公平原则、习惯或法律所赋予的义务。德国民法典第315条规定：由契约当事人一方确定给付者，在有疑义时，应依公平的方法确定之。依公平的方法确定给付者，其确定只于适合公平时始得对他方当事人发生拘束力。我国合同法第5条规定：当事人应当遵循公平原则确定各方的权利和义务。考虑到现实生活中存在依一方预先制定的格式合同条款签约的情形，因此合同法

① 徐国栋. 民法基本原则解释——成文法局限性之克服（增订本）[M]. 北京：中国政法大学出版社，2001：65.

② 徐国栋. 民法基本原则解释——成文法局限性之克服（增订本）[M]. 北京：中国政法大学出版社，2001：65.

③ 徐国栋. 民法基本原则解释——成文法局限性之克服（增订本）[M]. 北京：中国政法大学出版社，2001：65—66.

④ 余能斌，马俊驹. 现代民法学[M]. 武汉：武汉大学出版社，1995：23.

⑤ 赵万一. 商法学[M]. 北京：法律出版社，2001：82.

第39条规定：采用格式条款订立合同的，提供格式条款的一方应当遵循公平原则确定当事人之间权利和义务。

效益是商法的主导价值，商法自然应为繁荣市场、提高效率作出周密设计；公平是民法的主导价值，民法为维护正义、公序良俗作了很多安排。而这种差异的根源，正如我国台湾学者张国键先生所言："商事法与民法（尤其债篇），虽同为规定关于国民经济生活之法律，有其共同之理，论其性质，两者颇不相同。盖商事法所规定者，乃在于维护个人或团体之营利；民法所规定者，则偏重于保护一般公众之利益。"①

六、商法与民法主体的区别

法律关系主体，即法律关系的参加者，是法律关系中权利的享有者和义务的承担者。法律关系主体具有法律性和社会性。法律性是指，法律关系主体是由法律规范所规定的，与法律规范的联系构成了法律关系主体与其他形式的社会关系主体的区别。社会性是指，法律规范确定什么人和社会组织能够成为法律关系主体不是任意的，而是由一定物质生活条件决定的。

民事法律关系的主体简称民事主体，是指参加民事法律关系，享有民事权利和承担民事义务的人。在我国民法中，民事主体主要指自然人和法人，还包括不具有法人资格的其他主体。另外，在一定的范围内，国家也是民事主体，可以成为民事法律关系的当事人。

商事法律关系的主体又称商事主体，是指依照法律规定参与商事法律关系，能够以自己的名义从事商行为，享受权利和承担义务的人，包括个人和组织。在传统商法中，有的国家称其为商人。②

在不同的历史时期，对商人这一概念的理解是不同的。在中世纪商人习惯法时代，没有形成商人的法定概念，商人被看成是专门从事商事活动（带着商品往返于各港口、各集市）的人。③19世纪以前，商人被看成

---

① 张国键. 商事法论 [M]. 台北：三民书局，1980：23.

② 范健. 商法 [M]. 北京：高等教育出版社，2000：22.

③ 徐学鹿. 商法总论 [M]. 北京：人民法院出版社，1999：187.

是不同于民事主体的特殊身份，是具有特殊地位的社会阶层。因此，在概括"商人"的概念时，往往强调其外部特征。19世纪以后，随着立法上从早期商人法向现代商行为法立场的转变，使得商人不再是社会上的特殊阶层。各国商法在概括商人的概念时更加注重其实质性条件，主要包括：①必须实施商行为；②必须以实施商行为为其经常职业；③必须以自己的名义实施商行为[①]；④必须运用特殊知识或技能实施商行为。例如，法国商法典第1条规定：以实施商行为作为其经常职业的人就是商人。德国商法典第1条规定：在本法典意义上，商人是指为商事经营者。日本商法典第4条规定：本法所谓商人是指用自己的名义，以从事商行为为职业的人。美国统一商法典第2-104条规定：商人是指经营实物货物买卖的人；或者在其他方面因职业而对交易实践或货物具有特殊知识或技能的人；或者那些由于雇佣代理人、经纪人或居间人——这些人因其职业是具有这种特殊知识或技能的——而可以得到这种特殊知识或技能的人。

商事主体具有以下不同于民事主体的法律特征。

第一，与民事主体不同的是，作为商事主体，其最主要的特征在于他的营利性。商事主体以实施以营利为目的的商行为作为其经常职业。一般来说，商事主体应该拥有一定的营业组织，持续、独立、公开地从事营业活动，偶尔从事营利性活动的人不是商事主体。

第二，许多公法上的主体，如政府及其部门，作为财产的所有者，可以成为民事主体，但其不得成为商事主体，不得从事商事经营活动。这就是各国法律所奉行的政府部门不得成为商事主体，不得直接经商办企业的原则。

第三，特定法律关系中的民事主体之构成，既有行为人的积极行为，更有行为人消极行为的结果，如财产的继承关系，赡养、抚养关系等之中主体的形成。而商事主体之构成，一般必须是行为人积极法律行为的结果。这是因为商行为是行为人积极的、有意识的行为，非行为人自愿的、有意识的行为，将导致商行为无效。

---

① 徐学鹿.商法总论［M］.北京：人民法院出版社，1999：188.

第四，民事主体一般以权利能力和行为能力统一为基础。权利能力是民事主体构成之必备条件，行为能力则非必备要件。权利能力可以独立于行为能力而存在，如未成年人，虽然不具有行为能力，但已具有权利能力，其就可以在特定的民事法律关系中成为民事主体，即民事主体的权利能力和行为能力可以不同时产生。与其不同，商事主体之构成必须同时具有权利能力和行为能力，有权利能力而无行为能力者，所实施的行为在商法上应属无效，因此，商事主体的权利能力和行为能力总是同时产生的。

第五，商事主体所享有的权利能力和行为能力具有特殊性。这种特殊性首先表现在能力的形成上，即商事主体的形成一般需经过国家的特别授权程序，如履行工商登记等。而一般民事主体不享有法律上的这种特权，这就是未经法律授权，一般民事主体不得从事商事经营活动的法律缘由所在。其次，能力的范围是有限的，即以国家授权的经营许可为其权利能力和行为能力之范围界定。所以，商事权利能力和行为能力以法律授权范围为限，并以授权起止为权利存续期限。而一般民事能力，更多地与自然人的生命延续和意思成熟程度密切相关。由于商事能力的特殊性，不少国家法律规定了对商事能力取得的限制，如对行为人取得商事能力的限制，这种限制表现在对未成年人、妇女，外国人等获得商事能力的限制；又如对因从事特定标的物的经营而对商事能力的限制，等等。

第六，商事主体必须是商事法律关系的当事人，是商法上权利义务的实际承担者。也就是说，作为商事主体，它必须能够以自己的名义从事商事活动，独立享有权利和承担义务，并能以特定范围的资产承担财产责任。这一特征不仅将商事主体与不具有独立资格的商业组织内部机构或商业辅助人区分开来，而且还可以将商事合伙与不具备商业名称和独立主体资格的民事合伙区别开来。

七、商法与民法若干具体法律制度的区别

商法与民法不仅在历史演进、性质、调整对象、法律规范特点、主导价值、主体等方面具有根本的区别，而且在具体法律制度方面也是不相同的。现举例如下。

（一）商事合伙与民事合伙之比较

民事合伙与商事合伙的主要区别如下。

1. 适用的法律不同。商事合伙受商法典或商事公司法调整。我国的商事合伙应由合伙企业法调整；民事合伙由民法典调整，一般多由民法典债权篇中的合伙合同规范。

2. 成员身份不同。商事合伙中的合伙人是商人。

3. 登记制度不同。一般民事合伙的成立无须登记，而商事合伙开业前须向主管机关申请登记。

4. 经营的目的、范围不同。商事合伙是以营利为目的的，以公益为目的的合伙如宗教、慈善、学术等合伙，只能采取民事合伙的形式，从事自由职业的人如医生、律师等，也只能采取民事合伙的形式。

5. 对外进行活动的名义不同。商事合伙必须有自己的商号，并在商号名义下进行业务活动。如果每一个成员都是以自己的名义与第三人发生关系，该组织只能是民事合伙。

6. 法律地位不同。大陆法系国家多只承认商事合伙具有法律人格。英美法系只承认商事合伙，并赋予其第三民事主体资格。

7、其他要求不同。商事合伙应以企业、商行、公司的名义出现，要符合商业企业、公司的规定，要有商业账簿等必要的商业文书。

（二）商事代理与民事代理之比较

商事代理与民事代理比较，尽管均是代理，但还是存在着相当多的不同点。这些不同点表现如下。

1. 产生的根据不同。商事代理的产生根据具有唯一性，即被代理人的委托授权；而民事代理可基于被代理人的委托授权（委托代理）、法律的直接规定（法定代理）以及人民法院或指定单位的指定（指定代理）而产生。

2. 代理人实施代理行为的目的不同。在商事代理中，代理人实施代理行为的目的是为了获取报酬，即商事代理是有偿代理。这也决定了商事代理人拥有报酬请求权。而在民事代理中，代理人实施代理行为的目的不一定是为了报酬。例如，在法定代理、指定代理的场合，代理人实施代理行为均是无偿的。即使在委托代理的情形下，代理人实施代理行为是否取得报酬，也由代理人自行决定。

3. 对代理关系当事人的资格要求不同。从被代理人方面说，民事代理的被代理人可以是公民，也可以是法人。而商事代理的被代理人必须是商人，包括商自然人、商合伙、商法人。从代理人方面说，民事代理的代理人只要具有完全的民事行为能力，公民、法人均无不可。而商事代理的代理人在大多数情况下必须是具有相关专业知识的商人，只有在法律有特殊规定的情形下，公民才能充当商事代理的代理人，例如保险代理的代理人可以由公民担任。

4. 对复代理的要求不同。所谓复代理，又称为转委托，是代理人为了实施代理权限内的全部或部分行为，以自己的名义选定他人担任被代理人的代理人，该他人称为复代理人。①在民事代理中，复代理须符合下列两项条件：①必须是为了被代理人的利益；②应事先取得被代理人的同意。在紧急情况下，未经被代理人同意而进行转委托的，应尽快通知被代理人并作出说明。在商事代理中，代理商有权选择自己的代理商，只要被代理人在合同中没有禁止性约定，代理商转委托就有效。

5. 代理权体现的原则不同。民事代理人由于要以被代理人的名义才能从事代理活动，一般采取显名主义原则；商事代理既可以被代理人的名义，也可以自己的名义从事代理活动。因此，不实行显名主义原则。

6. 代理权是否因本人死亡而消失不同。商事代理中均为委托代理。委托代理的基础是代理人与被代理人之间的相互信任，具有严格的人身属性，民事委托代理，被代理人死亡，代理关系即消灭。商事代理尽管也包含有相当的人身信任，但是一旦代理事务开始，基于行为本身的连续性要求，代理不因本人死亡而终止。

7. 代理人的权限范围不同。民事代理要求代理人严格在授权范围内行为，代理行为的相对独立性极为有限。商事代理中，代理人的权限较民事代理宽。许多国家的商法都承认在不违背被代理人授权本意的情况下，代

---

① 王利明. 民法 [M]. 北京: 中国人民大学出版社, 2000: 119-120.

理人可以实施未被直接授权的行为。这就赋予代理人相当的自由度。

（三）票据保证与民事保证之比较

票据保证与民法上的保证（民事保证）有着明显的区别，这些区别集中地体现在以下方面：

1. 票据保证是要式行为，保证人为保证行为必须在票据或者其粘贴单上记载票据法规定的事项，否则不生效力。在我国，民法上的保证虽然也是要式行为，但其内容和形式没有票据保证规定得严格。

2. 票据保证是单方法律行为，只需保证人完成保证记载即可成立。而民法上的保证是保证人与债权人之间订立的合同，必须双方达成合意才能成立，因而是双方法律行为。

3. 票据保证具有一定的独立性。即使被保证人的债务无效，如由于被保证人无行为能力或受欺诈、胁迫、或被保证人的签章是伪造的等而使被保证债务无效，保证人仍要负票据责任。但如果被保证人的债务是因为欠缺形式要件而无效时，保证人不负保证责任。而在民法上的保证是从债务，相对于所担保的债务即主债务而言处于从属的地位，当主债务无效或被撤销时，保证债务便因此而无效或可撤销，只有在极其例外的情况下，承认独立保证。

4. 由于票据保证的独立性，被保证人向债权人可以提出抗辩，如以自己受欺诈或签章被伪造为理由对其后手行使抗辩，保证人不得援引以对抗票据权利人。而民法上的保证中，主债务人所能行使的抗辩，保证人都能行使。

5. 票据保证人如果为两人以上的，所有保证人都必须对债权人负连带责任。在票据保证中，不存在先诉抗辩权，即债权人向保证人行使权利时，并不以已向被保证人行使而未得到满足为限。换句话说，债权人可以直接向保证人请求履行偿还义务，而不必先向被保证人请求。在民法上的保证中，有一般保证与连带责任保证两种。在连带责任保证中，保证人也不存在先诉抗辩权。但在一般保证中，则存在先诉抗辩权，债权人必须先向被保证人请求，得不到满足后才能向保证人请求。

6. 票据保证人在履行了保证责任后，对承兑人、被保证人及其前手，取得持票人的资格，可行使追索权。民法上的保证人向债权人清偿之后，仅可取得对主债务人的求偿权。也就是说，原债权人对主债务人的债权，在保证人所清偿的限度内，移转于保证人。

7. 票据保证不得附加条件，附加条件的，其所附加的条件无效，保证有效。民法上的保证，只要债权人表示同意，保证人可以在保证合同中提出附加条件。

第五章 民商分立与民商合一的评析

民商分立与民商合一之争是一个长期困扰我国商法学界的问题。从晚清中国开始引进民法与商法以来，对于民商分立与民商合一选择的争论就已经开始。当时包括沈家本在内的大多数中国法学家支持民商分立，因此从晚清到民国初期我国采用的是民商分立的民商事立法模式。但到了南京国民政府成立后，在当时立法院长胡汉民的主张下，中国转而采用了民商合一模式，其影响直至今日。而在国外，当法国首开民商分立模式之后，效法法国者甚多。但随着社会经济的发展变化，民商合一思潮日渐兴起。在瑞士实行民商合一模式后，许多国家纷纷效仿，甚至包括了一些原先采用民商分立模式的国家。当前，有关民商分立与民商合一的争论无论是在我国还是在国外仍在继续。目前，我国大多学者主张民商合一，也有一部分学者主张民商分立。在对民商分立与民商合一的争论时，大多学者是从这两种模式的立论基础出发，试图发现其中的缺陷或是优点以加以批驳或是褒扬。笔者认为，对于民商分立或是民商合一选择的讨论，不能仅仅从这两种理论的优劣来论英雄，事实上许多发达国家不论是采用民商分立还是民商合一，都有效地促进了本国商业贸易的健康发展。应该说，民商分立与民商合一各有各的存在空间。一个国家应如何选择其民商事立法模式，应重点考虑其国的具体国情。对于我国来说，《中华人民共和国民法典》的制定与实施体现了民商合一的特点，但是，将来是否制定商法典，是选择民商分立或是民商合一，应当立足于我国自身的特点，充分考虑我国特有的国情，特别是我国商事发展的特点与商事法律体系的结构。只有这样，才能在民商分立与民商合一之间做出一个适合我国商事发展的理性选择。

本章从民商分立与民商合一两种立法模式的形成与发展入手，对两种模式理性评析，并结合我国商法与民法关系的不同观点，立足于我国国情，做出民商分立还是民商合一的现实选择。

第一节 民商分立与民商合一模式的形成与发展

一、民商分立模式的形成与发展

（一）民商分立的含义与特征

民商分立，其基本含义或是最初含义是说民法典与商法典自成体系，分别立法，各自调整社会经济关系中的民事关系与商事关系。[①]

关于民商分立立法体制的特点，我国法学界学者主要将其归纳为以下四个方面：第一，民法典与商法典并存，从国外立法看，既有民法典先于商法典制定，如法国。又有商法典先于民法典制定，如德国。第二，民法与商法的地位和效力不同。通说认为，民法是普通私法，或者说是调整平等主体间的财产关系和人身关系的基本私法，而商法则是民法的特别法，在司法管辖权方面，民事案件由普通法院管辖，商事案件在一些国家则由商事法院管辖，如法国。第四，在民商分立的内容方面，民法典一般规定总则、权利主体、权利客体、法律行为、时效、物权、亲属、继承等制度；而商法典则规定了商人、商事公司及隐名合伙、商行为、票据、海商、破产、商业裁判等制度。从调整范围的角度看，人身非财产关系是民法典的重要内容，但商法基本上不予涉及。[②]

（二）民商分立的形成与发展

中世纪产生的商法虽然弥补了罗马法在调整新的较为复杂的商品经济关系不足，然而，也存在着一些缺点。当时商法规范和商人同行行会自治规范以及在此基础上形成的商人习惯法分布于不同的地区、不同的商人组织中，彼此之间并不一样，甚至存在着巨大的差异，它进而发展成了欧洲

---

① 范健，王建文. 商法论 [M]. 北京：高等教育出版社，2003：202.

② 郭峰. 民商分立与民商合一的理论评析 [J] 中国法学，1996（05）：42—50.

中世纪后期商法林立的格局。而 15 世纪后，伴随着资本主义经济的兴起和商品经济的繁荣以及以宗教为核心的封建割据势力的衰落和统一民族国家的形成，原先割据的经济和分散的商事立法，严重阻碍了商品贸易的发展和国家统一市场的形成，商品经济的迅速发展迫切需要在一国之内实现商法的统一；并且近代以来西欧各国封建割据势力的削弱和中央集权加强趋势也要求对过去分散的商事立法做出改变。正是这种经济上和政治上的双重要求，有力地推动了欧洲各国商事成文法的制定。在这一时期，地中海沿岸各国和欧洲一些内陆国家，如意大利、法国、德国、西班牙、荷兰、北欧国家等各国都先后制定了成文商法，其中最为典型的当数法国和德国。

中世纪的法国是一个封建割据十分严重的小农国家。路易十四上台后，一方面加强了中央集权，千方百计地削弱地方势力；另一方面，在财政大臣柯尔柏的推动下，法国政府极力推行重商主义政策，增加国家财富。在这种背景下，路易十四政府在 1673 年颁布了《法国陆上商事条例》，1681 年又颁布了海事条例。1673 年 3 月颁布的商事条例开辟了国家商事立法的先河，系最早的商事单行法。该条例专门规范陆商活动，共计 12 章 112 条，包括商业性质、商人、商业簿记、合伙（无限公司）、票据、破产和商事裁判管辖等内容。1681 年 8 月颁布的海事条例则专门规范海商活动，类似于现在的海商法，共有 5 编，包括海上裁判所、海员及船员、海上契约、海港警察、海上渔猎等内容。该条例颁布的目的在于加强王室对海事贸易活动的控制，排除《奥勒伦法》和《康苏拉底法》对法国海商活动的适用。

这两部单行商事法的颁布，在很大程度上迎合了法国政府中央集权，削弱地方割据势力的政治需求。更重要的是，它满足了法国当时的重商主义，有利促进了法国商业的迅速发展，改变了法国商业弱后的面貌。

而在此时，德国的最大邦国之一普鲁士也制定了成文商事法。在整个 18 世纪，普鲁士的商事立法成果十分丰硕，分别制定了 1727 年的《普鲁士海商法》、1751 年的《普鲁士票据法》、1776 年的《普鲁士保险法》和 1794 年的《普鲁士普通法》等。而《普鲁士普通法》则是一部集民商法规范于一体的综合性法律，其中有关商事方面的规定类似于法国 1673 年的《商事条例》。后来德国普通商法典（即旧商法典）就是以《普鲁士普通法》为蓝本而制定的。

这个时期作为商法独立的过渡形态的国家单行商事立法有几个明显的特征：第一，国家单行商事立法是中世纪商人习惯法的继承和发展，在内容上既带有浓厚的商人法色彩，又反映了中央集权国家的根本意志。第二，国家单行商事立法受法学著作的影响很大。在民族国家制定成文法的历史过程中，产生了许多商法论著，如，法国学者萨维尼于 1673 年出版的《论完全商人》、德国学者马奎德于1662 年出版的《商事主体的政治和法律地位》，德国学者凯萨尔吉斯于 18 世纪中叶出版的《商法论》等。它们为初期国家商事立法的形成起了举足轻重的作用，其中，德国《普鲁士普通法》逐句逐段地引录了马奎德《商事主体的政治和法律地位》中对商法原理的概括，包括商人、商事行为、汇票、经纪人、海商、承运人等内容。第三，国家单行商事立法在商法的历史长河中起到了承上启下的作用，为商法典的制定奠定了坚实的基础。

到了 19 世纪初，欧洲封建制度与资本主义的矛盾益发尖锐，在这种背景下，法国爆发了大革命。随着拿破仑的上台，为了巩固大革命的成果，维护自身的统治，法国在制定了著名的 1804 年的《法国民法典》后，又于 1807 年在拿破仑亲自主持下制定并在法国议会上通过了《法国商法典》。这样，在法国出现了民法典与商法典并行的情况，民商分立模式正式形成。①在整个 19 世纪，受法国影响而制定了单独的商法典的国家很多，主要有 1821 年希腊商法典、1829 年西班牙商法典以及意大利、葡萄牙、埃及、波兰、南斯拉夫、罗马尼亚、巴西、智利、阿根廷等国家的商法典。继法国开创民商分立体制后，德国于 1861 年颁布了《普通德意志商法》（即旧商法典）。1871 年德意志帝国统一后，德国开始编纂新的商法典，并于 1897 年 5 月 10 日颁布，1900 年 1 月 1 日生效。另一方面，德国 1874 年、1890 年分别成立了民法起草委员会，起草民法典，并于 1897 年

---

① ［法］克洛德. 商法[M]. 商波, 刘庆余, 译. 北京: 商务印书馆, 1998: 8.

颁布、1900 年施行。于是，民商分立体制在德国也正式形成。德国商法典亦颇具影响力，受其影响的国家主要有奥地利、瑞典、挪威、丹麦、日本以及清朝末年的中国等。①至此，以法国商法典和德国商法典为代表的民商分立立法模式就在绝大多数欧洲国家以及其他大陆法系国家确立起来并得以发展。

（三）民商分立的新发展

民商分立在早期都是在形式意义上提出的，即主张制定一部单独的商法典。随着时代的发展，近年来商法学者们似乎倾向淡化民商法典分立，即淡化商法形式上的独立，而是注重商法体系上的独立。这也表明民商分立论已经由形式商法主义向实质商法主义转变。也就是说民商分立不需要像过去那样制定一部商法典。

"商法通过大量的商事单行法而存在，这是当代商事立法的重要表现形式，也是民商合一的新形式。"②如作为民商分立模式的始祖——法国商法。法国商法典的绝大多数条款已经被废止或修改，继续有效的只有 140 条。但现存的这些条款大多是原则性的规定。因此，在法国，除了已有的商法典，商事立法都是通过大量的商事单行法表现出来的。③另外，德国，日本，韩国等民商分立的国家的商事立法也呈现出了同样的趋势。

二、民商合一模式的形成与发展

（一）民商合一产生的历史条件

民商合一的形成与发展同民商分立一样，也有其特定的原因和条件。首先，自罗马法以来，民法在私法体系中所具有的基础地位和核心作用使得它产生了特有的扩张性和包容性。而商法作为近代以来形成的一个新的独立的法律部门，它不具备民法坚固的基石和悠久的历史，因此，在面对民法时，商法不但不能动摇民法的地位，还面临被民法吞并，丧失自己独立性的危险。其次，随着商品经济的快速发展，参与商事活动的主体具有

---

① 范健，王建文. 商法论［M］. 北京: 高等教育出版社，2003: 253.

② 范健，王建文. 商法论［M］. 北京: 高等教育出版社，2003: 211.

③ 法国商法典［M］. 金邦贵译. 北京: 中国法制出版社，2000: 1.

了普遍性，商事活动不再局限于商人阶层。于是，主张民商合一的学者们就纷纷指出，中世纪以来以商人阶层为核心的商法体系已经失去了独立存在的根基，法律不宜再以商人的主体身份提供特别法来保护。况且，商法独立立法也不符合"从身份法向行为法"的转变，不符合人人平等的原则。再次，由于商法典的内容日益陈旧老化，仅仅通过对商法典本身的改造和修补已经满足不了经济关系发展的需要，于是许多国家和地区纷纷制定了大量的单行商事法律。原先民商分立国家制订的商法典已经变得支离破碎，许多内容已经失效，无法与民法典相比。对商事关系的调整已经越来越依赖于制定大量的单行商事法规，而不是修改商法典。这种情况也为民商合一的倡导者提供了很好的理由。最后，许多学者对民商分立不遗余力地批判和对民法情有独钟地推崇，也为民商合一体制的形成提供了不可忽视的作用。

（二）民商合一理论的兴起

就在民商分立制得以确立和发展的同时，即已出现了民商合一的学术思潮。民商合一，即将民法、商法统一立法。民商合一的历史源头可以追溯到古罗马时期，当时的商法规范被包含在罗马私法当中，于是形成了两法合体、民商不分的情形。但现代意义上的民商合一是在民商分立这种商事立法模式确立后而出现的概念。19世纪，随着商品经济的进一步发展，生产职能和商业职能开始合二为一，生产者直接成为商人，而商人也直接成为生产者。就如许多支持民商合一的学者所说的那样，商品经济的发展，导致了人的普遍商化，并进而导致商人特殊阶层和特殊利益的消失。而19世纪以来西欧各国所实行的自由经济政策也允许每个人都有从事工商业的自由，而商法也不是单单商人才能适用，处理商事纠纷更无须有商事法庭才能解决。基于当时这种经济社会背景，民商合一理论开始孕育而生。1847年，意大利学者摩坦尼利（Mitanelii）首倡民商合一，反对"私法二元论"，即得到学术界响应。民商合一，按其含义不同又可以分为两类：一类主张"商法民法化"，另一派主张"民法商法化"。前者以商法较之于民法是个性小于共性，民法原理足以解决所有商事问题为由，主张将商事规范纳入民法中而不必另定商法典，用民法取代商法。这种主张的代表人物就是民国时期的胡汉民等人；后者以现代社会更加强调商事活动对社会经济的促进作用，商事交易及商法上形成的制度与思想已逐渐成为整个民商事法律的基本制度和基本原则为由，主张构建以商法为主要内容的民商事法律制度，用商法原理统率民法，将民法制度融于商法之中，其主要代表人物有意大利学者维域堤、日本学者松本丞治等人。①

在这两种观点中，商法的民法化是主流的观点。从实行民商合一立法模式国家的实际情况看，也都是采用商法民法化的做法。因此，通常意义上的"民商合一"指的就是指商法民法化。

（三）民商合一模式的确立

瑞士是第一个确立民商合一商事立法模式的国家。1848 年，瑞士正式成立联邦，并制定了联邦宪法。而在此之前，瑞士各州都有自己的民法，有的是以法国民法典为蓝本的，有的是模仿奥地利民法典的。因此，瑞士是一个有着很强的分权传统的国家，即使在瑞士联邦成立之后，瑞士宪法仍然没有赋予联邦统一私法的立法权。这种各州之间法律的不同给 19 世纪以来各州频繁的商业往来带来了极大的不便。于是，统一各州私法的要求日益迫切。到了 1874 年，瑞士修改宪法，联邦取得了在自然人能力、婚姻、债法、票据、破产等方面的立法权。于是，瑞士联邦于 1881 年制定了《瑞士债务法典》，其中包括了契约、公司、商号、商业账簿、汇票、本票等方面的规定。这个法典的特别之处在于它包括了法德等民商分立国家民法典中有关契约的规定，也包括了上述国家商法典中有关公司、票据、商号等方面的规定。事实上就是一个民商合一的法典。值得注意的是，由于当时瑞士联邦并没有商事法的立法权，所以，这部原本可以被称为商法典的法典并没有称为商法典，而是被冠以债法典的称谓。

到了 1898 年，瑞士宪法正式授权瑞士联邦制定全部民法内容的权力。1907 年 12 月，瑞士联邦议会正式公布《瑞士民法典》，并于 1912 年 1 月 1 日开始实施。而瑞士债务法典作为《关于补充瑞士民法典的联邦法律（第五篇：债务法）》与民法典的前四篇同日实施。这样，一种与法德等

---

① 赵万一. 商法基本问题研究 [M]. 北京：法律出版社，2002：108.

民商分立国家不同的民商事法立法模式——民商合一模式正式形成。

（四）民商合一之发展

在瑞士确立了民商合一的民商事立法模式后，一些大陆法系国家也紧随其后，甚至还包括一些原先采用民商分立模式的国家，后来也转而采用了民商合一模式。最为显著的例子为意大利。意大利在 1865 年制定了《意大利民法典》，此后，随着工业化进程的发展，在企业和劳动关系方面产生了一些新问题，而这些问题又在民法中找不到解决的方法，于是，意大利便在 1882 年又制定了《意大利商法典》。这样，意大利的民商分立格局就此形成。第一次世界大战结束后，意大利社会经济发生了重大的变迁，在夏洛亚的推动下，意大利成立了一个委员会来起草意大利与法国的《债与契约法典草案》。该案于 1927 年通过，1928 年公布。法案努力在法国法典、德国法典、原意大利法典之间找到一个平衡点，以使在私法一体化的理念指导下，实现法典的科学化。不过，由于法西斯在意大利的崛起，使得意大利上述法案未能生效。但是，该法案还是对 1942 年意大利民法典的制定产生了重大的影响。[①]最终，意大利立法者决定废除意大利商法典，并将商法和民法统一起来。这样，意大利就成了由民商分立转而采用民商合一模式的第一个大陆法系国家。

另外，原先实行民商分立模式的荷兰于 20 世纪新修订的民商法也采用了民商合一模式。中国在 1929 年由当时的立法院院长胡汉民提出的《"民商划一"案报告书》并获得国民党中央政治会议通过，也标志着清末以来中国采用的民商分立格局被打破，转而选择了民商合一的道路。以苏联为首的社会主义国家出于意识形态方面的考虑，将商法概念加以抛弃，只制定了民法典来调整民商事关系，因此，当时的社会主义阵营国家基本上也都采用了民商合一模式。此外，挪威、瑞典、芬兰等北欧国家以及以色列、泰国等国也采用了民商合一模式。

这样，在瑞士首开民商合一的先河后，一些国家出于不同原因的考虑，也选择了民商合一的道路。民商合一，这种与民商分立并行的民商事

---

① 意大利民法典［M］. 费安玲，丁枚译. 北京: 中国政法大学出版社，1997: 2.

立法模式，在20世纪获得了极大的发展。

值得一提的是，当代民商合一的支持者们已经抛弃了过去要将商法规范完全融入民法，或是民法完全取代商法的观点，他们开始承认民商有别，在此基础上强调民法对商法的指导和统率作用。其具体表现为：第一，在法律规范的体系上只制定统一的民法典和单行商事法规。立法上并不制定一部统一的商法典对商事关系进行综合调整，而是强调民法典对整个民商关系的指导和统率作用，将商事关系作为一种特殊的民事关系来对待和调整。第二，以承认单行商法具有自己特有的立法价值为基础。在民法典之外另行制定商事单行法规对商事活动进行有效的调整。第三，在法律适用上，采用了特别法优于普通法的原则。商法应以民法的基本原则为其基本原则，商法适用是对民法原则一般适用的积极延伸。在商事关系的调整中，民法的基本原则仍是最基本的适用原则。同时，凡是商事法规对某些商事事项未设特别规定时，民法基本原则和规定可以补充适用。①

第二节 民商分立与民商合一两种模式的评析

一、民商分立与民商合一两种模式的立论基础

（一）民商分立的立论基础

就在民商分立制得以确立和发展的同时，即出现了民商合一的学术思潮。自从瑞士在19世纪末采用了民商合一模式后，世界上一些国家（地区）也纷纷采用了这种新的商事立法模式，如俄罗斯、意大利、蒙古、老挝、泰国、土耳其等。民商分立模式受到了很大的冲击，如意大利原先是采用民商分立模式的，而在1942年后则转而采用了民商合一模式。但从总体来说，世界商事立法模式的主流还是民商分立。在欧洲的二十多个资本主义国家中基本上都是实行民商分立立法模式的，如法国、德国、奥地利、比利时、葡萄牙、西班牙、卢森堡、爱尔兰、列支敦士登、希腊等国

---

① 赵万一. 商法基本问题研究 [M]. 北京: 法律出版社, 2002 : 116-117.

均属此类，而民商合一的国家仅有 5 个（挪威、芬兰、意大利、瑞士、丹麦）。在美洲和大洋洲的二十多个主要资本主义国家中，就有美国、阿根廷、巴西、墨西哥、智利等十多个国家制定了单独的商法典，而在这些地区却没有一个国家是采用民商合一模式的。

在亚洲的二十多个资本主义国家（地区）中，即有日本、韩国、伊朗、土耳其印度等十多个国家实行民商分立，采用民商合一的有蒙古、泰国、以色列等。在非洲也大约有二十多个国家实行民商分立。从以上可以看出，在当今世界，民商分立相对于民商合一来说，仍然占有相当的优势，仍然是民商事立法模式的主流。

民商分立模式从产生至今仍然占据着主流的地位，究其原因，不仅在于实践，更重要的是在于其坚实的理论基础。民法和商法有着各自独立的经济基础、独立的调整对象、独立的立法事实、独立完整的体系，是两门各自独立的法律部门。

其主要的理由如下。

（1）商品经济的发展是民商分立的经济根源。在人类历史上随着商品经济的产生和交换的发展，促进了社会分工，尤其是第三次社会大分工，使商业从生产中分离出来，从而形成了专门的从事为卖而买和为再卖而再买的集团——商人。与此同时，连接生产和消费的专门从事商品交换的行业——商业也随之形成了。由于商人有特殊的利益和要求，加上以利为目的，要求参与交易的当事人要遵守交易的习惯和交易规则，要求商品交换必须是自由、公平、公正，尤其是商品交换关系到双方或多方的切身物质利益，因此要求要有专门的法律来确保交易的安全。

（2）商法独特的调整对象是民商分立的理论根据。从法理学的角度来看，一个法是否能成为一个独立的部门法，关键看它是否有独立的调整对象。商法所调整的对象如前所述是商品流通经济关系。这种经济关系不仅有其独立性、质和量的规定性，而且参与这种经济关系的主体——商人及其所实施的商行为都有其自身的特殊性。如现代商人已经不单是商个人，而主要是各种商事企业。这样，商法更具社会公共性，而缺乏民法所固有的个人本位色彩。从商行为来说，商行为既具营利性，又具营业性，同时还具商人性。尤其是坚持"主观原则"的国家，商人更处于中心地位。就是以"客观原则"立法的国家，也是以商行为中心，而不是以一般的民事行为为主。所以，商法调整对象的独特性是民商分立最主要的理论依据。

（3）商法独特的调整原则是民商分立的准则依据。商法的原则是商法的本质、特征及其理论最集中的反映，也是商事立法和从事商事活动应遵循的基本准则和出发点。商法作为专门的商品交易的制度法，虽然也要遵守民法的一般原则，但更重要的是它有自身的特殊原则，而且这些原则与民法原则大不相同。

（4）商法有独立的理论基础。商法的理论是以社会本位为基础，而民法是以个人本位为基础。同时，商法的发展还受重商主义理论、自由贸易理论，尤其是现代贸易理论，如比较利益论、资源赢赋论、规模经济论等理论的影响。而民法的理论则更多的是受传统的自然法理论的影响。[①]

（5）从发展市场经济的需要来说，要建立市场经济新秩序，必须加强法制建设，其中，当然应加强商事立法。这是因为：①从市场立法的历史看，不论是古代、中世纪、近代和现代的市场立法，都主要是以商事立法为主，而且由商业习惯——商人法向商行为法发展。②市场的主体主要是各种商人（包括商个和商法人），市场行为也主要是各种商行为，这就必须制定各种商事主体法和商行为法。③从市场功能来说，市场最基本的功能是优化资源配置和商品的实现。而资源配置问题是通过一次又一次的买卖来实现的，而买卖立法是商事法的核心内容。④从市场立法的内容看，市场即是商品交换关系的总和。因此市场立法理所当然地应主要围绕商品生产和商品流通的需要去立法，特别是应该重点搞好公司、买卖、票据、保险、证券交易、公平交易、反不正当竞争、保护消费者利益等法律制度。这些法律在传统上都是商法的主要内容。

（6）从历史上考察民商法律制度早就存在分立。从罗马时代来看，当时虽尚未制定民法典和商法典，但当时已有市民法和万民法之分。其中市民法主要是用来调整罗马帝国国内民事关系的法律；而万民法主要是专门

---

① 任先行, 周林彬. 比较商法导论 [M]. 北京: 北京大学出版社, 2000: 44-63.

用来调整外来商人的法律制度。另外，民事法律规范主要来源于罗马法当中有关财产关系和人身关系的规定；而商法规范主要来源于商事习惯和商人团体的自治规则。

（7）现代各国民商法理论，一般均承认商事法律规范与民事法律规范在制度上具有许多不同点：①从属性来说，民法只具私法性，不具公法性；而商法既具私法性，又具公法性。②从空间范围来说，民法只具国内性，不具国际性，所以无"国际民法"之说。而商法，如公司法就是具有一定国际性的国内法。③从强制程度来说，民事法律规范以任意性的规定为主；商事法律规范，既有任意性的规范，又有强制性的规范。对商业交易行为以任意性的规范为主；对商业组织的规范，则以强制性的规范为主。④从法律关系来说，民法规范既有财产关系又有人身关系，既有有偿关系，又有无偿关系；而商法规范主要是财产关系，不包括人身关系，并且商法主要调整的是等价有偿交易关系。⑤从归责原则来说，民法实行过错归责并适用无过错原则，且对无过错原则有许多限制；而商法在许多情况下则适用无过错原则，如保险赔偿、连带责任制、契约违约都实行无过错原则。同时还向严格责任原则方向发展。⑥从商品交换制度来说，民法主要是调整消费合同的单买、单卖，是为自己的消费买，或为处理自己多余的产品而卖，而不是专以营利为目的而进行买卖。而商法中调整的买卖关系，主要是商人所进行的买卖，他是为卖而买和为再卖而再买，是为满足他人的需要而进行买卖，并以获利为目的，而且总是把买和卖结合在一起的商品交易关系。⑦从代理制度来说，民事代理与商事代理在性质上、内容上、形式上以及法律责任上都有所不同。⑧从债务关系看，民法上债权变更必须将变更的事实通知债务人，而商法上债权的变更，如背书转让，则不需要通知债务人。

（二）民商合一的立论基础

在理论上，我国民法学者们对民商合一的理由做了总结，认为主张民商合一的理由主要有以下几点。

（1）商法是中世纪维护商人阶层利益的法律，现代社会已经不存在商人阶层了，所以也就不需要制定一部专门维护商人利益的法律。

（2）若以企业为核心，制定一部调整企业内外部关系的商法，又会形成主体立法而不是行为立法，有损法律面前人人平等的原则。

（3）商品经济市场是一个由商品生产者和消费者组成的统一市场，民商合一对市场商品经济关系进行统一的调整，有利于维护市场的统一性，否则会损害市场的统一性。

（4）民商分立，将不可避免地造成商法典与民法典内容上的重复和矛盾，造成法律适用上的困难。

（5）商自然人和商法人的营业活动虽然存在着一些不同于一般民事活动的特殊问题，但这些问题可以通过制定单行法规的办法来解决，并不构成民法典之外制定一部商法典的理由。

（6）一些原先采用民商分立体制的国家后来都采用了民商合一体制，说明了民商合一已成为私法发展的世界趋势。①

上述理由与我国 20 年代民国时期以立法院院长胡汉民向国民党中央政治会议所提交的《民商划一提案报告书》中所列的中国应采用民商合一立法模式的理由极其相似。

我国学者赵万一在《商法基本问题研究》一书中对《民商划一提案报告书》的理由作了总结，具体如下。

第一，因历史关系，认为应订民商统一法典也。商法之于民法之外成为特别法典者，实始于法皇路易十四。维时承阶级制度之后，商人鉴于他种阶级，各有其身分法，亦遂组织团体，成为商人阶级；而商法法典渐亦相因而成。此商法法典别订于民法之外者，乃因于历史上商人之特殊阶级也。我国自汉初施商贾之律后，四民同受治于一法，买卖钱债，并无民商之分。清末虽有分订民法法典及商法法典之议，民国以来，亦沿其说。实则商人本无特殊之阶级，亦何可故为歧视耶。

第二，因社会之进步，认为应订民商统一法典也。反对民商法统一者之言曰，商法所订重在进步，民法所订多属固定，故民商不便合并，此在昔日之陈迹，容或有之。不知凡法典应修改者，皆应取进步主义，立法者

---

① 江平. 民法学 [M]. 北京：中国政法大学出版社，2000：56—57.

认为应修改即修改，与民商合一与否无关。例如英国民商合一，而公司法施行后，亦有数次之修改，而德国为民商分立之国，乃商法之改变，远不如英国。于此可见不当以法典之进步与否，而断定民商合一与否也。考之学说，盛倡民商合一之论者甚多，如意国维域堤氏，法国之他赖氏，德国之典尔伯氏，其著者也。

第三，因世界交通，认为应订民商统一法典也。反对民商法典统一者之言曰：商法具有国际性，民法则否，此亦于旧见之说也。民商合一，对于商事法规，应趋与大同与否，立法者尽可酌量规定，并不因合一而失立法之运用。且民商划分之国，其法典关于本国之特别规定者，亦不一而足也。

第四，因各国立法趋势，认为应订民商统一法典也。意大利为商业发达最早之国，而其国之学者，主张民商合一最力，英美商业，今实称雄于世界，而两国均无特别商法法典，瑞士亦无之，俄国 1893 年民法第一草案，1896 年民法第二草案，1906 年民法第三草案，1907 年民法第四草案，均包商法在内，似此潮流，再加以学者之鼓吹提倡，则民商合一，已成为世界立法之新趋势，我国何可独与其相反。

第五，因人民平等，认为应订民商统一之法典也。人民在法律上本应平等，若因职业之异，或行为之不同，即于普通民法之外特订法典，不特职业之种类繁多，不能普及，且与平等之原则不合。

第六，因编订标准，认为应订民商统一法典也。昔时各国商法以人为标难，即凡商人所为者，均入商法，德国于 1897 年所订之商法亦然。法国自大革命后，以为不应为一部分之人，专订商法，故其商法，以行为为标准，即凡商行为均入于商法典，然何种行为系商行为，在事实上有时颇不易分，我国如亦编订商法法典，则标准亦殊难定也。

第七，因编订体例，认为应订民商统一法典也。各国商法之内容，极不一致，日本商法分为总则、会社、商行为、手形、海商五编，德国商法无手形，法国则以破产及商事裁判所组织法订入商法法典，体例分歧，可知商法规定之事项，原无一定范围，即划为独立之法典，亦只自取烦扰，再法典应订有总则，亦取其纲举目张，足以贯串全体也，而关于商法，则不能以总则贯串全体。

第八，因商法与民法之关系，认为应订民商统一法典。在有商法法典之国，其商法仅系民法之特别法，而最重要之买卖契约，仍多规定于民法，而民法上之营利社团法人，仍须准用商法，则除有特别情形，如银行交易所之类外，民法商法牵合之处甚多，亦何取乎两法并立耶。且民商划分，如一方为商人，一方非商人，适用上亦感困难，因民商法相关连之处甚多，而非一般人所能意料者。①

二、对民商分立与民商合一两种模式的评析

（一）两种理论的争鸣

"民商合一"与"民商分立"谁优谁劣，谁是谁非，迄今在各国法学界仍是民商学者所探讨的问题，尚难有定论。

早在 19 世纪民商分立模式确立并得以发展之时，对这种商事立法模式的批判就已开始。批判者所持理由主要是，自19世纪以来所实施的自由经济政策也允许每个人有从事工商业等有关工作的自由，某些商法也不一定是具有商人身份的人才能适用，处理商事纠纷更无须商事法庭才能解决。另外，他们列举古今罗马法与瑞士法为实例，认为民商分立在历史上与现今制度上皆无存在必要。而后，与民商分立相对立的一种新的民商事立法模式——民商合一模式在许多国家结成硕果，甚至在民商分立模式典型代表的法德两国，许多法学家也对民商分立提出了批评，呼吁采用民商合一模式。

反对民商分立的学者又从民商分立的产生根源入手来揭示其存在的不合理性。民商分立模式是以民法典与商法典的划分为其确立的标志。随着近代欧洲的法典化运动的兴起，19 世纪后欧洲各国开始着手制定民法典。1804 年，法国制定了《法国民法典》，但这部民法典并没有将其产生之前就已经存在的各种商事规范包括进去。这就为日后商法典的制定留下了极大的空间。至于当时为什么法国立法者们没有将各种商事规范放入民法典中，民商分立的反对者们认为，这是立法上的"一个最令人吃惊的疏

---

① 赵万一. 商法基本问题研究 [M]. 北京: 法律出版社, 2002: 108—110.

漏"①。而关于这种"疏漏"的原因，则是由于：（1）法国大革命时期，新兴的资产阶级对商人和商人团体抱有严重的敌意，因此民法典中必然不能包括保护商人利益的特殊法律制度，最明显的一个例子是缺乏适合于贸易和商业阶层需要的法人制度。同时，在民法典颁行后，在逻辑上必然导致以往的单行商事法规的消失或效力的终止。（2）"民法典里没有商法的简单原因是商法没有被当成民法来看待，商法已形成它独特的法律传统，它没有明显的与罗马法有关联的祖先。一句话，优士丁尼的《法学阶梯》里没有它，从而法国法理论里也没有它。这一原因同样能解释奥地利民法典和德国民法典里为什么疏漏商法。"②这就是说，商法不像民法那样存在发源于罗马法中的许多制度，而是具有不同于民事规范的许多独特规范，因而不能为民法典所取代。正因为这种"疏漏"，导致了商法典的建立及与民法典的分立，最终形成了近代法制史上的民商分立现象。因此，民商分立的反对者们认为，民商分立并不具有存在的客观性，而只是"历史的产物"。

而民商分立学者也激烈抨击了民商合一模式，并且从商事发展的历史以及现状来证明商法的独立性，进而捍卫民商分立模式。其中颇具代表性的是日本学者我妻荣对我国民国时期民商合一立法理由的批判。其理由如下。

（1）基于沿革方面的理由。各国商法的划分，与其说是沿革的产物，不如说是商法特殊性沿革的结果，过去的中国，虽有旧习，但在近代商业勃兴之际，对于新兴的商业，必须相对于一般私法做特殊的处理，事实上的需要，绝对不能以沿革方面的理由来排斥。换言之，原来的两法之所以不与一般私法相区别的原因，是因为商业的范围狭小简单，无特殊处理的必要，如果对近代商业也这样做，那是不能允许的。

（2）主张商法的进步性质与立法修改难易没有关系。但是，民商法在

---

① ［美］艾伦·沃森.民法法系的演变及形成［M］.李静冰等,译.北京:中国政法大学出版社,1992: 149.

② ［美］艾伦·沃森.民法法系的演变及形成［M］.李静冰等,译.北京:中国政法大学出版社,1992: 149.

其对象的社会状况和发展程度上大不相同，要求修正的程度也不相同。如果民法典中有商法规定，则商法的修订自然有迟延之虞，这在事实上是难以否认的。毕竟第二点理由并不充分，未免掩盖事实。尤其是引证英国事例，实为不妥，因为英国只把公司法另立特别法，所以易于修改，这正是维持商法特别法主义的典型事例。

（3）和上述相同，各国民法各有特色，商法因商事有世界性，有趋于国际化的趋势。这种倾向，不得不以条约等为参考。为适应国际的发展，仍有把商法作为特别法的必要。例如意大利学者维域堤也曾坚持这一观点。

（4）关于立法之趋势已如前述。只是伪统一论者所掇引的瑞士债务法，实际上不是成功的事例，而且当今立法的趋势，绝不是趋向统一。

（5）基于平等的理由，实际上只是表面的观察。如果另订商法，绝对无害于法律上的平等。此项关系，只出于适应商事需要而为的妥当性处理，并非给商人以特殊的地位。

（6）出于民商两法难于区别之理由。此点是对分立主义的有力非难。但事物之间界限不明的，比比皆是，不能仅以此点而否认商法范围的存在，只有对此界限努力进行确定。

（7）主张编制有系统之商法典有困难。商法既然不如民法那样系统化，当然不能效仿民法。但也不能因此就说商法不能成为有系统的法典。

（8）坚持商法为民法的特别法，如果将其分立，则会在适用上发生困难。但是，既然已经为适应商事的需要而制定为特别法，则其规定于同一法典与否毫无关系。为了避免此项困难而压抑商事的需要，或硬将商事原理纳入民法之中，无论如何，都在实质上并不妥当。①

另外，民商分立学者们也针对民商合一学者们所列举反对民商分立的理由，逐条做出批驳。

第一，对于商法是中世纪维护商人特定阶层利益的法律，因而得出由于现在已经不存在商人阶层了，故无必要制定一部专门维护商人利益法

---

① ［日］我妻荣. 中华民国债法总则概论［M］. 北京: 中国政法大学出版社, 2003: 9–14.

律的论述，这是基于对商法发展历史缺乏必要了解所得出的错误的结论。虽然商法在中世纪已经存在，但商法的产生并不是因为商人特定阶层的存在，而是当时商业发展和城市复兴的产物，它是因商事关系的存在而存在。另一方面，真正意义上的商法是在中世纪后的近代才形成的。法国国王路易十四在 17 世纪颁布了《法国陆上商事条例》和《海事条例》，这标志着近代成文商法的形成。而路易十四制定这一成文商法的动机，绝不是为了维护商人这一特定阶层的利益。

当时法国在重商主义政策的引导下，商业发展迅速，而法国的陆上商事条例和海事条例正是为了更好地规范商业，促进商业的繁荣从而进一步地增加国家和王室的财富而制定的。法国大革命之后，拿破仑在 1807 年制定的《法国商法典》更加说明了商法的产生和发展绝非是商人特定阶层的需要。1807 年的《法国商法典》以商行为作为立法基础，凡实行商行为者不论是否商人，都适用商法。而《法国商法典》颁布后，就有荷兰、比利时、希腊、西班牙、葡萄牙、意大利、罗马尼亚、南斯拉夫、巴西、阿根廷等国所效仿，这些国家都直接或间接地模仿法国商法以商行为作为立法基础。事实上，商法的历史就是商业习惯法—商人法—商行为法的发展过程。所以，商法的产生绝不是因为为了维护商人阶层利益，而是商事关系发展的需要，商人法仅仅是商法在中世纪时期的表现形式。

第二，对所谓的"主体立法而不是行为立法的弊端，有损法律面前人人平等的原则"，首先，这是对法律上形式意义上平等的过于绝对化的理解。私法尽管以平等为其基本原则，但是随着时代的发展，抽象平等观念已经发生了巨大的变化。各国的立法者已经注意到了"平等主体"之间实际上的不平等，注意到了对弱者的特别保护，以维护实质意义上的平等。实际上，各国商法规范大都明确了商主体的严格责任主义原则，都对从事商事交易的人设定了更为严格的责任制度的法律规范。如许多国家的公司法都规定了公司负责人在执行业务中违法给他人造成损害时，公司对受害人负连带责任。再如，在公司和海商运输中，商事主体有时要负无过失责任。因此，对商人及商行为的单独立法，更能够维护市场交易的平等。其次，当代最主要的商主体——企业，其内部组织关系十分复杂，民法无力调整，只能通过商法中的商主体规范来调整。再次，如前所述，商法的立法本身就不是主体立法，而是依据商事关系的需要。将商法归为主体立法的说法显然是不正确的。

第三，认为"民商分立将难以避免商法典与民法典内容的重复和矛盾"，这是对商法具体内容的曲解。实际上，无论是商法典，还是单行的商事法规，都不与民法的内容重复。例如，在有制定商法典的国家中，以法国为例，法国商法典所列的四篇分别是通则、海商、破产、商事法院，其中通则分九章，分别为商人、商业账簿、公司、夫妻财产的分离、商业交易所和票据经纪人、行纪、买卖、汇票和本票、时效。而另一极具代表性的德国商法典，共四编905条，第一编总则，共分八章，第一章商人、第二章商业登记、第三章商号、第四章商业账簿、第五章经理权及代理权、第六章商业使用人、第七章代理商、第八章商业居间人。第二编商事公司，第三篇是商行为，第四篇是海商。可见，商法典的内容并不是像某些学者所说的那样和民法典大量重复，既然两者内容大都不同，又何来的"法律适用困难"。

第四，单行的商事法规固然可以调整具体的商事关系，但是，商法典或是商法总则的缺失就会使得诸多的单行商事法规失去了总体的协调。纵观法德日等国的商法典，除了一些调整具体的商事关系的法律外，都包括了商人、商行为、商业登记、商号、商事责任等一般性的总则性规定。如果缺失了这些方面的立法，而民法的总则性规定又无法对比民事关系复杂得多的商事组织关系和商事行为关系进行一般性的指导和协调的话，那么诸多的单行商事法就会显得纷繁杂乱，必然会影响到对现代商事关系的有效调整。试想，若民法失去了民法典总则关于民事主体制度、法律行为制度以及民事责任等一般性的规定，那么可想而知，民法关于物权，债权，家庭等方面的具体性规定也很难发挥良好的作用，商法亦是如此。民商合一的学者们所主张的制定诸多单行的商事法，用民法来调整和指导之，实际上是否认了商主体、商行为等商事基本制度的独立性，将民法中的民事主体、民事行为和商事主体、商事行为等混为一谈。

第五，将意大利等几个少数原先采用民商分立的国家后改为民商合一作为民商合一已经成为世界商事立法的趋势的论据，可见民商合一论者论断之荒谬。实际上，世界上采用民商分立模式的国家就达到 110 多个之多，分布于欧洲、亚洲、美洲、非洲。而采用民商合一的仅有意大利、丹麦、芬兰、挪威、瑞士、俄罗斯、蒙古、以色列等几个国家和地区，并且在美洲、非洲，几乎无采用民商合一模式的国家。因此，可以说，民商分立仍然是世界商事立法的主流。

从上可知，民商分立与民商合一两派学者都试图从理论上来驳倒对方，并且论证自身理论的合理性与优越性，双方之争鸣异常激烈。

（二）两种模式存在的现实意义

法律不仅仅是学术上的讨论，还必须服务于现实。作为调整商事关系的民商分立与民商合一这两种立法模式，是否能够在各自适用的国家和地区中发挥调整商事关系，促进当地商事健康发展的作用，这是判断这两种模式优劣的最重要的标准。

首开民商分立模式先河的法国，在 17 世纪以前是一个封建割据严重以小农为主的国家，其商业能力根本无法与当时的海上霸主英国和新兴的"海上马车夫"荷兰相比。到了路易十四执政时期，为了扭转法国商业落后的局面，增加国家财富，法国政府采取了重商主义政策。在这种背景下，法国政府颁布了陆上商事条例和海事条例。这两个条例的颁布，在很大程度上改变了法国各地商事习惯各异的窘境，为日后法国商业的崛起发挥了重要的作用。而在拿破仑颁布了《法国商法典》开创了民商分立的商事立法模式后，法国商业在近现代乃至当代都处于世界前列水平。采用民商分立模式较为典型的国家日本，其商业贸易实力亦名列世界前茅。由此可见，采用民商分立模式的几个国家商业贸易实力在世界都是位于前列，民商分立模式并没有像民商合一学者所说的那样不合时宜，会妨碍商业贸易的发展。

而采用民商合一模式的主要国家商业贸易状况又是如何？世界上第一个采用民商合一模式的国家瑞士是世界上最富裕的国家之一。作为自然资源贫乏、人口少的欧洲内陆小国，瑞士经济客观上受到国内市场狭小和资源缺乏的压力，但其经济发达程度仍然能够位居世界前列，主要原因还是在于瑞士的对外商业贸易。瑞士的产品及服务出口一直是其经济发展的一个重要动力。瑞士有 14 家商业贸易公司跻身世界 500 强企业，同瑞典和奥地利等国民生产总值相当的国家相比，瑞士大型跨国公司的数量遥遥领先。由此可见，瑞士的商业贸易实力还是十分强劲的。另一个采用民商合一模式的典型国家意大利是发达的资本主义工业国，其经济实力在西方世界居第五位，贸易实力亦位于世界前列。意大利的货物贸易排名位于世界第八，服务贸易排名位于世界第五。而在欧盟各国与环地中海国家的进出口商业贸易中，意大利所占份额最大，位居第一。因此，民商合一模式也并没有如民商分立学者所说的是一种混淆民商事关系完全错误的理论，会妨碍商业贸易的发展。须知，在现代市场经济时代，没有良好的商事法律法规，商业贸易的发展与繁荣是无从谈起的。所以，民商合一模式与瑞士等国的商业发达不无关系。

民商分立与民商合一，这两种相对立的商事立法模式在各自适用的国家和地区都很好地发挥了自身的作用，促进了当地商业贸易的健康发展与繁荣。可见，这两种商事立法模式都有着各自的生存空间，各自存在的价值。这也充分体现了世界各国商事立法的多样性。而对于如何来选择商事立法模式，以达到调整本国商事关系，促进商业贸易的健康发展的目的，则是取决于特定国家的具体国情。以法国选择民商分立模式为例，法国是近代理性主义启蒙运动的发源地，其民族特性崇尚对事物进行抽象思维，并设计出一种自认是完美无缺的体系，然后才根据这种体系来解决实际问题。这就决定了法国在立法上偏好法典化立法。[①]再加上法国中世纪以来封建割据造成的各地商事法规不一对法国近代商业发展的阻碍，以及当时法国统治者的政治需要，因此，分别制定民法典与商法典的民商分立模式在法国形成并得以发展。可以说，民商分立模式是符合法兰西民族的性格特征的，并且满足了当时法国商业发展的需要，迎合了当时统治者的政治需求。因此，这种民商事立法模式是符合法国特定国情的，也正因如此，民商分立模式因 1807 年《法国商法典》制定而确立后一直沿用至今。由此

---

① ［日］大木雅夫. 比较法［M］. 范愉译. 北京：法律出版社，1999：122.

可知，对商事立法模式的选择，必须从特定国家的国情、商事特点出发，正如日本比较法学家大木雅夫所说："每个法律制度的功能必须对照其社会、政治和经济的背景加以确认，在这种情况下，所谓法外的各种因素也必须纳入视野。"①

三、关于我国商法与民法关系不同观点的评析

随着我国社会主义市场经济体制的不断完善，商法与民法的地位日益凸现，随之，如何正确认识商法与民法的关系，便成为中国商法学发展道路上必须认真解决的现实问题。对于商法与民法的关系，学者们提出了不同的看法，主要就是民商分立与民商合一两种模式的讨论。但也有人认为：民商合一也罢，民商分立也罢，都只不过反映了立法者对于民法体系与商法体系的不同编纂技术而已。其实，这不单是一个简单的立法技术问题，而是反映出民法、商法在一个国家的法律体系中的地位和作用及社会价值等根本问题。

（一）商法是我国法律体系中一个独立的法律部门

按照法理学的一般常识，划分法律部门的标准主要是法律所调整的不同社会关系，即调整对象，其次是法律调整方法。笔者认为，商法是我国法律体系中一个独立的法律部门，原因如下。

1. 商法具有特殊的调整对象——商事关系

商事关系作为商法的调整对象，具有以下内涵：①商法调整营利主体，不调整非营利主体。②商法只调整营利主体的营利行为，不调整营利主体的非营利行为，即不调整营利主体所从事的与商事活动无关的行为。③商法所调整的营利主体在经营活动中所形成的关系，既包括商事主体的对外关系，也包括商事主体的对内关系；既包括国家对商事主体行为的监管所形成的关系，也包括商事主体与商事主体之间在交易过程中所形成的经济关系，还包括商事主体与权利人，以及商事主体与商事主体员工之间所形成的权利和财产关系。④商法所调整的营利主体的活动必须发生在持

---

① [日]大木雅夫, 范愉译. 比较法 [M]. 北京: 法律出版社, 199998.

续的营业之中，偶尔发生的营利行为不是商法调整的对象。

商法所调整的商事关系与民法所调整的民事关系在性质上存在着重要区别。首先，民事关系是平等主体的公民之间、法人之间、非法人的组织之间以及公民、法人、非法人的组织相互之间基于民事行为而形成的社会关系。这种民事行为既包括非经营活动，也包括经营活动。商事关系仅仅是商事主体实施商行为所形成的社会关系，基本主体是不包含有自然人特征的抽象的经营单位，商行为仅仅是经营活动，不包括非经营活动。其次，民事关系不仅包括财产关系，而且包括人身关系，如婚姻关系、家庭关系等。而商事关系主要涉及财产关系，不涉及与自然人相关的人身关系。再次，民事关系中的财产关系主要反映的是商品交换关系，重点是财产的支配权。而商事交易中的财产关系不仅仅包括商品交换，而且包括商品的生产和经营关系；不仅包括财产的支配权，更多的是财产的管理权、经营权。最后，民事关系重点强调的是主体的平等权利，即私法上的权利。商事关系不仅仅强调这种私法上的平等权，同时强调公法上的国家主体对商事主体的管理权，强调因国家管理所形成的各种关系，如商事登记管理、特种产品经营许可证的管理等等。

2. 商法具有独特的调节机制——营利调节机制

商法独立存在的价值还在于商法具有独特的调节机制——营利调节机制。商事主体从事商事活动讲究成本、重视核算、谋求投资回报、追求利润最大化，以营利为目的。"天下熙熙，皆为利来；天下攘攘，皆为利往"就是对商事主体趋利行为的真实写照。[①]而作为规范商事主体及其商事活动的商法则始终以为商事主体的营利活动提供法律上的保障为其主要宗旨，因此，商法具有其他部门法所没有的营利调节机制。从商法具体制度的设计来看，如公司法规定的股份有限公司、有限责任公司，海商法规定的船舶，以及其他商事基本法的大部分规定，都允许自然人和企业自由经营，并充分利用票据、股票、债券、"保险"等手段，以达到营利的目的。

---

① 雷兴虎. 商法学教程 [M]. 北京：中国政法大学出版社，1999：20.

总之，无论是过去、现在、还是将来，商法都有自己独特的调整对象和调节机制；无论是承认民商分立的国家，还是承认民商合一的国家，客观上都存在实质意义上的商法。商法不是依人们的主观意志存在和发展的，它是商品经济发展，尤其是市场经济发展的必然选择，因而，商法是我国法律体系中一个独立的法律部门。商法与民法一样，是我国私法领域的两项基本法，是两个并行地、互相规定不同的法律部门，共同实现对经济关系的调整。那种认为商法不是一个独立的法律部门，而赞成"民商合一"论的观点是错误的。

（二）商法不是民法的特别法

有不少学者持这样的观点：商法是民法的特别法，民法与商法之间的关系是一般法与特别法的关系。那么，这种观点是否正确呢？对此，笔者作以下分析。的确，"商法是民法的特别法"的观念是如此根深蒂固，甚至在商法首次取得独立地位的法国，当时人们也都是把商法看作是民事法律原则、制度的补充或变更，是体现民法制度的特殊性的法律。导致这一观念的原因或许很简单，在民法法系国家，罗马法太完善了，民法理念太深入人心了，以致人们事实上已经意识到商法独立立法的意义及商法分立的必要性，并且事实上已经在民法典之外另立商法典，但在感情与观念上仍不愿承认民法被"分割"的事实，仍视商法为民法特别适用的法律。实质上，把商法视作为民法的特别法有着深刻的根源：是简单商品生产完善法的法律理念影响既深且广的结果。另外，当时商品经济尚不十分发达，商法观念欠成熟，也是因素之一。

简单商品经济是商品生产者以生产资料私有制和个人劳动为基础的，生产和出卖商品是为了重新购买其他商品，以满足自己的需要。生产者是家庭人，出卖商品者是家庭人，重新购买商品满足需要的对象仍然是家庭人。在简单商品经济条件下，家庭、家庭人、商品交换是一个整体，出卖商品是为了重新购回自己需要的商品，在这种经济基础上产生的法，被马克思称为简单商品生产完善的法。从罗马法到《法国民法典》都是适应这种需要制定的，其具体规定都是从家庭开始到家庭取得财产的方法的简单商品生产的完整的构想。可见，把市场交易关系作为家庭取得财产的一种方法，是简单商品生产的本质特征。而这种与家庭相联系，并以简单商品交换为特征的市场交易关系，其目的是为了满足所有人的生产和生活的消费，而不是在生产的基础上追求价值的利益。民法作为简单商品生产完善的法，对这种交易关系作了充分的反映。因此，由把简单商品生产理念法典化的民法来调整这种简单的商品交换是完全可以胜任的。

然而，随着商品经济的发展，伴随着社会经济结构发生了变化，交易形式也多样化起来。在简单商品经济条件下没有的现象，现代商品经济条件下出现了，并且层出不穷。随着市场从集贸市场到区域市场、全国性市场、国际市场，从现货市场到期货市场，从有形市场到无形市场的发展，现代商事交易远非民法所规范的现货交易或钱货两讫的现款交易，而是复杂的交易组合体：既有现货交易又有远期交易，既有现款交易又有信用，既有经销又有代销，还有租赁、担保、拍卖、信托等。另一方面，现代商品生产是从货币到商品再到货币增殖，根本不同于以家庭为本位的从商品到货币再到商品的简单商品运动。商品交换的本质从"为了消费"发展成"为了营利"，并且逐渐建立起了一整套为了最大程度运用资源的市场机制。在这种情况下，发达的商品交换关系再由民法进行调整已经不能胜任。这种商品交换关系或商事关系需要有新的法律部门——商法来进行调整。对于社会化大生产条件下的现代商品经济，商法为其设计了一整套法律制度。商法的全部法律制度都是着眼于为商事主体的营利提供法律上的保障，商人、商行为、公司、票据、保险、破产、海商、信托等法律制度，无一不打上"保障营利"的烙印。随着电子通信与计算机技术的飞速发展与广泛应用，有学者甚至断言："21世纪的商法，将是一个以电子商务法占主导地位的商法时代。"[①]由此可见，随着社会经济的发展，随着法理念的更新，商法与民法已成为调整性质截然有别的社会关系的两种根本不同的法律。这能说商法是民法的特别法吗？

商法具有不同于民法的独立起源，其起源于欧洲中世纪商人习惯法。"《民法典》里没有商法的简单原因是商法没有当成'民法'来看待，商

---

① 张楚. 电子商务法初论 [M]. 北京: 中国政法大学出版社, 2000: 41.

法已经形成它独特的法律传统，它没有明显的与罗马法有关联的祖先。"①
这使得"现代资本主义法律制度中的任何特点都不是来自罗马法的，例如
年金债券、无记名证券、股票、汇票、现代资本主义形式的贸易公司、作
为投资的抵押等等。强调这一点并不是什么无关紧要的事情"②。这能说商
法是民法的特别法吗？

由于商法以保障商事主体的营利为其主要宗旨，因而效益便成为其主
导价值。反观民法，其立足点不在于主体的额外价值获得，而在于"发挥
着协调各种利益冲突的调节器的功能"③，因而，公平是民法的主导价值。
这能说商法是民法的特别法吗？

从法律规范的稳定性来看，由于商法规范本身必须及时反映现实商事
交易活动之需求，而商事交易活动的内容和形式又是不断变化和演进，因
而商法的修改一般都比较频繁，体现出法律的进步性。相对而言，由于民
法出自根深蒂固的、源远流长的一般社会生产和生活，因而各国民法则具
有固定性和继续性，往往沿袭援用。这能说商法是民法的特别法吗？

从法律规范的强制性来看，民法规范表现为以任意性规范为主，处
于平等地位的双方当事人完全以自愿原则参与私法交往，并在行为形式、
内容范围甚至法律适用方面享有很强的自主性和自由意志性。而商法规范
原则上表现为任意性规范和强制性规范相结合，并且具有较多的强制性规
范，其中对商事主体的交易行为的规制基本采用任意性规范，而对商事主
体的组织行为则原则上采用强制性规范。这能说商法是民法的特别法吗？

从法律规范的空间范围来看，民法规范注重各国固有的传统，因而具
有较强的地域性、民族性。而商法规范则往往超越国家、民族、地区的界
限，在内容上具有明显的共同性和相容性，从而使其具有鲜明的国际性。
这种特征在古代及近现代的商法规范中均有表现，并呈日益强化态势。正

---

① ［美］艾伦·沃森. 民法法系的演变及形成［M］. 李静冰，姚新华，译. 北京: 中国政法大学出版
社，1992: 166.

② ［美］彼得·斯坦，约翰·香德. 西方社会的法律价值［M］. 王献平译. 北京: 中国人民公安大学出
版社，1990: 149.

③ 梁慧星. 民法总论［M］. 北京: 法律出版社，2001: 38.

因为如此，所以有"国际商法"的概念，而无"国际民法"的概念。另外，我们应该注意到这样一种现象，即国际社会在制定有关贸易的国际统一法时，并没有将"商事"与"民事"搅在一起，而是将两者予以科学的区分。例如，1994年问世的由国际统一私法协会制定的《国际商事合同通则》，对"商事合同"的限定并不照搬某些法律体系中对"商事"和"民事"、当事人和/或这两种交易的传统界定，"商事"合同的适用仅依赖于当事人是否有正式的"商人"身份和/或交易是否具有商业性质。这就将"消费者合同"排除在"商事合同"的范畴之外，并且，该通则假定对"商事合同"应在尽可能宽泛的意义上来理解，它不仅包括提供或交换商品或服务的一般贸易交易，还可包括其他类型的经济交易，如投资和/或特许协议、专业服务合同，等等。这能说商法是民法的特别法吗？

商法以经济上实用为依归，它以独特的形式反映了商品经济的内在规律，其内容包含有大量的技术性规范，而与民法中偏重于伦理性规范的特点迥然不同。这能说商法是民法的特别法吗？

从法律规范的性质来看，尽管商法和民法都属于私法，但"私法公法化"现象在商法领域显得尤为突出。商法较之民法是一个受公法限制和干预较多的私法领域。这能说商法是民法的特别法吗？

从主体来看，商事主体以企业为主，民事主体以自然人为主。商事主体具体不同于民事主体的显著特征：商事主体本质上是某种法律拟制主体，它具有与民事主体不同的权利能力和行为能力；商事主体是以营利性活动为营业的主体；商事主体又是商事法律关系的当事人，是商法上权利义务的承担者。这能说商法是民法的特别法吗？

从具体的法律制度来看，商法与民法几乎在所有重要的制度上，都有本质区别，例如，买卖制度、有价证券制度、代理制度、商品运输制度、破产制度，等等。这能说商法是民法的特别法吗？

上述一连串的事实只能向我们表明一个道理：商法不是民法的特别法。在商事关系高度发达的今天，再把商法视为民法的特别法是不科学的，这十分不利于商法制度的完善和商法观念的形成，不利于现代市场经济特别是我国社会主义市场经济的发展。

第三节　我国民商分立与民商合一的现实选择

党的十一届三中全会召开是中国进入新时代的标志性事件，在这次会议上，党和国家不仅确立逐渐推进改革的方针政策，更是实现了意识形态方面的大突破。在此之前，国民的意识形态受个人崇拜和极"左"思维的影响，落实在实践上则表现出浮夸主义，国家的决策也没有从本国实际情况出发，导致众多悲剧的发生。党的十一届三中全会之后，"实践是检验真理的唯一标准"的口号提出，具有中国特色的社会主义道路逐渐拓宽，国家的决策活动也逐渐摆脱极"左"意识形态的影响，本国的具体国情取代意识形态的教条而成为国家决策的依据。

国家决策依据的变化在法制建设领域的突出表现是为了促进国民经济的发展，调动发展经济的积极性，调整相关经济关系，规范相关社会关系的法律逐渐制定出来，国家运行逐渐被纳入法治的轨道，国家社会运行的方方面面逐渐形成有法可依的状态。

在法治建设的过程中，相关的决策活动以本国国情为基础。这不仅是实践中国特色社会主义道路的必然要求，也是保证法治建设有序进行的根本保证。法治建设唯有以本国的国情为基础，才能让法律发挥真正的作用，才能为整个社会的良好运行创建完善的平台，才能让法治成为保障中国梦实现的支柱性力量。当前中国法治建设要以本国国情为基础，不仅表现在宏观的法治规划方面，还表现在相关制度的具体安排上。而在当前民法典实施的背景下，虽然我国民法典具有民商合一的特点，但随着经济的发展，民法和商法的关系的具体安排也要以我国的国情为基础，在充分考虑法治因素和非法治因素的基础上做出恰当的安排。

在我国民法典编纂过程中，立法机关加强了对商事规则的科学安排，促进现代市场的体制建立，普及经济活动的制度意识。这正基于商法这一私法的特殊化要求（注重秉持效率和交易安全）来设置交易活动秩序，关怀交易主体之间的商事生活，从而规范适应当时社会经济文化发展的需要，以求解决交易活动中的纠纷事务。从我国民法典编纂进程和实施情况来看，民法总则在处理一般法与特别法关系上，特别强调"法律另有规定的，依照其规定"，旨在民法典总则中明晰相关商事规则的法律适用。

实质上，我国市场经济中已大量存在商事规则（如传统民法、经济法、行政法中存留诸多协调商事交易主体及其所从事商行为活动的法律法规），而且大批量的特别规则也以商事单行法形式陆续实施，如公司法、证券法、票据法、商业银行法、保险法、海商法中的一些商行为规范。在法源意义上，商事规则无外乎来自实践而非立法程序制定的商事习惯法，需要充分了解实践中存在的那些商业行规和商事惯例；在法律用语中，商事规则还应具有特定含义，不只是生产和流通领域行为的交易规则，更主要是为了营利而将生产和流通行为与经营联系在一起。如果民商学界能够充分意识到商事规则的治理结构，即市场秩序"是由自有商业实践而非法律创造"①，那么通过民商合一下的民法典编纂来"建立和实施有关财产法（财产权保护）和合同法（交易秩序）的商事规则对其体制发展至关重要"②。

在实践中，民法典编纂工作一度掀起了商事立法研究的热潮，但我国民商合一的立法格局奠定了民法典编纂要对商法规范（规则）作出应有的安排，其法典化编纂等于是把那些能纳入或本应纳入法典中的特别规则进行逻辑整合，并在民法典之中按照法典的体系化对各个法律关系加以规范。从现代商事契约行为所促生的理性规则角度观察，法规范构造系属经验性与规范性因素上的类型结合：一方面，商事规则应作为一种交易契约之间的行为习惯（规则）履约所形成的理性法内核，特别是现代企业间契约（合同）行为的特殊规则；另一方面，商事规则被视为一种交易契约之间的共同条款（规则）履约机制，即保持形成与其从事商品经济社会的性

---

① James W. Hurst. Law and Markets in United States History: Different Modes of Bargaining among Interests [C]. University of Wisconsin Press (1982).

② Bruce L. Benson. The Spontaneous Evolution of Commercial Law. [J] Southern Economic Journal. Vol. 55（1989），pp 644-661.

质和规模相适应的（法律）形式。

　　这样一来，我国民法典编纂要在统一私法法典化层面实现民商合一，必须"在法典编纂过程中处理好民法与商法的关系"①，必须面对现行民商事立法因产生时期与法制要求不同而存在差异问题。即，民法典编纂不仅需要遵循广义上的私法理念、兼顾民商分立（或民商分离）的现实需求，还要通过加强现有民商事法律的具体制度和法律关系之间的逻辑与体系整合，尤其强调民法典作为一般法解决普适性问题，由商法作为特别法来规制那些在主体、权利、行为或责任方面的特殊问题，以致消除矛盾、弥补漏洞，由此形成一般法与特别法构成的民法大体系，最终制定一部相对式的、民商合一的民法典。实践表明，民法典编纂能解决我国社会最普遍的人际关系（包括以合同法为代表的体现最一般交易规则的动态财产秩序）之法律调整问题，且能为各自然人和组织体（或企业）的基本权利提供系统化法律保障。

---

① 参见崔建远. 编纂民法典必须摆正几对关系 [J]. 清华法学, 2014（06）: 46-48; 李媛. "罗马法·中国法与民法法典化"国际研讨会举行——杜万华出席并讲话 [N]. 人民法院报, 2014-09-27. ——笔者注

第六章　国外处理民商关系的模式借鉴

当今世界上任何一个国家在制定和修改民事法律时，都重视比较法的研究，力图从不同的社会制度、不同法系的各国法律文化和立法经验中吸取营养。我国民法典已经编纂成功并实施，但是，随着我国社会主义市场经济的不断发展，民法典需要不断地完善，商事立法也需要理性的、科学的思考，因此，自然要参考和借鉴美、英、法、德、瑞、意、日等发达国家民商事立法的成功经验。

本章从国外商法现状入手，阐述世界两大法系处理民商关系的模式，主要是对国外大陆法系国家以及英美法系国家中较有代表性的商事立法例的产生、发展以及现状进行概括性的介绍，并在此基础上对所列举国家的商事法规的立法现状与存在的问题进行客观的评述。其中，对英美法系国家中商法体系发展最为完备的英、美两国商事法规加以列举与说明；对大陆法系国家采用独立商法典模式的法国、德国、日本的商法典进行了详尽解读；对大陆法系民商合一模式的代表国家瑞士与意大利的民法典也作了较为系统的阐述。笔者希望通过对上述国外处理民商关系的模式借鉴，为我国未来的商事立法与研究提供些许理论参考。

第一节　国外商法现状

欧洲中世纪商业的发展和商人组织的出现奠定了近代商法与传统民法分离的基础。商业的发展和商品经济的发达不仅是对传统生产方式和经济形态的超越，同时也必然产生对传统法律体系和法律观念的超越。商法作为独立法律部门的出现便是这种超越的结果和具体体现。民商分立由此形成。至19世纪商事立法及其法典化，民商分立取得立法首肯便成为了最自然的事情。

在当今西方各国，采用民商分立体例的国家大大多于采用民商合一的国家，欧洲主要国家如法国、德国、意大利、荷兰、西班牙、葡萄、比利时、卢森堡、希腊等均制定有商法典，另如亚洲的日本、韩国等国，拉美的墨西哥、秘鲁、阿根延、乌拉圭等国，非洲的埃及等国，也制定有商法典。

民商分立又有以下三种模式。

一是商行为模式，又称作客观主义模式（或称法国模式）。1807年颁布的法国商法典是在路易十四时期制定的商事救令和海事救令的基础上，经过富有创造性的编纂整理而成的。其特征：第一，它是近现代商法的始祖，是人类有史以来的第一部商法典。第二，它开创了民商分立的立法先例，并因此而将私法的立法技术提高到一个新的发展水平。第三，改商人法为商事行为法。即，围绕商事关系的确定，采用单纯意义的客观主义标准这种模式认为，只要行为的性质属于商行为，无论行为人是否是商人都认定为商行为而适用商法。该法典是近代商法典的始祖，对欧洲大陆乃至其他洲的国家的商法典的制定产生了巨大的影响。

二是商人法模式，又称为主观主义模式（或称德国模式）。1861年德国制定普通商法典（1900年生效），成为典范。第一，该部法典的制定，曾经历过长时间的理论酝酿与立法实践探索，并因此使其所采用的立法技术客观上甚为精到。第二，该部法典以奉行新主观标准见长，进而有效地扼制住了在商事关系确认方面已出现的"政治泛化"倾向。第三，新主观主义标准的采用，使德国的商法典既获得无与伦比之稳定性，又使其社会影响远大于法国商法典。世界各国，直接或间接以德国商法典为模式。仿效编制或修订本国商法典，或制定商事法规的国家，主要有瑞典、奥地利、挪威、丹麦等。该法典采用客观主义原则，以商行为观念为其立法基础。该模式认为，同一行为，商人所为，适用商法，非商人所为，则适用民法或者其他法律。

三是折中商法模式，又称客观主义和主观主义相结合模式。以日本商法为典型，该模式将商行为观念同时作为其立法基础。日本商法经历了旧商法与新商法的变迁，尤以1899年的新商法典具有典范性，原因在于该法典所具有的特色及该法典得以产生的思想与文化基础变化。它在继承日本传统商事习惯的基础上，主要效仿1897年制定的德国商法典，同时还吸收了法国商法、英国商法的部分内容。

当今采用民商合一模式的国家有瑞士、意大利、泰国等。采用这种模式的国家实行民商合一的立法模式，即只制定民法典，而不再另定商法典。它们将商法的有关内容作为民法的重要组成部门，或者制定民法典，或制定单行法。此外，英、美诸国本无民法典，也就谈不上民商合一或民商分立，英美法系商法则被认为是英美法中的精华。属于这一商法体系的，除英国和美国外，还包括澳大利亚、加拿大、印度以及原英属殖民地国家如新加坡、马来西亚等国。其中，英国和美国商法无疑是这一法系中最具有代表性的商法。为了克服州际商法差异对商事交易带来的不利影响，美国力谋各州商事立法之统一。虽然，美国没有民法典，但是却有示范性质的统一商法典。1952年，美国第一次颁布了统一商法典。英国则是采用单行商事法，有公司法、合伙法、票据法、破产法、证券法、保险法、海商法、买卖法等。

第二节　世界两大法系处理民商关系的模式

一、英美法系私法中的民商关系模式

（一）英国私法中的民商关系模式

英美法系是当今世界很有影响力的法系之一。英美法系的主要制度创制于英国。英国现今流传的法律制度起源于1066年的"诺曼征服"。1066年诺曼底公爵威廉一世征服英格兰之后，模仿欧洲大陆的封建制度，在英格兰全面推行改革，自此开始，和大陆法系私法概念相当的英国财产法制度开始形成。

在诺曼公爵建立封建制度后的三百年间，英国的财产法制度虽然逐渐形成，但并没有民法和商法的分野。这主要是因为当时英国的封建制度刚刚建立，正处于上升期，封建制度稳固，领主之间的层层分封关系十分明确，商品经济关系十分不发达，再加上英国当时的国力十分虚弱，也不是欧洲贸易的核心地区，因此当时英国财产法的主要内容是与土地相关的法律制度，并无民法与商法的关系问题。

　　在英国，民法与商法的关系问题逐渐凸显是在16世纪。16世纪中期，随着英国中央政府权力的逐步加强，国力的渐渐提升，再加上封建制度逐渐松弛，人身依附关系逐渐松动，人口流动大规模产生，商品经济关系逐渐发达，并产生出建构商法制度的需要。在英国，最早产生制度创新需求的是土地关系领域。

　　16世纪英国封建社会进入成熟期，因隔绝于欧洲大陆的地缘优势，英国国内的社会局势相对稳定，再加上英国先后几任国王加强中央权力，使得中央政府的制度建设逐渐体系化。随着中央政府体制建设逐渐完善，英国的官僚体系逐渐形成，大量的封建领主被调往伦敦担任职务，逐渐产生了封建领主和领地相分立的状况。再加上游学风潮的兴起，整个社会对金银等非土地财产的需求逐渐加大，将土地变现为货币等价物的需求越来越强烈。

　　最早突出英国既有的普通法传统而创制的商事制度是信托制度。在传统的普通法中，因稳定封建关系的需要，国王和他派出的法官在司法实践中严格限制封建领主转让领地，以使封建领主能有效地履行封建义务，保障国家税收稳定。但后来，随着封建关系逐渐松弛，领主逐渐与其领地相分离，因此，逐渐产生了转让领地的需要。在现实中发生了大量转让土地的案件，而传统的普通法不能对这些社会关系进行有效的调整，国王出于收取诉讼费、增加国家财政的需要，派出非普通法法官去审理这些案件。审理这些案件的法官则从衡平法"衡平"的特点出发，按照公平的原则审理相关案件，随着司法实践的逐渐积累，一套不同于普通法的衡平法制度逐渐创立，信托制度逐渐奠定，英国法治中民法和商法分立的局面逐渐形成。

除了信托制度外，衡平法的发展直接导致了英国公司法，如用益权、赎回权等多项重大制度的创建，而这些制度的创建对英国商事活动的发展、商业的兴盛产生了十分积极的推动作用，并间接促成了大英帝国商业体系的形成。这种民法和商法分立、普通法和衡平法并行的传统一直延续到了近代。

19末20世纪初，随着工业革命影响的逐渐扩大，再加上领土广阔的大英帝国的形成，世界性的商业体系的建立，英国政府面对的法律问题越来越复杂，衡平法的制度规定越来越庞杂，普通法和衡平法的分野越来越大，对英国法治进行改革的呼声越来越高。在这种背景下，英国政府着手进行法治改革，逐渐推进衡平法与普通法的统一。

英国普通法和衡平法的统一是从司法到立法逐步推进的，最早是从普通法院和衡平法院的统一开始的。英国普通法院和衡平法院的分立始于普通法和衡平法的分立。普通法和衡平法都源于国王，都以王权为保障，但自衡平法创立以来，衡平法和普通法就由不同的人员执行，后来随着法官制度的完善、法院制度的建立，这种分立的状态一直存在，一直延续到19世纪。

19世纪晚期，随着民主制度的建立，平等主义思想的流行，经济上贵族与平民之间的差距越来越小，此前主要为贵族服务的衡平法逐渐失去了独立存在的价值。19世纪70年代，英国议会通过了《司法改革条例》，在该条例中，英国理顺了各个层级法院之间的关系，也对星座法院等刑事法院与衡平法院，普通法院等民事法院之间的关系进行了调整，衡平法院和普通法院的融合逐步开始。

到20世纪70年代，英国政府正式着手调整普通法和衡平法的关系。在此之前，衡平法因沿袭其纠正和补充普通法不足的特征，因而具有超越于普通法的地位，但1970年英国政府通过立法，强调普通法和衡平法具有平等的地位，衡平法不得再突破普通法的原则，法官在此之后不得仅仅依靠公平等抽象的原则审理案件，衡平法的制度内容逐渐成熟，制度体系逐渐稳固，衡平法和普通法二元平等的关系形成，作为民事法律代表的普通法和作为商事法律代表的衡平法获得了平等的地位。

（二）美国私法中的民商关系模式

英美法系的另一个代表国家是美国。美国法制和英国法制之间有源远流长的历史传承——美国法的主要内容继承了英国法的制度，但自从美国独立以后，美国法走上了不同于英国法的道路。

美国法不同于英国法的最大特点是在法律渊源上，制定法占有十分重要的地位，而且法律学者在立法方面具有突出的作用。

在美国建国之初，政治家就以联邦主义作为立国的根基，中央和地方政府之间的权力划分就明确地记载在宪法之中。根据美国宪法的规定，商法中的银行、保险等法律属于地方政府立法权，而证券等法律则属于中央政府立法权，而有关交易的法律则因袭英国法制的既有制度，但衡平法与普通法之间的分别则越来越少。

进入19世纪后，虽然美国中央政府的权力逐渐加强，但在民商事法制建设方面，地方政府仍然具有更大的决定权。在民事制度方面，除了沿袭英国的普通法传统外，美国因为其浓厚的清教传统，再加上国土面积十分广大，因而使得"习惯"在调整国民生活方面发挥着十分广泛的作用。

而自19世纪70年代以来，随着美国的贸易在国际上的地位越来越突出，再加上基础设施的建设使得美国国内贸易越来越发达，又因为商事活动本来就以效率为第一价值次序，因此，在美国要求商法统一的呼声越来越高，但因为美国具有极强的地方自治传统，再加上强大的市民社会力量，虽然商法统一的呼声很高，但在联邦政府层面并未形成相关的立法动议，商法统一的需求主要在地方政府和法律学者的配合下获得满足。

在20世纪初，美国法学界"法律统一"的思想广为流传，而美国法学会也组织相关专业的学者展开示范性法典的起草工作，并推动地方政府通过相关法典，使相关法典成为全国通行的法典，在这些法典中，最为典型的是《美国统一商法典》。美国学术界促进商法统一的历史十分悠久。在19世纪末，美国学术界起草了同一流通票据法、统一交易法等法律法规，但这些法律仍然十分零碎，到了20世纪40年代，美国统一州法委员会和美国法学会正式着手起草统一商法典。1952年，《美国统一商法典》第一草案形成，美国法学会逐渐推荐各州使用，1957年、1958年、1962年、1972

年，美国法学会又发布了该法典的其他文本，而到1968年，除了路易斯安那州之外，美国其他的49个州都通过了这一示范性法典，美国基本上实现了商事法领域的统一。和商法领域法律规范的逐渐统一不同，在民事法律上，美国长期延续英国法制传统，不成文的判例法一直居于主导地位，没有形成系统化的法律制度，相关规则相对零散，形成了民法与商法二分的局面。

在英美法系中，在经历了长时间的历史变革之后，私法体系中虽然逐渐形成了民法和商法二分的局面，但因为英美法系法律渊源十分复杂，再加上英美法系的法律制度相较于大陆法系的法律制度具有相当的灵活性，因而，英美法系私法体系中民事和商事法律制度在保持二分局面的基础上，有逐渐融合的趋势，但这种法律制度的融合不同于大陆法系民法制度的商法化，而是以实用主义为最高的指导原则。

二、大陆法系国家（地区）私法制度中的民商关系模式

大陆法系是世界上影响最大的法系，在世界上采用大陆法系法律制度的国家（地区）最多，范围也最广，而所谓的民商关系问题也最早在大陆法系国家（地区）内展开讨论。而在立法实践中，大陆法系国家（地区）在处理民商法关系时形成了三种典型的模式，分别是形式意义上的民商分立、形式意义上的民商合一、实质意义上的民商合一等三种模式。

（一）形式意义上的民商分立

形式意义上的民商分立是指在私法体系中存在民法典和商法典两部法典，民法和商的相关内容被编制在两部独立的法典之中，大陆法系国家，采用形式意义上的民商分立模式编制建构本国私法体系的国家占绝大多数，代表国家有德国，法国，日本等。

在法国，法律制度的法典化始于拿破仑执政时期，但法典化的前提条件是在波旁王朝时期奠定的。在波旁王朝时期，法国国王路易十四为了强化中央权力，削弱地方贵族的势力，法王逐渐推进社会习俗的统一，并为此而与贵族展开了激烈的权力斗争。

法国大革命以后，波旁王朝结束，法国政治剧烈动荡，直到拿破仑上

台后，编制统一法典的政治基础才逐渐奠定。在拿破仑上台以后，为了实现全国社会习惯的统一，统一国民的意识形态，立即着手编订法典，主要编订了民法典、民事诉讼法典、刑法典、刑事诉讼法典、商法典等五部法典，而自此以后，法国法制传统中民法和商法分立的局面全面奠定，一直延续到今天。

继法国之后，另一个采用形式意义上的民商分立模式的国家是德国。德国编订统一法典是出于和法国相同的原因，即编订统一的民法典是为了同一国家的社会习俗，制定统一的商法典是为了促进本国经济的发展。

除法国和德国外，另一个采用形式意义上的民商分立模式的国家是日本。日本自1860年开始逐渐向西方国家学习法治，而日本最早的学习对象是当时欧洲法治已经十分成熟的法国。在19世纪70年代日本在学习法国法律制度的基础上逐渐形成了具有本国特色的法律体系。19世纪90年代，日本基于国家富强的目的逐渐转变学习的对象，将法律母国逐渐由法国切换为德国，并按照德国法律体系的模式重组本国原有的私法体系，形成了法典条文为法国法，法典结构为德国法的法典模式，而在民法和商法的关系上，继承了法国和德国的形式意义上的民商分立模式。

在大陆法系国家，采用形式意义上的民商分立的国家在数量上占绝对的多数，但这种模式也是最缺乏制度创新的模式，因为这种制度模式是对中世纪民商关系模式的继承。在中世纪，统治人们日常生活的习俗主要以宗教习俗为基础，而商法则是在具有高度自治权的城市产生的，因而商法和民法具有完全不同的社会基础。具体来说，民事法律是建立在人们日常交往的需求之上，而商法的产生则是建立自由追求经济利益的基础上，因此从一开始，民法和商法的规范就不想同，只是后来随着市民社会的扩大，民族国家的形成，商法和民法的基础才逐渐的统一。

（二）形式意义上的民商合一

形式意义上的民商合一是对形式意义上的民商分立模式的改进，是西方小国在本国社会实际的基础上，修正形式意义上的民商分立模式而形成的，主要的代表国家为荷兰和瑞士。所谓形式意义上的民商合一是指在民商法典的编纂上，只编订一部民法典，但在法典中，民法典和商法典的条文分开，即按照有关的原则，将民事法律和商事法律的相近条文综合在一部法典中，便于法律实践者使用。

在大陆法系国家中，私法立法模式采用形式意义上的民商合一的国家并不多，主要是欧洲的小国，而这些欧洲小国在法典编纂中采用形式意义上的民商合一有其独特的历史文化和社会现实。

瑞士是形式意义上的民商合一模式的创立者。瑞士在19世纪编纂统一民法典的时候就采取了有别于法国和德国的法典编纂模式。19世纪，瑞士经济高速发展，各邦之间的经济联系更加紧密，联邦内法治统一的呼声越来越高。19世纪70年代，瑞士联邦在各邦授权之后获得了编纂统一法典的权力，联邦政府的相关部门也开始组织起草统一法典。在瑞士，法典的统一工作是在整理原来旧有法治的基础上进行的，因此持续的时间很长，直到1907年，统一的民法典才编纂完成。在瑞士民法典中，突出体现了民法典形式意义上的民商合一原则的是《瑞士债务法》。在《瑞士债务法》当中，有关担保，留置等民商事法律都有涉及的法规往往被整合在一个法条之下，民事规则作为一般规则往往是该条的第一款，而商事规则作为例外规则往往是该条文的第二款。这样的法典编纂方式不仅十分节约立法资源，给实务工作者带来了极大的便利，更开创了世界上法典编纂的新模式。《瑞士民法典》之所以采用形式意义上的民商合一模式不仅仅是出于法治创新的需要，更是因为在经济生活中，瑞士的支柱性产业是金融行业，而其他商事行业并不十分发达，没有单独创制商法典的需要，只要将与金融相关的合同，担保等相关法律问题整合在民法典当中即可。

另一个在形式意义的民商合一上做出突出贡献的国家当数荷兰。荷兰是航运业十分发达的国家，金融业也是荷兰的支柱性产业之一。因此荷兰在20世纪下半叶编订的新的民法典当中不仅将与金融相关的合同，担保等相关内容统合到合同法之中，更将有关交通运输的法律编订在民法典第七编。这样的法典编纂模式不仅突出的体现和形式意义上的民商合一的体例模式，更是开创了公法和私法融合的新局面，突出体现了法典实用性的特点。

（三）实质意义上的民商合一

在大陆法系国家（地区），除了形式意义上的民商分立和形式意义上的民商合一外，尚有实质意义上的民商合一这种法典的编纂模式。实质意义上的民商合一模式是指，在私法领域仅编纂统一的民法典，而不编纂商法典，仅编纂商事单行法，而将与民事法律相近的商事法律编纂到民法典当中，但对这两种法律不做普通法和特殊法的区分，统一规定一种制度的法律模式。

总的来说，世界上两大法系虽然在立法体系，司法制度，法院设置等方面存在诸多的区别，但在如何处理民法和商法的关系上，两大法系具有极高的相似性，即以民法和商法的分立作为处理民法和商法关系的基本原则，而以民法和商法的合一作为处理民法和商法关系的例外。从原因上看，在处理民法和商法关系时，采用民商合一的国家（地区），或者是受限于某种一成不变的历史传统，或者是受激进意识形态的影响。总的来说，在当今世界，在处理民法和商法的关系时以民商分立为主流，以民商合一为例外，而民商合一的产生又是特定历史原因作用的结果。

第三节　部分国家商法典的制定及其与民法典的关系

一、英美法系国家商事立法模式

在美英法系的商事法规之中，以英美两国的商法最具有代表性。由于二者同源于英国法，故其总体的法律渊源则主要由习惯法与判例法所构成。而在商事法领域内，除了商事习惯法与判例法以外，商事成文立法也占有一定比重，而且三者皆受普通法与衡平法支配。这是因为19世纪中期欧洲大陆各国的商事法典化浪潮也波及了英伦半岛，加之中世纪商人法思想在欧洲各国之间具有广泛的影响力，也就使得当时在英国国内相续诞生了多部商事成文法规，例如1882年颁布的票据法、1885年的载货证券法、1890年的合伙企业法以及1893年的商品买卖法等都采用的是成文法形式。虽然英国商事法规体系中存在着许多成文制定法，但这些成文制定法规本身还需要进行解释与说明，而其文义也只有通过法院判例的解释才能得到明确，在商事领域之内制定法还是要受制与依附于判例法。

作为英国海外殖民地的一部分，英国殖民者在北美洲也大力推行他们本国的普通法法律体系，并将在当时发展较为完备的本国商人法也带到了那里。美国在独立战争以后为了维持已有司法体系的延续性与稳定性，新政府继受了原有的英国普通法律体系。到了19世纪以后，商事立法也开始在美国本土盛行起来。由于美国宪法赋予了各洲独立的立法权限，致使各州之间的商事法规立法的内容极为不统一，这给当时美国州际间的商事交往活动带来诸多不便。19世纪末受到欧洲大陆法系国家以及英国法典化的影响，美国也开始了着手制定统一商事成文法的相关工作：从1896年起的三十多年间先后制定并颁布了统一流通票据法、统一买卖法、统一仓库收据法、统一股票转让法、统一提单法、统一附条件销售法及统一信托收据法等一系列商事成文法规，在1952年，这些法规经美国统一州法委员会与美国法学会统一整理修改之后重新整合编纂为统一商法典。统一商法典分别由总则、买卖、租赁、商业票据、银行存款和托收、信用证、大宗转让、仓单、提单和其他权利凭证、投资证券、担保交易等十编构成。由于其制定机构的性质非国家立法机关而是属于民间社团组织，因此，其也并非传统意义上的法典，但因为在实际司法适用上具有一定的权威性与实用性，使得其在全美境内50个州公布生效，并得到多数州立法机关的认可。

时至今日，统一商法典已经经历了多次修改，而且每次修正案在各州通过与实施的情况也有所不同。例如，在1989年对于该法典第六编中的关于批量销售的一些过时性条款的修改议案就已被45个州所采纳；在2003年针对法典第二编的修订的议案则因为没有被任何一个州通过，于2011年最终被撤销；最近一次对该法典的修改工作是在2010年进行的，美国统一州法委员会与美国法学会建议适度修正第九编的相关规定，该提议一经出台就立刻被多个州所接受，并统一于2013年7月1日开始生效。此外，为了解决法典模式变化速率慢于商事活动的情况，美国还在不同时期制定了州际通商法、破产法、公司法、反托拉斯法等一系列商事法规，并根据商事活动的变化而不断的增补与完善。根据不完全统计，美国联邦政府与各州在2012年共生效各类法案达到数万项之多，而其中大部分都涉及了商事领域。

澳大利亚、新西兰、加拿大、印度、新加坡、马来西亚以及我国香港地区也因曾经是英国的殖民地的这一特殊历史渊源而继受了英国商法体系。这些国家与地区在英国法的基础之上，在不断发展的过程中又融合了自己的商事习惯和法律，并随着立法技术的现代化与经济发展全球化的进程不断革新与变化，已经成为现代英美商法体系中不可缺少的重要组成部分。

二、大陆法系国家商法典的制定及其与民法典的关系

（一）民商分立模式

传统意义上的民商分立模式是指在民法典之外另设独立的商法典，对于此种立法模式的民法典在此我们不作论述，而主要对大陆法系国家中最具代表性之商法典的体例与内容进行评述。德国、法国、日本作为大陆法系国家中法律体系发展最为完备、法典化程度较高的代表，三国所采用的民商分立模式之商法典都经过几个世纪的考验与历练，为了更好地适应时代的发展与商事活动的变化不断地推陈更新，不论是体例、内容以及经验教训都对后世都极具借鉴意义与研究价值。

1. 法国商法典的制定及其与民法典的关系

作为世界上最早采用民商分立模式进行商事立法的国家，法国的拿破仑政府于1807年制定了《法国商法典》。其作为世界民商分立模式商法典的开山鼻祖，将商事组织从民事法律规范中单独分离出来，通过商法典予规制，并且规定了商事行为的主要对象，使商事法律规范成立了单独体系。

其实在1807年《法国商法典》颁布之前，法国就已经有了国家统一制定成文形式的商事法规先例：早在路易十四时代的法国政府分别于1673年与1681年颁布了陆上商事条例与海上条例两部商事法规，这两部法规均按照欧洲中世纪商人法的体例模式进行编纂，对商人间的各项权利、文务以及责任的规定也都效仿中世纪商人行会规则进行要求。虽然这两部法规的

权威性、体例上以及内容上均存在较大的争议，但其仍然针对商事法律中一些基本性问题作了比较详尽的规定，故在当时亦被人们称之为商法典①，并对日后法国的商法法典化奠定了理论与制度上的基础。

法国大革命以后，拿破仑政府为了能够在法国全境内统一商事法律规范，废除了地方性各种商事法律规范，打破了商事行为区域性封锁，同时也解决了商事法律规范相冲突问题，促进了市场经济的发展，并于1801年成立了商事立法委员会。1807年9月《法国商法典》获得了议会的正式批准并开始生效。尽管其立法者有着很大的野心，希望可以制定出威望和影响不亚于《拿破仑民法典》的商法典，但由于商业实践和商事法律的变化速率极快及法典自身的缺陷，使得《法国商法典》成为恒久不变的经典梦想终归难以实现。究其原因我们可以发现，在当初制定法典之时其本身就未能实现与商事法律有关的规范的形式一体化，这是由于该法典受到陆上商事条例的影响，法典中带有较强的中世纪商人法的时代烙印，随着19世纪一些新兴的资产阶级商事关系的出现，例如在合资公司、营业资产、证券、保险等商事领域内该法典未能涉及与管控的方面也甚多。也正是由于这些问题的存在，直接导致了该法典在实际的运行中很难有效地调整与应对日益复杂多变的商事法律关系，随着时间的推移，1807年最初版本的《法国商法典》中的648个条款，绝大多数都被废除或者修改，继续有效的仅仅有140条，其中又只有约30个条款保留了1807年的原始行文。通过这些问题也充分显露出1807年《法国商法典》制定时期的立法者并未能对商事活动复杂性与多变性有着足够的远见。

为了弥补1807年《法国商法典》自身的不足以及进一步加强对日益多变的商事交易管控的力度，自20世纪中期起法国政府相继在公司、证券、保险、破产、支票以及商事登记等领域制定了多部商事单行法规。从而使得法国形成了以商法典与各商事单行法规所共同构成的商事法律管控体系。

由于受到传统大陆法系法典化理论思想的影响及法国立法机关对商法

---

① 张民安. 商法总则制度研究 [M]. 北京: 法律出版社. 2007: 32.

典模式的坚持，法国政府多年来一直不遗余力地寻求将之前所颁布的一些商事单行法规逐渐进行整合、编入商法典之中的"再法典"化道路，并按照2000年9月18日第2000-912号法令，于2003年1月3日第2003-7号法律的批准，将《法国公司法》中涉及公司的内容通过重新整理之后编入了《法国商法典》的第二卷之中，将其重新命名为"商事公司与经济利益合作组织"。[①]2001年，法国立法机关又针对破产法进行了重大调整，在1985年颁布《困境企业司法重整和司法清算办法》的基础之上进一步对相关内容进行了修改与完善，以新增补的方式建立了《法国商法典》中新的第六卷"困境企业"。2003年法国立法机关又针对新增的第六卷进行了再次修订，使其使用范围得到了进一步扩大，而且对破产的程序性问题也进行了优化与完善。2004年又将商法典中的破产法部分做了适度的修改。多年来随着法国政府对《法国商法典》内容的不断修改与更新以及周边商事单行法律、法规、命令等内容的变迁，形成了最新版本的九卷《法国商法典》。

2. 德国商法典的制定及其与民法典的关系

德国于中世纪末期在汉堡、慕尼黑、斯图加特等较大的商业城市中出现了商事习惯法。到了18世纪，由于受到欧洲大陆邻国法国17世纪国家性商事立法潮流的影响，1794年普鲁士率先颁布了《普鲁士普通邦法》，该法是全德国境内第一部涉及商事与营业法规的法律，其是以商人特别法的立法观念来制定商法的相关规则，并将商人定义为：主要从事货物或者票据交易活动的人。但是在德意志帝国统一之前，德国一直处于邦国分散对立的状态，而且各邦国法律上也存在着严重的不统一，这不仅严重妨碍各区域间的商业贸易活动的有序进行，而且还严重妨碍着国家的统一化进程以及各邦国间的正常的商务交往。为了解决这一弊端，1848年德国首先统一了德意志各邦之间的票据关系。1857年根据联邦代表大会的决议在纽伦堡成立了立法委员会，并根据普鲁士与奥地利分别提交的立法性草案来制定统一的《德意志普通商法典》，1861年联邦议会正式颁布了《普通德意志商法典》，并于同年在德国全境开始生效。作为德国历史上第一部商

---

① 李飞. 当代外国破产法 [M]. 北京: 法制出版社. 2006: 340-341.

法典，其在体系上采用的是主观主义与客观主义相混合的模式，但由于当时德国还未颁布统一的民法典，而且鉴于民商二法又具有极为紧密的关联性，在该部商法典之中出现了大量的涉民事法律条款。

商事法律规范终究无法将民事法律规范的内容融入其中，这也就注定了商法要是单独立法，必然成为独立的法律体系。因而具有更高度系统化的1896年《德国民法典》也并未对商法规范做出相关的规定。但是作为私法的一般性法的《德国民法典》与《德意志普通商法典》之间却存在司法适用等一系列的矛盾，为了平衡两者的关系，就迫切需要对较早颁布的《德意志普通商法典》进行重新修订。经过修订经由立法机关审议通过，于1900年1月1日，该法典与《德国民法典》同时生效。

《德国商法典》以主观主义原则作为立法基础，商主体制度是其核心范畴，并以此为基础表述商行为概念，进而构建整部法典。该法典由4编905条所组成，首编为商事主体，分别阐述了商主体基本的定义、商号、商业代理、店员和经纪人等制度。由于德国创设性地使用了法人概念，第二编为商事公司的概念与地位，不仅对公司的相关种类做了明确性规定，更前瞻性地设置了隐名合伙的内容。第三编则是商行为，该编对各类商事行为进行了列举。第四编为海商法的内容，其中包括了共同海损、海难救助、海上保险、诉讼时效等。《德国商法典》虽然是德国商法的基本法，但是它并没有经过严格的起草以及试点实践，不同于《德国民法典》，经历了200年的实践检验才被正式实施，《德国商法典》显得捉襟见肘，沦落成了《德国民法典》协调商事行为的产物，而且在商事理论研究层面，民商法学术研究成果以及论战，始终在民法领域，以民法为中心，商法理论处于弱势地位。《德国商法典》虽然走上了法典化道路，但却未能达到法典化的基本要求，根本无法通过概念的推导来实现"逻辑上的自足"。由于受到较为薄弱的理论基础与不发达的社会历史条件的限制，导致了《德国商法典》的体系结构远不及《德国民法典》那样具有开放性与包容性，以至于在《德国商法典》颁布之后，构建德国商法体系的众多商法规范都无法被囊括于商法典之中。例如合资公司法、票据法、保险法、破产法、有价证券法、银行和交易所法、反不正当竞争法等都是以商事单行法的形式独立存在，这也就导致了德国商法以单行商事法来规定具体的商事行为，以商法典对整体商事法律体系做概括性、原则性的规定的特殊商法体系格局。

3. 日本商法典的制定

明治维新以前，地处东亚的日本长期处于闭关锁国的封建社会状态，直到明治天皇上台以后，为了缩小日本与西方列强的差距，开始了对日本进行大刀阔斧式的维新改革，并在政治、科技、文化、教育等多领域都对西方先进的理念进行引进与学习。为了进一步加快其国内资本主义建设的步伐，作为制度上的保障，日本政府亟需在国内建立起近代资产阶级法律体系。1870年太正官制局中开始了模仿西方法律制度的相关草拟修订工作，并于次年由政府派遣以岩仓具视为首的代表团去欧美各国考察西方的法律制度。[①]通过对欧美各国的法律制度与传统文化的考察与研究，日本最终确定了以模仿法国与德国为主的西方法律发展模式，并以此为根据制定日本近代资产阶级法律制度，日本近代商法之路也就是在此背景之下得以开始。

在制定商法的初期，日本的立法者普遍认为法国是当时欧洲各国之中法律体系最为完备的国家，因此日本也应该大力地引进与效仿法国的法律，所以日本最早的现代商法草案主要模仿的是法国商法典，并聘请来自西方的法学工作者主持编写，但是由于国外的立法者忽视了当时日本传统的商业习惯和工商业的发展状况与西方社会的差异性，对于在商品经济还不够发达的日本实行完全西化的法规是不合适的。因此，日本理论界、工商界对这一商法草案提出了诸多的异议与反对。[②]由于来自各方的意见争论异常激烈，明治政府不得不多次对此法案的颁布进行了延期。被迫延期施行以后，明治政府开始着手对其进行适合本土化的修改工作。在这一时期日本本土的法学家对商法的制定发挥了重要作用，他们尝试着最大程度地将西方法律与日本本国情相结合。为了加快商法典的编纂速度，政府还成立了专门的商法修正案起草委员会，与之前完全委托外国人起草截然不

① 李若红. 论日本近代商法的演变 [J]. 阴山学刊, 2013 (08): 108.

② [日] 川口由彦. 日本近代法制史 [M]. 东京: 东京新世社, 1997: 190.

同，日本在这一时期主要由本国人起草商法典，这体现出日本已从之前的盲目模仿西方法律转向了重视本国的文化特征，在制定商法典的过程中更多考虑本国的国情。最终于1899年3月公布，6月1日开始施行。

1899年的《日本商法典》也被称作《明治商法典》，共由5编689条组成。在第一编总则之中，规定了商人、商号、商业登记、商业账簿、代理商等内容；第二编为公司，规定了总则以及公司种类的划分；第三编为商行为，规定了买卖、仓储、营业等内容；第四编为票据，主要涉及了汇票、本票等内容；最后一编为海商，对船舶商业运输作了明确的规定。《明治商法典》在体例上既采用法国商法模式又兼顾德国商法模式，并在结合本国国情的基础之上，将商行为观念和商人观念共同作为其立法基础，故也被称之为折中主义模式。

日本制定商法典的时期正处于世界资本主义的逐渐成熟阶段，在总结西方法典法化的司法实践基础之上，其立法技术也较先前的法国、德国更为进步。通过对德、法两国商法典所存在问题的考量之后，《明治商法典》中明文规定了商业习惯可民优先，并确认了商法是民法特别法的地位。而在公司设立制度方面，由先前较为严格的许可主义转变为相对宽松的准则主义；另外，在公司的分立与合并以及外资公司等问题上，也都进行了较为创新性地综述。从颁布之日起，为了能与经济发展相适应，日本商法典先后历经了三十多次的修订，其中主要涉及的是公司法方面的修改，因为公司法在性质上属于强法，在司法实践与实务之中遇到的障碍与问题也较多，而总则与商行为部分，一般都为任意性的规定，实务中的交易行为一般可以由双方当事人较为自由地进行，因而在商法总则和商行为部分变动的幅度也不大。由于考虑到商法典修订内容的杂乱与繁多，为了避免经过反复修改的商法典过于臃肿与烦琐，日本的立法者也不断地尝试以颁布单行法的方式来加以解决。

（二）民商合一模式

1. 瑞士商事立法模式

瑞士作为世界上第一个采用民商合一立法模式的国家，于1848年建立了联邦政治体制并制定了本国的宪法，而在统一之前瑞士各州都有自己的民事法律法规，只不过是所效仿与参考的域外模式有所不同，其中受法国民法典及奥地利民法典影响最为广泛。即便是作为一个统一的联邦国家之后，瑞士也有着较浓郁的分权传统，由于起初瑞士的宪法并没有赋予联邦统一制定私法的立法权限。而各州之间法律适用上的冲突也给区域间逐渐频繁的商业交往造成了极大的不便。正因如此，对于联邦统一各州私法的要求变得十分迫切。1874年，瑞士正式开始了修改宪法，联邦取得了部分私法方面的统一立法权。于是，瑞士联邦于1881年制定了《瑞士债务法典》，其中包括了契约、公司、商号、商业账簿、汇票以及本票等方面的内容，不但包括了法、德等民商分立国家民法典中有关契约的规定，还涉及了上述国家商法典中有关公司、票据、商号等商事法规方面的规定，所以从体例上来看《瑞士债务法典》就是一个民商合一的法典。由于当时瑞士联邦并没有获得在商事方面的立法权，所以，这部更具商法属性的法典却被冠以债务法典的名称。

1898年，瑞士宪法正式授权瑞士联邦制定全部私法的权限。1907年末，瑞士联邦议会正式颁布了《瑞士民法典》，并于1912年1月开始正式实施。而早先颁布的《瑞士债务法典》则被作为《关于补充瑞士民法典的联邦法律（第五篇债务法）》中的一部分与民法典的前四篇同时实施生效。至此，这种与法国、德国等民商分立国家截然不同的民商事法立法模式正式得以形成。通过整合后的《瑞士债法典》也标志着民商合一模式正式形成。

2. 意大利商事立法模式

在瑞士确立了民商合一的民商事立法模式之后，一些欧洲的大陆法系国家也紧跟其后开始采用了民商合一模式，其中甚至还包括一些原本采用民商分立模式的国家。最为显著的例子当属意大利。意大利在1865年制定了《意大利民法典》，此后伴随着其国内资本主义工商业的快速发展，企业雇主与雇员劳动关系方面逐渐暴露了一系列的新问题，而这些问题又无法在民法中得到妥善的解决，于是受法、德两国商法典的影响，意大利于1882年也开始了制定独立的《意大利商法典》。民商分立的私法格局至此开始在意大利得以形成。而在第一次世界大战结束之后，由于意大利国内的社会经济与生产关系的格局发生了重大的改变，为了与欧洲邻国的商事法规相接轨以及协调与适应国内的新变化，意大利政府成立了专门的立法委员会起草其与法国间的《债与契约法典草案》，该案于1927年通过并于1928年正式公布。该法案的目的旨在努力在法国、德国以及原意大利法典之间寻找到一个平衡点，使意大利国内法规可以在私法一体化的理念指导之下，真正实现法典的系统化与科学化。不过，由于法西斯势力在意大利的迅速崛起，使得意大利社会政治异常动荡，而上述法案也因此未能生效就夭折了。1942年，意大利政府最终决定废除独立的《意大利商法典》，并将商法和民法统一起来制定了《意大利民法典》，这样其也成为由民商分立转而采用民商合一体系的第一个大陆法系国家。《意大利民法典》共分为六编2969条，其体系内容可谓是宏大庞杂。在该法典第四编"各类契约"之中包含了代理、居间、寄存、往来账户、银行、契约、保险、信托以及有价证券等与商事行为有关的法律规定；而第五编"劳动"之中的第二章"企业劳动"的前两节分别规定了一般企业与涉农企业，第三节为商事企业与其他应登记的企业事项；第三章为自由职业；第五章为公司；第六章，合作社与相互保险社不但具有现代商法的性质，而且还具有现代经济法的国家干预调控的性质。

与意大利的情形相仿，在早期亦实行民商分立模式的荷兰于20世纪开始采用了民商合一的模式。另外，挪威、瑞典、芬兰等一些地处北欧的国家以及以我国台湾地区、以色列、泰国、俄罗斯等国也先后相继采用了民商合一的模式。

民商分立与民商合一的立法模式之争只存在于大陆法系国家内部。由于立法传统起源与司法逻辑结构的差异性，在英美法系国家传统的法律体系中并没有法典这一形式可言，因此也就不存在所谓民商二法分立与合一的问题存在。而与大陆法系国家的商法相比，英美法系国家的商事法规又有其独特之处，随着国际商事贸易活动的全球化程度的加深，其也不同程度地受到大陆法系法典化的影响，并将大陆法系中的一些立法理念与原则引入其法律体系之中。这种混合模式的体例模式不仅在层次上更具开放性，而且在实际的司法运行中也更具有适应性。

纵观世界各国的近现代商事立法的发展之路，不论是采用何种的体例与模式，在追求商法价值的理念方面并不存在差异性，而不同体例的商事立法模式所体现的也仅仅是商事法律体系建构技术与传统立法指导思想上的差异性。由于经济全球化浪潮的冲击之下的商业运行模式发生了深刻的变革，这也就使得各国的商法现代化进程不断加剧，通过修改与调整而建立起运行高效的商法体系更成为广大商事立法工作者的时代主题。

第七章　我国民法典之民商合一特点分析

"民法典是新中国成立以来第一部以'法典'命名的法律，是新时代我国社会主义法治建设的重大成果。"[①]民法典以"民商合一"为编纂体例，自立法技术而言，民法典从整体上来看是采纳了潘德克吞的立法体例，长期以来学说上就民法法典化过程中存在的两个基本问题，现今得到了彻底解决：即一方面采取了民商合一的立法模式，另一方面则采纳了19世纪德国法律科学所发展出来的学说汇纂体系（又称之为潘德克吞立法体例）。学说汇纂体系的基本特征有二：其一是法典被区分为总则与分则两个基本部分；其二是分则中将财产权区分为债权与物权而各自独立成编。虽然我的民法典整体上继受了《德国民法典》立法模式，但是与作为潘德克吞体系之典型代表的《德国民法典》相比较还是有较大的发展与创新的。

从比较法视角可知，立法不是编写通俗教材，其从一开始就讲究规范性、科学性和系统性。我国民法典编纂工作坚持科学规范立法作为基本指导思想，且理论学界和实务学界认为不宜支持把商事一般条款独立于民法典，而仅将未成体系的商行为法运用立法技术置于民法典编纂过程之之中，使之成为民法典的一部分。一方面，在民法总则中纳入诸如一些规范企业活动的一般性规则和原则，这些商事规则未成体系且不同法律规定存在差异和矛盾，有必要加以明晰，提高企业交易活动的效率；另一方面，把已自成体系的单行商事法独立于民法典之外，如公司法、破产法、合伙企业法等商组织法，以及证券法、保险法、票据法、海商法等商行为法，

---

① 习近平在中央政治局第二十次集体学习时强调：充分认识颁布实施民法典重大意义　依法更好保障人民合法权益[J]. 光明时报，2020-05-30.

通过制定民法总则和各分则编总则的原则性规范，对商组织法和已自成体系的商行为法进行统率指导，既降低立法成本，又有利于民商合一立法体例构建。因此，我国借鉴国外的民商分立的立法体制，创建了民商合一的立法模式。

第一节 我国民法典之民事意旨

《中华人民共和国民法典》全文共七编，1260 条，它的内容构成主要分两部分，第一部分是统筹的总则编，第二部分是具体的分则编。总则编规定了民事活动的一般原则和基本规定，在民法典中起统领性作用，具有私法基本法的地位。分则编共有六编，分别是第二编"物权"、第三编"合同"、第四编"人格权"、第五编"婚姻家庭"、第六编"继承"、第七编"侵权责任"。每一编都将一般规定说明在前，随后再根据分编的内容继续细化分类。民法典作为新时代中国公民权利的宣言书，其内容几乎囊括了人们所有的民事活动，大到合同签订、公司设立，小到缴纳物业费、离婚，都能在民法典中找到依据。我国民法典的特点都是极其鲜明的，就是以人为本，具有人民性，彰显民事意旨。

一、民法典的核心要义

立法是回应时代命题，引领国家发展的基石和保障。《中华人民共和国民法典》的诞生，凝聚了中国几代立法人、法律工作者甚至亿万人民的梦想，是新时代我国法治建设的重大成果，标志着我国民事权利保障迎来了一个全新时代。我国民法典全文共分为 7 编1260 个条文，是我国现有法律中编章体系结构最全面、最严谨、最复杂的一部基础性法律。它主要由总则编和各分则编两部分组成，在总则编中确立各类民事主体的相关概念、享有的各项权利以及民事行为的法律后果等制度；在分则编涉及从物权到人格权、从市场交易到家庭生活等方方面面的具体规则及损害这些权利、违背社会公序良俗所应承担的具体民事责任。这部体现从摇篮到坟墓的民法典，"为人民群众的生命健康、财产安全、交易便利、生活幸福、人格尊严等各方面权利"①提供了全方位保护。

今天，在我国全面建设社会主义现代化国家之际，编纂一部符合中国国情、体现时代特色、反映人民意愿的民法典，是坚持和完善中国之治的现实需要；是不断深化我国经济体制改革，推动国民经济平稳较快发展的重要保障；是推进习近平法治思想、实现全面依法治国的重要举措；是坚持以人为本、体恤民生冷暖，实现广大人民对美好生活向往的必然要求。

二、民法典的特点

作为新中国成立以来的第一部民法典，充分彰显了社会主义法治国家的优越性，具体表现为具有人民性、时代性、平等性、开创性和科学性的特点。

（一）民法典具有人民性

在推进全面依法治国的进程中，人民始终保持着主体地位。而民法典更是深刻体现了人民性的鲜明特质，无论从繁复的编纂过程和最终的表决通过，还是从立法目的和主要内容，民法典都始终坚持着人民立场。从2019年12月28日至2020年1月26日，民法典草案共收到了13718位网民提出的114574条意见，由此可见人民群众极大程度地参与了民法典的诞生过程。

（二）民法典具有时代性

伟大的时代诞生伟大的法典，这部诞生于"两个一百年"奋斗目标交汇期的法典具有强烈的时代色彩。民法典在基本原则中增加了"绿色"原则，并且将这一原则贯穿各分编的制度和规则的设计中，充分应对了新时代我国经济社会发展所面临的资源枯竭、生物多样性锐减、环境恶化等现实问题，为建设美丽中国提供了完备的私法方案。同时，我国民法典适应信息科技时代个人信息保护的需要，扩大了个人信息的保护范围，除了包括姓名、电话、证件号码等传统的身份识别信息外，也涵盖了高科技时代

---

① 习近平在中央政治局第二十次集体学习时强调：充分认识颁布实施民法典重要意义 依法更好保障人民权益[J].光明时报，2020-05-30.

我们的指纹、声音、基因、人脸等个体独一无二的生物识别信息，为人民群众免遭个人信息泄露带来的危害提供了周全的保护。

（三）民法典具有平等性

民法典作为一部调整平等民事主体之间财产关系和人身关系的法律规范，具有显著的平等性，这是民法典区别于其他法律部门的重要特征。它所规范的主体是平等的自然人、法人和非法人组织，它们之间的权利、义务和法律地位都是平等的。一方面，自然人在享有民事权利、承担民事义务上是平等的，不因自然人的出身、职业、性别、种族、民族差异而受到不平等的对待。另一方面，所有民事主体在进行民事活动时法律地位平等，包括进行平等协商、平等交易和平等分担责任。因此，平等性贯穿民法典的始终。

（四）民法典具有开创性

相对于其他国家的法典，我国民法典在编章设置中，开创了自己的特色。它将人格权独立成编，特别是对人格尊严的保护，避免了西方国家存在的轻视、践踏人权的现象，体现了 21 世纪民法典人文关怀理念。另外，在民法典的法律条文中处处闪耀着人性的光芒，彰显了法律的道德底蕴。因此，民法典不是冰冷的治国重器，而是在理性思维中蕴含着感性的温情，在条文规则的设计中接力着中华民族的价值共识，不断增强人民群众获得感、幸福感和安全感，开创了世界民法典的先河。

（五）民法典具有科学性

民法典之所以被冠以"典"，不仅在于它包罗万象的条文编排，还在于它的科学性和合理性。民法典编纂始终坚持以马克思主义法治理论为指导，以新时代全面依法治国的理念为理论基础，在习近平法治思想的引领下，坚持法治与德治相结合，这些都是我国民法典诞生和服务于人民的根本保证。此外，我国民法典发扬博采众长的精神，积极吸收借鉴世界上两大法系民法典的合理内核和有效经验，不仅为中国之治增添丰满羽翼，还将为世界民法典体系的构建提供中国方案。

三、民法典的创新之处

人格权独立成编是中国民法典的最大亮点，也是最值得一提的创新之处。"人格权关系到每个人的人格尊严，是民事主体最基本的权利。"①德国、法国、瑞士、希腊、日本等国的民法典中，人格权没有成为独立的一编。这些国家涉及对人格权的保护，是通过民法中的法律条款或者司法判例来进行的。我国民法典人格权独立成编，彰显了我国对于人格权保护的高度重视。

民法典人格权独立成编是民法典立法的一大创举。人格权独立成编的最重要目的就是把"人"字大写，始终把人置于首位，从更大程度上体现对民事主体的人文关怀。随着我国经济社会的发展变化，多数民事主体的温饱问题都已经获得了有效的解决，民事主体对美好生活的向往、对人身自由与人格尊严更好的保障需求，成为我国民法典立法需要关注的问题。民法典人格权独立成编，较好地回应了当代中国民事主体的关切。

人格权独立成编本质上是对传统民法典体系的重大完善。传统的大陆法系国家的民法典一直以来就存在一个较大的法律体系的缺陷，即重物轻人。民法典调整的是两方面的法律关系，一是财产关系，主要体现在民法典的物权编、合同编；二是人身关系，人身关系可分为人格权关系与身份关系。在传统大陆法国家的民法典中，对"婚姻家庭和继承编"身份关系进行了详尽的调整，但是大陆法国家的民法典对人格权没有进行单独的、专门的规范，这毫无疑问是它们民法典中的一个结构性缺陷。我国的民法典专编对人格权进行规范、调整，弥补了大陆法系国家民法典立法的缺陷。

人格权独立成编为我国的司法提供了具体的基本规则。现在的人格权案件的特点主要是对民事主体人格权的网络侵权。网络侵权案件数量呈大幅度增长趋势。而人格权编共51个条文，涉及了生命权、身体权、健康权、姓名权、肖像权、名誉权、荣誉权、隐私权等权利，还涉及了自然人

---

① 姜睿雅. 民法典：以人为本的民事权利宣言书［N］. 烟台日报，2020-07-08.

所享有的根据人身自由、人格尊严所派生的其他人格权益。人格权独立成编，非常有利于法官在司法判案中检索、适用法律，进而更好地对侵犯人格权的案件进行处理。

四、民法典是社会主义核心价值观的护身铠甲

民法典的颁布和实施，为社会主义核心价值观的培育和践行保驾护航。一方面，我国民法典的颁布和实施意味着我国社会转型和法治转型的基本完成，随着我国改革的不断深入推进，各种社会关系逐步定型、人们的思想文化观念发生变化并且对各种利益的期待也进一步加强，需要民法典积极回应的社会主义市场经济建设过程中突出的现实问题也越来越多，这些奠定了民法典编纂和实施的社会基础。另一方面，民法典属于法律范畴，它主要依靠国家司法机关的强制力来保证实施，不受行为个体的内在主观性影响，是一种外在的客观力量。因此，民法典通过回应经济社会发展过程中的诸多矛盾，用相对客观公正的方式来形塑人们的道德品行，从而保障社会主义核心价值观的弘扬和践行。

随着我国社会主义市场经济的不断完善和发展，在利益多元的社会转型期，人们道德滑坡现象屡见不鲜，经济理性人已经凌驾于道德感性人之上。如近些年出现的"碰瓷"、高铁霸座、抢夺公共交通方向盘等事件屡见不鲜，面对这些情况，如果仅仅依靠多元个体内心的道德约束和舆论的谴责，则势必会造成杂乱无章的社会秩序，给新时代我国经济社会发展带来巨大的阻力。通过将社会广泛倡导、人民共同认可的社会主义核心价值观以民法典法律条文的形式固定下来，实现对核心价值观以国家强制力为后盾的法律约束，并依靠民法典的具体实施予以贯彻落实，达到对失德者的训诫和惩罚。同时，通过这种辨明是非曲直、惩恶扬善的方式，维护社会主流价值观，形成正确的价值导向。"以法的制度优势引导兴善惩恶，以国家价值共识强化道德认同，从而使社会主义核心价值观落地生根"①，更好地构筑中国精神、彰显中国价值、凝聚中国力量。

---

① 张文显.社会主义核心价值观与法治建设［J］.中国人大, 2019（19）：50.

第二节　我国民法典之商法色彩

随着当前社会经济体系的不断发展，各种法律之间相互交叉融合。其中民法与商法是争议最多的一种，一部分人认为民法与商法不应该结合，应该独立形成单一的法律体系；另一部分人则认为民商合一，才能够推动我国依法治国的不断前进，同时最重要的是，民商合一才是民法典编纂的保障，所以民法与商法两者之间相互借鉴又相互结合。一方面，民法商法化就是在商法法规和法律原则的基础上，对民法的内容补充完善，从而使得民法可以更加高效地解决民事纠纷问题；另一方面，商法民法化就是在完善商法的过程中，结合民法中的相关完善的法律法规进行吸收融合，形成的一种健全的商法。

我国具有民商合一特色的民法典已经开始生效，不仅为解决民事纠纷提供定纷止争的标准，更要为全社会的价值取向提供指引。民法典的社会效果直接维系着中国社会文明的走向，因此，在中国民法典已经颁行之际，厘清民法典颁行之后的民商关系，探究民法典中的商法创新之处，研究中国商事立法的走向，通过完善中国商事立法，以弥补民法典的制度供给缺失，应是当下中国立法的又一项重要任务。

一、我国民商"互化"现象

由于我国民商分立在理论层面与实践基础上存在诸多欠缺，立法工作者出于现行法律技术的考量而采取了民商合一的立法体例，但在私法统一化趋势影响下，该体例规制问题却因主张者按照其含义不同而出现两大观点。一是"商法民法化"，其依据私法的共性和个性进行考量，即"商法较之于民法是个性小于共性"。该观点主张运用民法立法大群体替代商法，将商事规范纳入民法大体系中来解决一切商事问题。二是"民法商法化"，其强调商法规范对经济活动的社会功用，以现代商法正逐步演变成整个私法的基本制度和基本原则为由。从我国立法体例的实际情况来看，商法的民法化成为理论与实务学界的主流，实现民商合一下的民法典编纂与实施是我国立法工作的模式安排。

尽管民商法在规则上存有差异，但二者却在相互汲取、借鉴和融合，从而形成一些"民法商事化"与"商法民事化"的模糊现象。其中，民商"互化"现象中的"化"字，不但说明民法与商法之间的规则界限正逐渐趋于模糊，而且表现了二者在私法法典化上的诸多重构。具体而言，一是彰显"化"的最终结果，运用民法典把形式上的商法消化掉，忽视商法典存在的必要性，实现私法规则的统一；二是体现"化"的根本目的，推出民法大体系的一元化，采取法律技术编排把商事规则安置在民法立法大群体中，实现我国民法典的制定。①基于我国私法现实存在民商"互化"现象和采取民商合一下的民法典编纂体例，将二者科学化、合理化整合纳入民法典，亦完全符合当前法典化结构和内容的体系整合功能。

现阶段，我国民法典编纂采取民商合一体例的影响因素很多，但从民商"互化"视角分析，无外乎基于民商事规则的调整对象、本质共性两方面：第一，两者的许多具体制度在调整对象上不区分民事和商事，如留置、合同、代理等规范都能调整市场经济参与主体及其行为活动。在司法实践中，我国未明确界定商业行为活动与和一般的民事行为，但无论哪一种行为活动都会产生一定程度上的权利义务关系，若对此进行分别立法有可能造成法律适用困难。第二，两者在法律性质和本质属性上具有共通性，既都在性质上属于私法范畴，又全在规范上属于权利法。实际上，倘若人为地实施民商分立的立法体例则有悖于法典编纂在同一法律关系中的调整，不仅有碍于私法理论在法典结构中深入研究，而且有害于私法体系在法典结构中统一立法。另外，我国民法典编纂采取民商分立的立法条件不足，很难在民法典之外再独立重构一部商法典（或商事通则）。

正因为如此，我国如何实现民商合一下的民法典编纂，则需要在法典编纂过程中结合我国实际国情重新审视民商合一体例：既要考虑到民法作为私法的一般法，应当从整个私法的社会关系去考察而不是仅从民事关

---

① 徐学鹿. 析"民法商法化"与"商法民法化"[J]. 法制与社会发展, 1996（06）: 19—21.

系出发，又要考虑到商法是私法的先锋、民法的先驱，应当充分兼顾商事活动的特点，在民法典中做出统一规定；同时，还要根据我国私法规范的立法现状，明确商组织法和已自成体系的商行为法、商事登记、商事账簿等相关法律，制定一部具有中国特色的社会主义民法典。由此可见，我国民法典编纂不能简单地要求由民法完全取代商法（或将商法完全融入民法），而是要结合民商"互化"现象承认二者各有其独立调整的规则，在充分剖释二者各自特性的基础上，以民法典为载体合理整合现有民商事规则，从而最大程度地实现民商合一立法。

二、民法典之商法色彩

2020年5月28日是我国法治史上一个极为重要的日子。在这天，我国民法典由第十三届全国人民代表大会第三次会议高票通过，并自2021年1月1日起施行。婚姻法、继承法、民法通则、收养法、担保法、合同法、物权法、侵权责任法、民法总则同时废止。民法典把之前的商事单行法如公司法、破产法、合伙企业法、证券法、保险法、票据法、海商法等，以民法典总则和分编的原则性规范纳入民法典，在充分彰显民事意旨的同时，兼具商法色彩，尤其在商事规则的创新方面，充分体现了民商合一的特点。

（一）在生态保护的法律原则中体现商法特色

"我国民法典的编纂，坚持以习近平生态文明思想为指导，在具体制度设计和条款安排上为保障生态文明建设做出了不懈努力。"①我国民法典第九条将生态保护作为一项基本的、重要的原则。该原则要求各类民事主体在进行民事法律行为的时候，应当节约资源、对生态环境进行保护。生态保护的法律原则适应了加强生态保护的时代要求，这在世界各国的民法典的立法中，是极为少见的，也是极为突出的。民法典既然确立了生态保护的法律原则，那么，在处理具体的民事案件时，就可以使公法性质的环境保护法进入私法性质的民法领域，实现特定程度的私法公法化。在民法典分则当中，例如合同编、侵权责任编的若干法律规定就采纳、贯彻了生

---

① 孙佑海.民法典：绿色理念护航生态文明建[N].中国财经报，2020-07-23.

态保护的法律原则。民法典合同编确立了在合同履行过程中，民事主体对生态环境保护的法定义务，具体的内容如民法典第509条之规定："当事人在履行合同过程中，应当避免浪费资源、污染环境和破坏生态。"①

合同的债权债务终止后，当事人之间必须遵循诚信原则，根据交易习惯履行旧物回收等义务。根据法律或者行政法规的相关规定，或者根据当事人之间合同的约定，对于有效使用年限届满后应该回收的标的物，卖方应承担对标的物回收的义务。民法典侵权责任编通过第七章专章规定了"环境污染和生态破坏责任"：因破坏生态造成他人损害的，侵权人必须承担侵权责任。因破坏生态发生纠纷，行为人负举证责任倒置的义务，他必须对法律规定的不承担责任、减轻责任的事实，他的行为与损害之间没有存在因果关系承担举证责任。两个以上侵权人破坏生态的，衡量他们之间应承担责任的大小，依据污染物的种类、浓度、排放量，根据他们破坏生态的方式、范围、程度，以及他们各自的行为对损害后果所起的作用等因素确定。当事人违法故意破坏生态导致严重后果的，被害人有权向人民法院主张惩罚性赔偿。因第三人的过错导致生态被破坏的，被害人有权向实施侵权行为的人索赔，也有权向第三人提出索赔。侵权者在赔偿之后，可以向有过错的第三人进行追偿。侵权人违法导致生态环境被损害的，特定的生态环境可以被修复的，国家规定的机关、组织可以主张侵权人对被破坏的生态环境承担修复责任。侵权人不进行修复的，相关机关、组织有权自行修复，或者委托第三方进行修复，修复生态环境所需要的费用由侵权人承担。

（二）以现代科技的最新发展成就彰显商法色彩

我国民法典将涉及民事法律关系、民事权益的现代科技的最新发展成就，写进了有关条文，这就使得我国民法典立法与现代科学技术的发展相同步、相共振。例如，民法典规定对数据的保护制度、对网络虚拟财产的保护制度。当事人之间订立合同，可以采用数据电文的形式。数据电文是以电子邮件、电子数据交换等方式能够有形地反映所载的内容，它可以随

---

① 中华人民共和国民法典[M].北京：中国法制出版社，2020.

时被调取并查用，可以视为合同的书面形式。民法典将互联网高效便捷的特点通过认定为合同订立的形式予以采纳。当事人之间通过互联网订立了电子合同，该电子合同的标的是交付商品，交付方式约定通过快递物流方式交付，买方人的签收时间就是交付时间。民事主体应当严格守法来进行与人体胚胎、人体基因等相关科学研究的项目或者活动。研究者的研究行为应该符合公共利益，严禁研究行为危害人体健康，禁止研究行为违反、损害伦理道德。为了研究制造新的药品或者新型医疗器械，研发新治疗、预防的方法，研究者需要进行临床试验的，必须向有关主管部门提出申请，获得主管部门的批准、获得伦理委员会同意。研究者还必须向接受试验的人清晰明确地告诉试验的相关事项，诸如试验的目的、医疗的用途和有可能存在的风险等，并获得其书面同意。

第三节　以商事担保制度为例解析我国民法典之民商合一特点

近现代以来，商事担保制度日益突破从属性和特定性的属性，呈现出独立性和功能性的特点，而我国法律上的传统担保仍为从属性担保，作用定位于担保主债权的实现。我国民商事立法的一个重大命题是如何在民商合一体例下构建我国的商事担保制度。我国民法典的编纂对于担保物权部分的完善是对这一问题的回应。我国商事担保规范数量较少且分散，将民事担保和商事担保在一般制度层面进行统一规制，民商"互化"，将二者科学化、合理化地整合、纳入民法典，完全符合我国民法法典化结构和内容的体系整合功能。

随着民法典的编纂与施行，我国商事经济问题得到了明显的改善，并且在商法的作用下，每个从商者的根本利益都得到有效的保障。然而商法的法律体系仍然不完善，所以导致商法与民法还存于未完全融合状态，进而使得两者之间仍然处于相对独立状态。①

一、民法典担保特权部分的完善

在现行民事单行法之中，担保法是最活跃的领域，在现代经济体系中扮演着不可或缺的角色，借由担保法制以创造信用、降低授信风险，乃是现代社会中拓展经济活动的一大手段。担保物权必然成为物权法中最为活跃的部分，因而我国民法典编纂对于担保物权部分的完善自然是幅度最大，具体表现在如下五个方面。

1. 抵押财产范围的完善

在抵押财产范围上，《民法典·物权编》基本上继受了原物权法的做法，即从正面规定哪些财产可以抵押（第 395 条），同时又自否定的层面规定了哪些财产不能进行抵押（第 399 条）。民法典仍然在两个方面对于抵押财产进行了相应的完善：首先是从正面增加了"海域使用权"作为一种可以抵押的财产。其次是于第 399 条不得抵押财产部分，将原物权法第 184 条第 2 项所规定的"耕地使用权"予以删除，而关于可以抵押的财产之规定的第 395 条则删除了原物权法第 180 条第 3 项所规定的"以招标、拍卖、公开协商等方式取得的荒地等土地承包经营权"，再结合第 395 条第 7 项所规定的凡是法律未禁止抵押的财产均可抵押，我们完全可以得出如下之结论：民法典对于作为耕地的集体土地使用权的抵押，并不仅仅局限于原物权法所规定的"以招标、拍卖、公开协商等方式取得的荒地等土地承包经营权"，而是在农地"三权分置"的基础上允许所有可以转让的"土地经营权"进行抵押融资，从而实现集体土地资源的充分市场化配置。也正是在这一意义上，农村土地承包法第 47 条规定，承包方可以用承包地的土地经营权向金融机构融资担保，受让方通过流转取得的土地经营权，可以向金融机构融资担保。唯在解释论上，尚需进一步澄清的是这里的融资担保方式究竟是抵押还是权利质押；土地承包经营权人是以"土地承包经营权"本身进行担保，抑或是以其中的"土地经营权"进行担保，

---

① 王轶.《民法典》的立法思想 [J]. 社会科学研究, 2020 (05): 10—16.

并不明朗。^①笔者则认为解释论上统一将土地经营权作为担保之客体，且其上所成立之担保权为抵押权，更加符合民法典内外在体系：一方面自条文文义而言，其明确规定的承包方系以土地经营权向金融机构担保；而另一方面用作担保的标的物必须是得自由处分的财产，否则就与担保权之核心权能变价处分权相违背，而得以自由转让的系土地经营权而非土地承包经营权；至于其上所成立之担保权，因其所针对的客体系作为用益物权的"土地经营权"，属于不动产物权故应当是抵押权。

2. 流质禁止规则的完善

我国原物权法承受了传统大陆法系之做法，采纳了"流押（流质）禁止"原则。依据原物权法第 186 条与第 211 条之规定，债权人事先不得与抵押人、质权人约定债务到期不能清偿的用作担保的标的物所有权归债权人所有，否则该约定无效。《民法典·物权编》在学界的推动与呼吁下，将该原则进行了相应的修改与完善，于第 401 条规定"抵押权人在债务履行期限届满前，与抵押人约定债务人不履行到期债务时抵押财产归债权人所有的，只能依法就抵押财产优先受偿"；第 428 条规定"质权人在债务履行期限届满前，与出质人约定债务人不履行到期债务时质押财产归债权人所有的，只能依法就质押财产优先受偿。"依据该两条之规定，抵押权人、质权人与抵押人、出质人事先约定债务人不履行到期债务时，担保财产归债权人所有并非无效，而是债权人只能就该担保财产优先受偿。因此债权人虽然可以取得标的物之所有权，但是却负有法定的清算之义务，从而防止债权人利用自己作为债权人的优势而压迫债务人构成实质不公平。依据该条规定，在债务人不清偿到期债务时抵押权人、质权人是可以依据约定取得标的之所有权的，但是其必须对标的物之价值重新予以确定，若其价值高于所担保的债权的，那么债权人必须要将多余的部分价值返还给抵押人或者出质人。据此，一方面仍然能够防止债务人被债权人利用经济上的优势而不当盘剥，另一方面又使长期以来被实践所认可和采纳的让与担保制度在立法上的障碍得以清除。

---

① 高圣平. 民法典视野下农地融资担保规定的解释论［J］. 广东社会科学, 2020（04）：212−225.

3. 完善了动产抵押规则

民法典第 403 条将原物权法第 188 条与第 189 条进行合并，并将其修改为"以动产抵押的，抵押权自抵押合同生效时设立；未经登记，不得对抗善意第三人"。该修改虽然并未对原物权法关于动产抵押权的设定要件进行实质性修改，即仍然采取了登记对抗主义，但是在立法技术上的进步是非常明显的：首先，该规定仅用一个条文即将原来的两个非常复杂的条文的内容加以规定，非常简洁明晰，有利于法律之适用；其次，该条文采取了抽象概括式的立法模式，而不再采取原物权法的列举式的模式，这也正与法典化的要求相一致，使法律规定更为周延，从而减少了出现漏洞的可能性。据此，抵押权之设立的要件非常的明晰，凡是以不动产（房屋）或者不动产用益物权（建设用地使用权等）为客体的抵押权，登记为其生效要件，而以动产为客体的抵押权的登记均为对抗要件。

民法典第 404 条将原物权法第 189 条规定修改为"以动产抵押的，不得对抗正常经营活动中已支付合理价款并取得抵押财产的买受人"。该条规定实际上是将原物权法第 189 条针对浮动抵押权的规定扩张到所有的动产抵押之上。该做法显然是基于如下方面的考虑而进行的：其一是"同样的情形同样对待"的基本正义原则，因为浮动抵押的客体在我国仅限于动产抵押，故其本质上属于动产抵押，那么对于浮动抵押适用的规则也应当适用于其他动产抵押。其二则是由动产抵押权的本质属性所决定的，在现代高度发达的市场经济社会中，动产基本上都是商品、是交易的客体，加上动产本身的公示方式乃是占有，因而除车辆、航空器、船舶等特殊动产之外，以动产作为交易标的物时，很少有人去查阅登记簿以确定权利状态（是否有抵押），而且亦会导致交易成本过高，于是法律特别规定其不得对抗正常经营活动中已经支付了合理对价的买受人。

4. 完善了担保物权竞合时的优先顺序

应当说在允许动产抵押的情形下，同一财产之上存在两个以上担保物权，甚至两种以上不同担保物权的情形应当非常普遍，例如一辆汽车先是被抵押后又被质押，甚至还可能出现被留置的情形，因此法律必须要解决这些担保物权相互之间的优先顺序。原物权法仅于第 199 条规定了同一标的物之上存在两个以上的抵押权时的相互优先顺序，而未涉及两个以上的质权以及质权与抵押权并存的复杂情形。《民法典·物权编》在认识到这一法律漏洞的基础上对此进行了相应的完善，具体而言则包括如下三个方面：首先明确增加了质权与抵押权共存于同一标的物之上时的优先受偿顺序。民法典第 415 条规定"同一财产既设立抵押权又设立质权的，拍卖、变卖该财产所得的价款按照登记、交付的时间先后确定清偿顺序"。其次，则是民法典第 414 条在原物权法第 199 条的基础上增加了第 2 款，规定"其他可以登记的担保物权，清偿顺序参照适用前款规定"。该规定弥补了其他不以交付为要件的担保物权共存于同一标的物之上的优先顺序，例如权利质权相互之间的优先顺序；再比如民法典合同编第 641 条所规定的"所有权保留"与抵押权等共存时的权利优先顺序，等等。最后，民法典还增加了担保标的物价款债权的担保物权的超级优先权。民法典第 416 条规定"动产抵押担保的主债权是抵押物的价款，标的物交付后十日内办理抵押登记的，该抵押权人优先于抵押物买受人的其他担保物权人受偿，但是留置权人除外"。不过该规定仅限制在出卖人交付标的物之后 10 日之内，标的物之价款债权才优先于其他担保物权，10 日之后即不得再行适用该规定，而是适用其他担保物权之优先顺序规则了。

5. 完善了抵押权的效力体系

（1）明确承认了抵押权的追及效力

对于抵押权的追及效力以及基于此的抵押人对抵押物的处分权，我国立法上一向不予承认，无论是原担保法第 49 条还是原物权法第 191 条之规定均否认了抵押权的追及效力，从而自然而然地否认了抵押人在抵押期间处分标的物的权利。原担保法第 49 条之规定，抵押人转让抵押财产的必须通知抵押权人并告知受让人，否则转让无效；而后来生效的原《物权法》第 191 条的要求则更为严苛，必须取得抵押权人的同意始得转让抵押财产。无论是依据原担保法第 49 条在通知抵押权人并告知买受人之后转让抵押财产的抑或是依据原物权法第 191 条之规定在取得抵押权人同意的情形下转让抵押财产的，抵押人均须将转让抵押物所得的价款，应当向抵押权人提前清偿所担保的债权或者向与抵押权人约定的第三人提存。

民法典终于在学术界的共同推动下于第 406 条明确承认了抵押权的追及效力以及抵押人的处分权。该条第 1 款规定："抵押期间，抵押人可以转让抵押财产。当事人另有约定的，按照其约定。抵押财产转让的，抵押权不受影响。"依据该款规定，抵押人转让抵押财产是其固有的权利，其无须取得抵押权人的同意。之所以抵押权人转让抵押财产无须再行取得抵押权人的同意，乃是由于抵押权具有追及性，即无论抵押物转移到何人之手，均不影响抵押权的存续，抵押权人在抵押权实现的条件成就时自然得实现其抵押权，这就是第 406 条所规定的"抵押财产转让的，抵押权不受影响"的含义所在。当然基于意思自治原则，抵押权人与抵押人另行约定抵押人不得转让抵押财产或者抵押人转让抵押财产须符合何种条件，法律自然应当允许，故该规定属于任意性规范而非强行性规范。当事人之间约定不得转让，究竟发生何种效力并不明确。有鉴于此，最高人民法院《民法典担保物权制度司法解释》第 43 条第 2 款专门作出了司法解释，认为该约定若经登记即取得对抗第三人的效力，而若未经登记则仅属于当事人之间的债权性安排，不具有对抗第三人的效力。笔者认为这一解释尚有进一步讨论的余地，基于物权法的原则以及所有权绝对性所有人处分抵押物的权利应当属于法律强制性规范而不允许当事人通过约定进行限制，当事人的约定最多只能产生债权效力，因而也不应当具有登记能力，不得进行登记，否则民法典第 406 条之规定将因当事人之间的特别约定而流于形式。

当然民法典仍然照顾到有些人一直以来的担心："即允许抵押人自由转让抵押财产会损害债权人的利益"，因此于 406 条第 2 款做出了保护债权人的特别规定，即"抵押人转让抵押财产的，应当及时通知抵押权人。抵押权人能够证明抵押财产转让可能损害抵押权的，可以请求抵押人将转让所得的价款向抵押权人提前清偿债务或者提存。转让的价款超过债权数额的部分归抵押人所有，不足部分由债务人清偿"。依据该条规定，抵押权人必须承担举证责任证明，抵押财产的转让可能会损害抵押权的，才能要求抵押人将转让所得的价款提前清偿或者提存，而此种情形发生的概率非常小，在不动产抵押的情形更是如此，因此在实践中亦不会发挥太大的作用。盖只要有抵押权的追及效力就足以保障抵押权人的利益不受侵害了。当然民法典这样的做法可以减少反对意见，有利于民法典的通过，在笔者看来，这不得不说是立法者的政治睿智。

（2）完善了抵押权与租赁合同的关系

抵押权实现时不得打破在抵押权设定时即已经存在的租赁合同是买卖不破租赁原则在担保物权中的必然逻辑延伸，也是抵押权之效力中必须要予以处理的问题。针对抵押权与租赁合同之关系，原物权法第 190 条分两种情形进行了规定，即先出租后抵押与先抵押后出租：针对第一种情形该条第 1 句规定"订立抵押合同前抵押财产已出租的，原租赁关系不受该抵押权的影响"；针对第二种情形其第 2 句规定："抵押权设立后抵押财产出租的，该租赁关系不得对抗已登记的抵押权。"民法典第 405 条亦将原物权法第 190 条所规定的抵押权与租赁合同之关系进行了相应的完善，将第一种情形修改为"抵押权设立前抵押财产已出租并转移占有的，原租赁关系不受该抵押权的影响"。与原物权法的规定相比较，其不但要求租赁合同在抵押权设定前签订，而且还要求出租人已经将租赁物进行了交付。其完善的目的显然在于更好地保障抵押权人的权利。具体而言，体现在两个方面：其一是防止抵押人与第三人串通，虚构租赁合同，也即在财产抵押之后与第三人签订租赁合同，但是却把租赁合同日期倒签于抵押权设定之前，那么依据原物权法之规定抵押权人的利益即可能因此而受到损害。依据民法典第 405 条之规定，此种情形将不可能再发生，只要租赁物本身并没有交付，即便是租赁合同签订在先，其租赁合同亦不得妨碍抵押权之行使，更不要说通过后续补签的旨在诈害抵押权的租赁合同了。其二，对于真正的已经签订租赁合同，但是尚未实际交付的租赁合同，不得对抗抵押权的原因在于，抵押人将标的物出租给他人，但是尚未交付时，基于租赁合同为债权合同无须进行登记或者以其他方式公示即可发生效力，故抵押权人不能通过占有之外观以及其他渠道知晓该标的物已经被出租的事实，而若该租赁合同得以对抗抵押权，则往往抵押权人因此而受有损害。至于原物权法第 190 条第 2 句所规定的第二种情形，民法典第 405 条则将其予以删除未做规定，其原因为何，笔者迄今为止未见相关立法文献予以阐述。事实上该种情形在比较法上亦鲜有规定者，其原因在于此时抵押权设定在先且抵押权属于物权，租赁合同所产生之权利仅系债权之一种，故此该缔结在后之租赁合同自然不得对抗抵押权，这是显而易见的法律逻辑，无须再行明确规定。此外对民法典第 405 条之规定进行反面解释亦能得出相同之结论。该条规定租赁合同只有在抵押权设定之前签订的，并且将租赁物交付给承租人占有后，才得以对抗抵押权，那么租赁合同签订在后或者虽然租赁合同签订于前，但是在抵押权设定后才交付的租赁物，其自然不得对抗抵押权了，故亦无必要再行规定了。

二、民法典担保特权部分的民商合一特点与不足

为优化营商环境，《民法典·物权编》对现行有效的物权法做了部分修改。第一，物权客体特定原则并未以具体法律条文的形式呈现出来，相比于物权法而言，物权编并未规定物和物权的定义，这一修改动摇了传统物权法之基础，却与商事担保制度契合，从英美法系继受而来的浮动抵押制度即不坚持物权客体特定原则。第二，对于抵押合同、质押合同中对于抵押物、质押物的名称、数量等，作一般概括性描述，物权编将"财产的名称、数量、质量、状况、所在地、所有权归属或者使用权归属"修改为"抵押财产的名称、数量等情况"，简化了抵押、质押手续，体现了商事活动的交易便捷要求。第三，物权编第 396 条有关特殊动产浮动抵押的规定中，删除了物权法第 181 条中规定的"经当事人书面协议"的表述。有观点认为，该条修改是因为物权编第 388 条已规定所有抵押都必须有书面合同，因此此处不再赘述。类似条款还有物权编第 441 条关于以汇票、本票、支票债券、存款单、仓单、提单等出质的质押合同，物权编第 443 条关于以基金份额、股权出质的质押合同，物权编第 444 条以注册商标专用权、专利权、著作权等知识产权中的财产权出质的质押合同、物权编第 445 条以应收账款出质的质押合同。此处修改属于对文字表述的改进，使得条款更加简洁。

《民法典·物权编》坚持了物权法中的浮动抵押、最高额抵押、所有权保留等非典型担保制度。然而，虽然规定了具体的商事担保制度，但在没有商事担保基本规则的基础下，不坚持物权客体特定原则和物权法定原

则的商事担保制度无疑是不利于民法典体系化之构建的。我国以席志国教授为代表的学者就主张在制定民法典过程中，应当将浮动抵押作为特殊之物权由特别法规范而不应纳入民法典之中。[①]同时，物权编第 403 条、404 条继续规定了动产抵押制度，按照传统大陆法担保理念，抵押只限于不动产，这就将许多流动资产排除在抵押之外，而动产通过需要转移占有的质押来进行担保，则会使担保物失去使用价值，影响生产经营。物权编坚持规定了动产抵押制度体现了动产担保制度的国际潮流，使担保物能够充分发挥使用价值和担保价值，得以物尽其用。实际上，动产抵押制度在物权法第 180 条和担保法中即有相关规定，此次进一步规定在，《民法典·物权编》中无疑是对动产抵押制度的进一步肯定。

　　整体而言，《民法典·物权编》属于小修小补而非整体性修订。在商事担保制度方面，其未放松流押、流质之限制，未承认动产让与担保、营业质等商事担保规则，并未将物权法出台十多年来所取得之经验与理论发展成果固化为立法成果，对于理论与实践中所取得的进步，均未给予足够之重视，更未能体现国际上的动产担保一元化潮流。可以说，《民法典·物权编》遗漏之内容比其修改之内容更为重要，未免让人遗憾。正如习近平所指出的，《民法典》颁布实施，并不意味着一劳永逸地解决了我国民事领域中所存在的全部法律问题[②]，毋宁说任何制定法必然伴随着形形色色的法律漏洞。

　　新中国成立七十多年来，我们终于有了一部自己的民法典——《中华人民共和国民法典》。该法典的诞生是数代民法学人的共同梦想，凝聚着民法学人与社会各界的心血与汗水。民法典的诞生为我国私法的发展和完善奠定了法律基础，使我国的民事法律更加体系化、科学化。总则与分则的立法模式以及利用抽象概念和开放式条款的技术手段，使得民法典比单行法更加具有包容性与开放性，其体系效果不可估量，其对中国社会、

---

① 席志国. 民法典编纂视野下的动产担保物权效力优先体系再构建——兼评《民法典各分编（草案）二审稿》第 205–207 条 [D]. 东方法学网络首发论文, 2019: 7–8.

② 习近平在中央政治局第二十集体学习时强调：充分认识颁布实施民法典重大意义　依法更好保障人民合法权益 [J]. 光明日报, 2020–05–30.

政治、经济、文化、生态文明等诸方面的影响必然是深远的。然而正如世界上所有的法典一样，《中华人民共和国民法典》绝非一劳永逸地为所有的民事活动提供了唯一正解，必然会存在各种各样制定法的固有缺陷，包括因语言多义性而产生的歧义，因高度抽象的立法技术而产生的难以直面生活事实，因违反计划而产生的不圆满性，因价值评价上失衡而产生的规范冲突，因时代之局限性而产生的前瞻性的缺失等问题。这就要求司法实务界与学术界共同努力，在法律的框架内经由法学方法并通过学说与判例，使法典不断得以获得新的生命，以适应当代社会的快速发展。

第八章　我国民法典编纂背景下民商合一的实现路径

社会主义市场经济在本质上是法治经济。我国的基本经济制度是以法治为基础、密切受到我国法律规范、调整的经济制度。我国民法典有关民事主体法律制度中的法人制度（营利法人制度、非营利法人制度），调整、规范经济活动的法律行为制度，调整、规范种类繁多的财产关系的物权法律制度，规范各种交易行为的合同法律制度，保障各种民事权益不受侵害的侵权责任法律制度，对于我国基本经济制度的坚持与完善，都是必备的行为规则与法治规范。我国的民法典坚持"民商合一"的立法传统，把很多的商事规则纳入民法典当中。"民法典采用民商合一的立法体例，民商合一的理念贯穿整部法典。"[①]民法典立法健全完善了民商事领域中的行为规则与基本法律制度，为所有的市场主体，为各种民商事行为提供了基本的行动指南。民法典对于充分调动市场主体的积极性、激发他们的创造性、维护与保障市场交易秩序与安全具有重要的意义，从而大力地推动了经济高质量发展。

通过借鉴各国（地区）法典化实践应用，我国民法典编纂结构模式采用了潘德克吞体系，潘德克吞体系为避免民商事规则的重复性规定，需要将各种法律关系中具有共通性的一般事项抽象出来，譬如法典结构中存留的各种契约总则、各种债权总则等规定。笔者通过类型化梳理各国（地区）法典结构样式，以及剖释私法领域内商事（行为）制度的规则蜕变，厘清不同规整体系"内在"意义上的脉络关系，从民法大体系对商事规则的包容性视角去忖度和考量，以期能为我国民法典民商合一的实现提供一

---

① 赵磊. 民法典时代的商法体系化［N. 人民法院报，2020-07-30.

些理论参考。

第一节 民商分立下的商事规则

私法法典化是成文法国家立法的最高层次体现，它追求的是一个按照一定框架构筑各种法律制度的完整体系，并强调由具有共通原则作为制定基础来搭建起的统一概念，尤指那些涵盖相当丰富的制度内容，既能使其调整所有已经出现的情形，又能使其调整那些从未出现的境况。但在商事事务处理上，一方面，随着公法（国家立法）不断加大干预力度，商事习惯法也逐步被国家立法限制，直至由商事法律所取代。特别是法国可能基于罗马法体系中对市民法与万民法的区分标准，将商业活动按照特权规范与一般规范加以区分，并分别制定出民法典与商法典；而事实上，拿破仑还曾任命七人委员会（包括法学家和实业家在内）一起负责着手起草商法典，从此确立了大陆法系大多数国家制定法典的一个传统——民商分立体制。具言之，民商分立下的法典编排体例既应允许在法典之外另行单独制定商事单行法（或商法典或商事通则），又应允许民法和商法在各自独立的规范体系内运行其法律机制，以实现共同调整社会经济关系目的。但凡采取民商分立的国家大都着眼于以特殊的法律文件来规范商法（或商事通则）的表现形式和法典编纂结构，并以"商法""商事通则"或"商法典"命名将商事规则加以系统化、规范化。本书结合《法国商法典》《德国商法典》《日本商法典》和《美国统一商法典》等立法结构模式演变，以及从是否建立在商行为还是"建立在商人概念之上"①的立法适当性选择问题上，对其中商事规则相关部分作简要的类型化分析。

一、以"商行为"为主的客观主义标准体系

事实上，《法国商法典》在条文规范层面，率先以客观主义（商行

---

① ［德］C. W. 卡纳里斯. 德国商法［M］. 杨继译. 北京：法律出版社，2006：2.

为）为标准进入民法典结构时期，还主要表现出不断制定商事单行法对原有商法典内容的"蚕食"。该法典根据有关商事规则的特性确立了商行为的连接点，采取了客观主义（商行为观念）原则[①]，因此属于以"商行为"为主的客观主义标准体系，即凡从事商行为者，不论其身份如何均适用商法。《法国商法典》规定商事总则、海商、破产与司法管理、商事法院管辖四编，共计 648 条。随着国民经济发展以及司法实践要求，法国商法典原来的大多数条款都已经废除或修改，特别是颁布众多商事单行法作为补充[②]；在二战以后，法国商法修正委员会再次开始了对商法典、公司法以及破产法进行系统修正。同时，"鉴于客观主义做法的种种弊端，法国以后的商事立法，开始从单纯的客观主义转向同时重视商人的身份，并保留很多主观主义体系的规定，发觉强调以商人身份的判断是否适用商法"[③]。

自《法国商法典》颁布实施以来，虽该法典已经多次重大修订，但仍在生效。在这一法典编纂的立法体例影响下，其他大陆法系国家还专门重构了各自的独立商法典，譬如 1807 年的《比利时商法典》、1835 年的《希腊商法典》、1838 年的《荷兰商法典》、1865 年和 1883 年的《意大利商法典》、1897 年的《德国商法典》、1938年的《奥地利商法典》等。此外，普通法系国家也开始纷纷效仿，如 1850 年的《巴西商法典》、1952年的《美国统一商法典》、1889 年的《阿根廷商法典》、1899 年的《日本商法典》等。目前全世界已约有六十多个国家制定独立的商法典，由此形成所谓民商分立的立法体例模式。《法国商法典》体现商业活动的契约自由，其制定对现代商法的形成具有重要的开拓性意义，标志着商法在人类法制史上已完全成为独立的法律部门。

---

① ［德］C. W. 卡纳里斯. 德国商法［M］. 杨继译. 北京: 法律出版社, 2006: 3.

② 其中，有《股份公司法》(1867 年)、《商业登记法》(1919 年)、《商业财产买卖设质法》(1909 年)、《有限责任公司法》(1925 年)、《证券交易法》(1942 年)、《保险契约法》(1930 年)、《海上货物运输法》(1936 年)等商事法。——笔者注

③ 徐强胜. 商法导论［M］. 北京: 法律出版社, 2013: 22.

二、以"商主体"为主的主观主义标准体系

实际上，《德国商法典》在条文适用层面，秉持以当事法律主体的人格特征（即所谓的商人身份）为前提条件①，采取主观主义（商人观念）建立以商主体为本位的立法体例。同时，该法典按照编纂体例中的"主观商行为"标准加以体系编排，并确立了以"商主体"为主的主观主义标准体系：以商人（商主体）作为商法（典）的中心，对同一行为，商人（商主体）为之应适用商法（典）；非商人为之则适用民法或其他法律。《德国商法典》规定商人的身份、公司和隐名合伙、商业账簿、商行为和海商等五编，共计 905 条。与《法国商法典》相比，该法典先后经过多次修改但始终坚持主观主义做法②，但多次修改并不代表主观主义标准会损害法律主体的平等性原则，况且《德国商法典》的内容与结构较为合理、立法技术也相对较高。鉴于上述规定，一方面，可看出该法典规定的商业事务包括销售、代办、代运、仓库、运输人以及铁路货运和客运；另一方面，虽股份公司和有限责任公司都属公司的重要组成部分，但因其他单行法对此二者均加以规定而未将其规则安置在商法典中；此外，有关商事汇票、证券交易和企业破产等内容，亦同样在法典之外单独重构商事单行法。由此便知，进入 20 世纪以来，德国修订商法典主要限于其股份公司制度修正和其他单行法补充的缘由。从法解释学角度上分析《德国商法典》，可知晓建立在商人概念之上的商法典，"不论是以'商人身份'为名并被看作'身份法'的第一编的条文，还是第四编以'商行为'命名并通过第 343 条将此概念与商人概念联系起来的条文，都和商人的特点紧密相连"。因为该法典的基本法律规定首存于这两编，并且包含很多有关商人的特别私法方面的内容。无论从其源流还是从其法律构成上都能呈现，德国商法也是商人法。即使从商人特别法视角出发，它也很少赋予商人阶级特权，相反却能引起对其使用更加严格的条件。此外，它在一些特殊情形下还有接近客

---

①　[德]C. W. 卡纳里斯. 德国商法[M]. 杨继译. 北京: 法律出版社, 2006: 3.

②　徐强胜. 商法导论[M]. 北京: 法律出版社, 2013: 21–22.

观主义标准的问题①，如《德国商法典》第345条规定"双方行为中的一方为商人的，原则上就适用商行为法"②。事实上，专门规范和调整以商人阶层为主的单一法典规则已逐渐淡出法律文化舞台。

三、以美国、日本为代表的折中主义标准体系

上述传统商事体系分别是从商事行为的主体和性质出发来认识交易关系，都没能突破各自的标准化类型，"都不比对方具有更多的优势"③，导致法典规则在规范上不能将"具有商人身份的主体从事的商事行为"与"从商行为本身之性质角度从事的商事活动"一视同仁。私法现实中，采取主观主义立法的德国商法典，其中有大量并非以商人身份决定而由商法调整的商事关系；采取客观主义立法的法国商法典，随着后来大量商事单行法的颁布，愈来愈依当事人是否具有商人身份来确定商事关系而适用商法。④总体来说，商法比民法更加务实，如以调和"商人和商行为"为中心的《日本商法典》，以及超越主观主义与客观主义之争的所谓第三条道路——以"货物买卖"为中心的《美国统一商法典》，都在规制现代商事契约行为内容上，既看行为主体是谁也看行为的性质如何来实现二者体系的折中平行共存。

（一）以"商人"和"商行为"为中心的折中主义标准体系——《日本商法典》

对日本现行商法而言，它不是本国固有法律，而是在明治维新以后从国外继承而来。1890 年日本政府聘请德国人赫尔曼效仿《德国商法典》并兼采法德两国商法中立法成果来拟定日本商法；同时试图从法典内容上调和商法规范二元结构所衍生的主客观主义，力求突破法德法典的编纂局限来构建其商法典。后经修改，于 1893 年先予以实施法典中有关公司、票

---

① 比如，《汇票本票法》《支票法》和《海商法》——《德国商法典（第五编）》，这些商事规范的适用仅需存在汇票、本票、支票或海商行为即可，而无需表明是否具备商人身份。——笔者注

② ［德］C. W. 卡纳里斯. 德国商法［M］. 杨继译. 北京：法律出版社，2006：2-3.

③ ［德］C. W. 卡纳里斯. 德国商法［M］. 杨继译. 北京：法律出版社，2006：3.

④ 徐强胜. 商法导论［M］. 北京：法律出版社，2013：19.

据、破产等部分内容，直至 1898 年 7 月 1 日法典才得以全部施行；次年，日本重新制定 1899 年《日本商法典》。事实上，该法典因以商人和商行为为中心而采取商人法原则和商行为法原则的折中主义，能兼具法典在商主体观念和商行为观念上的编纂优势，确定以"商人"和"商行为"为中心的折中主义标准体系。即，《日本商法典》既以商人的身份判断其行为是否适用商法，又规定某些行为为（或视为）绝对商行为而受商法调整，因而被称之为"折中主义"。①

由于受到德国（旧）商法典影响很大，1899 年《日本商法典》在编纂体例上规定总则、公司、商行为、票据和海商等五编（共计 689 条），其中除票据部分后来被从商法典中提出单列作为独立单行法外，其他章节均与现行商法典相同。现行《日本商法典》②分为总则、公司、商行为和海商等四编（共951条③），不仅从行为主体还从行为性质角度来认识商事关系，在有些行为上，任何人从事都可形成商事关系（如投机性买卖、交易所内交易等），而在有些行为上，只有商人从事时才会形成（如租赁、加工承揽等）。④该法典依据商事实践活动进行反复修订并力求商事规则达到简使快捷，进而尊崇自由为基本原则，如重信用维持、契约自由、方式自由、短期时效以及对某些登记事项不作硬性规定等；同时为保证商事活动的顺利进行，在有关商事登记、公司设立和组织、经理人的代理权等方面做出严格规定。具体而言，《日本商法典》是从日本商事活动的习惯出发，在法典技术上做出一些细致处理，也是将具体条文与国际一般商事

---

① 徐强胜.商法导论[M].北京：法律出版社，2013：22.

② 具体而言，日本政府于 1929 年开始着手修改商法典，并增加了大量条文以及将条文顺序重新排列，该商法典修订文本于 1937 年通过、1940 年 1 月实施。由于 1932 年《日本票据法》作为商事单行法被单独重构在法典之外，故《日本商法典（第四编）》"票据"就全部废止。——笔者注

③ 其中，现行《日本商法典》第1条将商法作为民法的特别法，商业习惯可以优先适用；第四条亦同第52条第 2 款的公司规定"商人"范围；第32条第 1 款强制性规定"所有商人设置商业账簿的义务"，但第32条第 2 款并未强制要求其设置内容、方法以及保管范围等记载事项。该法典在界定商主体概念时，采用折中主义原则的商人概念抽象概括出商行为（第503条第 1 款），并在其他条款补充列举绝对商行为（第501条）、营业商行为（第502条）、附属商行为（第503条第 2 款）。——笔者注

④ 徐强胜.商法导论[M].北京：法律出版社，2013：18.

规则有机协调起来。从内容上看，该法典抛弃了日本旧商法许多不合理之处，而且立法上做了很好的"移植"，还在历次修改、补充中吸收美国商法的优点，并依本国商事实践创立许多新的商事法律制度，体现出日本商法的兼容与创新。①

（二）以"货物买卖"为中心的所谓第三条法典道路——《美国统一商法典》

根据美国宪法中的"商业条款"，除国会立法权限（货币、征税、外交和防卫，贸易保护和版权、破产、海商法，以及管理对外和州际贸易）以外的其余私法和商法事务，五十个州都可行使立法权。实际上，1923年美国各地存在的某些差异已开始由美国律师协会、法官和法律教师创建的美国法学会对私法判例规则进行统一"法律重述"。20世纪伊始，美国政府为防止企业可能给公民个人造成难以承受的苦难，便有意识对企业活动的自由加以限制，把经济活动置于自己的监督之下。20世纪60年代，《美国统一商法典》被美国各州普遍通过（除路易斯安那州外），该法典虽吸收了数以百计的商人、商业代理人、银行家、承运人和仓库保管人等意见，但因是在法学会和律师协会倡导下由全国统一州法律委员会起草的，所以各州通过的文本有所差异。因此，有关买卖、有关交易的流通票据、支票、仓单、提单、存储票证、商业票据的托收和信贷及担保等重要领域（抵押除外）的适用规则在美国各州是基本相同的。②

1952年《美国统一商法典》以货物买卖为中心，在结构体例上划分为总则与各章（共计400单节），其中包括买卖（货物销售）、商业票据（流通证券）、银行存款和收款（托收）、信用证、大宗转让、仓单收据提单和其他有权凭证、投资证券、担保交易（赊购和动产证件）、生效日期和废除效力等各篇。该法典形成"以总则指导各章、各章基本围绕货物买卖展开"的超越主观主义与客观主义之争的所谓第三条道路。其中，最主要的是第2编"货物销售"（共104单节，不含不动产买卖）。尽管该

---

① 赵中孚，刑海宝. 商法总论（第四版）[M]. 北京: 中国人民大学出版社，2010: 102.

② ［德］K. 茨威格特，H. 克茨. 比较法总论 [M]. 潘汉典，米健，高鸿钧，贺卫方，译. 北京: 法律出版社，2003: 359, 368.

法典以商行为为主线，但其主要调整以商人（企业经营者）为主体的商事交易关系。总体说来，这一商法典（以货物销售为主）适用于所有货物买卖合同，是围绕合同而编纂出的制定法典型，而且仅在极少数条文中强调当事人的商人身份或被视为商人的特殊规制。①

以上叙述足以表明，商法的重要领域，特别是与货物买卖和信贷及担保有关的领域，虽受各州法律调整支配而存在州冲突法规则，但由于采用统一商法典，致使各州在适用商事规则、处理法律事务上并无实质差别。

第二节 民商合一下的商事规则

自 1865 年起，加拿大魁北克省着手将某些商事内容放置在民法体例编排之中，放弃另行制定独立的商事法典。1881 年，瑞士出于民族观念和宪法规制上的考虑，率先重构能包含民事规范和商事规范的债法典。这一做法区别于法德两国民法典编纂体制，打破了民商分立下法典编纂体例的立法格局。进入20世纪以后，具有代表性的意大利、荷兰等国商法以法典形式独立存在的地位受到私法统一学潮（民商合一）的更大挑战和困惑。与此同时，以苏联为首的社会主义国家也开始在相关领域进行立法活动，设计社会主义法律部门，但因阶级观念而无一例外地摈弃商法概念，仅起草编纂、颁布实施民法典。从上述各国（地区）的法律传统或本国（地区）具体情况出发，对民商事统一立法体制有不同程度的要求，但大体上为两种体例，即民商完全合一与民商不完全合一②。基于篇幅和笔者能力所限，本书仅从方法论上采用"经验、理论和超理论"的标准划分，对《瑞士民法典》《意大利民法典》《荷兰民法典》以及近现代俄国的民法典等立法

---

① 沈宗灵. 比较法总论［M］. 北京：北京大学出版社，1987：229, 231.

② 具体而言，一则为民商完全合一，它是在民法典体系中纳进商法的大部分内容，如瑞士、意大利等；二则为民商不完全合一，它是在民法典体系中纳进一部分商法内容，而像公司、保险、票据和海商等主要商事法规范则采用商事单行立法模式，此类最为典型的就是台湾地区民法。——笔者注

演变范式加以类型化阐释，同时"借助于规则对其背景证成必要的不透明性"①去实现"理性主义、实质主义和形式主义"理念上的法典编纂，以求抽象与具体相结合的方式能够达到类型化分析相关商事规则的目的。

一、经验法则式的理性主义标准体系

19世纪后半叶，瑞士迫切需求统一各州法律，而且瑞士宪法改革私法的某些领域，特别在债法、商法方面获得国家立法权。在这之前，绝大部分州是基于各自的文化背景与历史传统差异，将私法实践中的司法惯例适用于各区域内的民商事纠纷解决。因此，1881年瑞士尽最大可能地将宪法授权的内容制定在这部统一的《瑞士债务法典》（共 34 章），包括契约总则、各种契约、公司、票据、商业登记、商号和商业账簿等规定。此次立法内容要比名称上所涵盖的多得多，而且没有分编就直接规定章节。立法者对法典形式逻辑的追求体现了私法思维体系的数学化倾向，也映射出理性主义的典型思维方式。事实上，该法典编纂以《德国普通商法典》（1861 年）和"德累斯顿草案"（1865 年）为范式，不仅理性涵盖原属法德各国民法体系中的契约总则和各种契约内容，而且囊括原属法德各国商法体系上的公司、票据、商号等规定，与此同时，还保持与瑞士宪法规定一致而抛弃以"商法典"命名的方式。随着越来越多的联邦法与州法的并存，瑞士私法体系面临着诸多州际冲突以及违背正义的交易状况。②

由于《瑞士民法典》到 1912 年1月1日才开始施行，人们便开始补充1881 年债务法典并使之与民法典相适合。迫于时间原因，对原有债务法典的一般规定（仅含一般契约法以及侵权行为法和不当得利法）和具体契约形式法略加修改，其余部分未动，并于 1911 年5 月 30 日通过；这部具有商法性质的债务法更名为《关于补充瑞士民法典的联邦法律（第五编为债务法③）》，与《瑞士民法典》（前四编为人法、家庭法、继承法和物法）

---

① ［加］罗杰·赛勒. 法律制度与法律渊源［M］. 项焱译. 武汉：武汉大学出版社，2010.

② 陈华彬. 瑞士民法典探析［J］. 法治研究，2014（06）：60.

③ 《瑞士民法典》第五编《债务法》分为"总则""各种契约关系""公司与合作社""商业登记、商号与商业账簿"有价证券等五部分，共计 1186 条。——笔者注

同时生效，但却作为具有自身条款序数的联邦特别法律而存在。其后，契约法部分于 1930 年加以修改；其他关于全部公司法（包括股份法、有限责任公司法和合作社法在内）以及商号法和票据法等方面的内容规定，直到 1936 年才进行修订并加在债务法之中。近年来，瑞士又着手起草消费信贷法，并将其并入《瑞士债法》中。

上述瑞士债法及其被立法并入民法典的过程说明，虽然在此阶段及其通过后都一直存在"关于债法范围和商法定位的争论"问题，但最终还是维持最初达成的立法体例决定——将商法内容并入债法之中，而不再另行制定商法典，并体现在旧债法及修订后的现行债法上。这样一来，债务法第三到五部分属于商法典范围就成为一种必然，之后的民法典修正也没有实质性变更——将商法内容纳入债法这一立法框架，更多的是致力于立法内容完善，而且还在破产方面另行重构商事单行法。《瑞士民法典》虽偏离学说汇纂理论体系，又无总则部分，但在法典结构上完全追随学说汇纂理论发展的五编结构体例。该法典不同于法德两国民法典，它是法学家或法学家集体从实际运用中的联系出发，并理性地将瑞士私法的经验法则加以统一化安排，而且采取民商合一的立法体例。至此，瑞士已确立好的基本立法格局完全撇开了民商分立的立法模式而走上另外一条道路。

二、新法学阶梯式的实质主义标准体系

1942 年《意大利民法典》在近现代私法发展史上以其独特之处而占有一席之地，其成就在于民商合一的法典编纂体例。但是，近现代意大利先后存有两部民法典，均以超越经验主义的实用价值为中心理论，且注重私法理论的精神文化关怀。19世纪后期，原有的民商立法逐渐被公认为不能真正满足需要，加上企业的发展，使得法典与社会之间缺少联系而不能有效衔接。鉴于此，一些著名法学家开始推崇"私法统一"理念、起草民法典各编草案，并向社会广泛征求法律意见。最终，新法典经过反复讨论、修订后成为意大利现行民法典，它以个人为本位兼顾社会本位，求证正当性与规范性之间新的意蕴与界域，试图阐释法的文化价值、统一私法规则及融合劳动法。它实质就是法律学说与法典化的有机结合，同时也是

改进、吸收和协调不同法律文化交织一起形成的受益品，如任何人可以基于契约合意而发生持续性转移物的所有权；基于继承契约的永存性分割而作为所有权人实施占有的行为，视为真正的占有人并能因此法律效果，等等。从整体上看，1942 年《意大利民法典》像一部企业法典，该编排体系关注"合作—债—契约与企业+劳动的经济积极性"发展，平衡了司法实践上的一般规定与特别规定，重新在具体的物权效力与债权效力上类型化规制契约行为理论、协调公共秩序和政治经济秩序。换句话说，该法典体系体现了新法学阶梯式的人文关怀，是一种"民法的商法化"或"民法和商法法典化的法典"的实质缩影。与此对应，纯理论性的意志（法律行为与适法行为）也失去"总则"所围绕的中心地位。该法典按照"序编""人与家庭""继承""所有权""债""劳动"和"权利保护"七部分（共55 章 170 节）编纂。尽管该法典并不排斥适法行为理论的创造，但这种变迁体系平衡编排自从法典生效以后，无论是修订草案（1963 年第 557 号法律），还是随后增补的法律行为制度，第三编至第五编的行为制度均要少于其他编的修改①。同时，对有效契约之外的契约效力问题，《意大利民法典》还专门区分无效、撤销、废除和解除等法律术语，反映了立法者在保护合法权益与维稳法律关系之间寻求最佳平衡点；尤其是在追求法典结构和具体内容的体系化、科学化、合理化过程中，反映出对一些社会常态问题的关怀，如契约无效（第 1341 条）、定式合同（第 1342 条）、消费契约（第1469 条附加条），等等。

三、新潘德克城吞式的形式主义标准体系

20世纪以来，《德国民法典》的编纂体系一直影响着世界各国民法典结构编排，但在私法法典各编的编排设置上，《荷兰民法典》和《俄罗斯联邦民法典》继受、发展和完善为新潘德克吞体系。总体上说，《荷兰民法典》一改旧法典之法学阶梯式的编纂风格，按照与《德国民法典》相似的潘德克吞法学理论"总则+分则"模式构建体系，并且这种"总则（主体

---

① ［意］桑德罗·斯奇巴尼.《意大利民法典》及其中文翻译［J］. 黄风译. 比较法研究, 1998（01）:
94.

与法律行为）+分则（债务关系、物权、家族与继承等）"的编排划分是多层次的。《俄罗斯联邦民法典》虽作为社会变革的产物，但不以立法者的意志为转移，它以此前的《苏俄民法典》为基础，试图追续革命前的旧传统，消除苏联计划经济下的公法痕迹；但因私权关系具有的内在规律，法典编纂在具体立法体例、法典结构、条文规范和编纂技术上，仍存有很大程度的历史继承性。从契约行为的履约机制上看，二者都是凭借"超理论或半超理论"的制度规范保持与具体法律行为规则相适应的（法律）"形式"，通过法典外在体系的形式安排来适应（或改进）商事活动在商品经济社会的性质和规模。

（一）以超理论规范的形式主义正本清源——《荷兰民法典》

荷兰自脱离法国独立后，便组织起草本国新民法典。1838 年《荷兰民法典》以《法国民法典》为蓝本设置人、物、债和证据与时效四编，并于1866 年又公布法文译本，在民法典编纂完成后又另行单独颁布实施了商法典。依据 1829 年荷兰《法律适用通则》，《荷兰民法典》在对待习惯规则的态度上不同于法国，即法无规定不可引用习惯[①]。譬如，民法典适用于商法典所涉一切领域调整的事项，除法律另有明文规定外，其中有关破产法内容已于 1893 年从商法典中独立出去，其商法典的规范对象也不再仅限于商人。到 1934 年，商法典的条款几乎适用所有人，不论其是否为商人还是非商人，其社会公众的一切行为活动皆受到规范；反映出荷兰私法在调整范畴上几乎废除商人与非商人之间残留的全部差别。在此情况下，将民法与商法单独制定法典已不能适应社会经济发展。特别是 1947 年以后，荷兰重新审视其民法典和商法典的体例安排，考虑私法法典统一化的编纂；况且在法国大革命之前，其学者仍一致强调民商合一体例，民商分立下的法典编纂只不过是时代变迁中的插曲。

现行《荷兰民法典》是迄今试图规定最为完整的私法典，反映了新时代下再法典化的努力。尽管法典承认商人和普通人之间存在一定差异，但总体上作了无差别对待，而且商事交易规则主要体现在法典的第六、

---

① 北京大学法学百科全书编委会著.北京大学法学百科全书［M］.北京：北京大学出版社，2000.

七、八编中。在商事交易规则设置层面，首先，它与一般法典结构编排不同，将"合同总则"放在"债法总则"之中；其次，第六编（债法总则）与《意大利民法典》相似，并不刻意区分企业或商人，专门涉及企业或营业者的规定很少，如只在第 119a 条（商事合同未按期支付金钱的赔偿计算）、第 214 条（执业或营业活动中的合同要求）以及第 231 条至 247 条（格式条款）明确涉及企业或营业的规定；有些条款虽未明确指出企业或营业者之间的问题，但其实是在表述商事规则，如第 140 条（往来账户的规定）。当然还有通过所谓的习惯规定确定当事人权利义务，如第 48 条第 1 款（债权人应当对每一次履行出具收据，但根据合同、习惯或公平原则得到其他要求的除外），其实主要是说企业之间的情形。第七编"有名合同"主要分析具体合同的三种情形（交易合同类或赋予使用权的合同、提供服务或劳务的合同、与信用交易有关的合同），同时，也将商法的一些内容也纳入进来。第八编"运输法"容纳了陆运和空运运输法以及商法上的海运和内河运输法。可以说，《荷兰民法典》民商合一的程度是比较全面且深入的，其思维模式是通过开放标准和其他法律不确定性的固有地位由法官在具体案件中予以判断，实质上是典型的现代商法思维。

（二）以半超理论制度的形式主义追根溯源——近代俄国的民法典

19世纪20年代，苏联掀起了社会主义民法典编纂的浪潮。《苏俄民法典》是由总则、物权、债和继承四篇组成（共 436 条）的第一部社会主义民法典，同时作为一部用来调整财产关系和及其有关的人身非财产关系（如版权、发明权等）的民商合一法典，并把与婚姻家庭有关的内容排除在法典之外，另行制定婚姻家庭法。[①]实际上，该法典调整国家组织、合作社与社会团体之间，公民和国家组织、合作社、社会团体之间，以及公民之间的三种关系。1924 年，苏联宪法授权联盟制定一系列法律纲要，各加盟共和国依此为基础并结合自身特点制定各自法典。尽管苏联实行联邦制，但其立法却高度统一，加盟共和国的法律不得与联盟法律相抵触；而且各加盟共和国之间的法律一般受限于联盟立法纲要，只在细节上略有差

---

① 北京大学法学百科全书编委会著. 北京大学法学百科全书 [M]. 北京：北京大学出版社，2000：761.

别。故，分析苏联法律时应明晰是联盟（苏联）法律或是各加盟共和国法律还是各自治共和国法律。①

　　具言之，一方面，1964《苏联民法典》（共八编 42 章）主要根据 1961 年《苏联和各加盟共和国民事立法纲要》以及 1963 至1964 年期间各加盟共和国的民法典整理汇编而成，用以替代 1922 年《苏俄民法典》。该法典还以当事人地位平等、公平和权利义务对等为财产关系的基本原则，将"只有民事权利的行使与社会经济目的相一致时才受到法律的保护"作为一个重要准则。②苏联解体以后，俄罗斯沿用民商合一立法体例制定现行的《俄罗斯联邦民法典》（1994 年至2006 年），该法典由四部分共七编（总则、所有权和其他物权、债法总则、债的种类、继承法、国际私法、智力活动成果和个别化手段的权利）组成。另一方面。同一时期还存有其他社会主义国家民法典，但限于文章篇幅有限，笔者仅就德意志民主共和国（通称"东德"）民法简单分析。在苏联为中心的社会主义计划经济下，国家企业之间的契约（或称"经济契约"）意味着由于计划行为而发生经济往来的企业必须订立一项经济契约，并称"这种对双方的要求"为"订约义务"。东德如同苏联一样，为解决国营企业之间的意见分歧，实际上是同一行政体系中不同部门之间的冲突，譬如《东德契约法》中有类似苏联程序式"国家仲裁"条款的规定③。因为社会主义法系对于违约行为提出实施经济制裁的请求是一件关系国家经济利益的事情，实际上被用来教育企业职工严肃认真执行国家计划。契约法第 23 条指出，所有社会主义经济企业都负有订立经济契约的一般性义务。企业可以通过预先订立契约将现存的契约义务写进自己的计划提议中，从而确保计划的可行性和适应（市场）。契约法第 82 条规定了有关企业的"实体责任"，抛弃《德国民法典》将不可能履行与迟延履行加以区分的过时分类法，而引入不适当履行作为不履行的一种特殊情况。该做法赋予企业在履行经济契约过程中享有过错责任的特殊规定。契约法第 106 条对违约金事项作出了详细规

---

①　沈宗灵. 比较法总论 [M]. 北京: 北京大学出版社, 1987: 286, 292–293.

②　沈宗灵. 比较法总论 [M]. 北京: 北京大学出版社, 1987: 301–302.

③　《德意志民主共和国契约法》（1982 年），第 22 条。

定，并将契约法第 107 条第 3 款作为一项例外条款，意味着无过错当事人不仅有权利而且实际上有义务提起控告违约当事人的诉讼[①]。1982 年契约法提起违约金诉讼的义务已完全废除，起诉与否完全取决于企业对"物质利益"的考虑，并且 1982 年契约法第 84 条第 1 款沿袭了 1957 年契约法第 37 条第 2 款关于企业原则上免除违约责任的情形，即企业不履行"是由于无法避免的困难所致"，则对于违约后果不负担"实体责任"。

第三节 我国民法典编纂背景下商事规则的界定及立法路径

一、商事规则的界定

民商事规则作为裁判规范适用的一般规则，无论是民法的适用或商法的适用，还是法典的适用，其在案件事实面前首先是规则被运用的过程，即一个"找法"的过程。尽管商法确立较晚于民法，但商事领域因商人创新而出现有别于传统交易中新类型合同和新类型条款的约定，由于不符法律规定而不能轻易否定合同效力，进而鼓励和维护交易稳定，最大程度促进社会财富流转。相对而言，商法主要关注财富流转，民法则更多关注"人"及其"总财产"，即所谓的静态财富。虽然中世纪商法未形成成文法典，但已存有实质商事规范。中世纪商人在处理其法律事务时逐步形成一种由国家认可的独特商业法律制度，这些规范只以商人身份的行为活动范围为限。由于世界私法趋向统一，各国在债和合同法中，将普通人也视为商人（而非将商人视为普通人）来统一有关（契约）行为规则，这与商事交易规则更具有开放与向上的意义与价值是有关的。同时，鉴于某些商事交易规则的特殊性，这些国家和地区也都将其以例外或专门规则而安排

[①] 类似情形，还出现于1951 年东德《一般契约法制度》法令第 5 条第 5 款规定企业"不得放弃其要求约定违约金的权利"。1957 年东德《契约法》则把提起违约金诉讼的义务基本限制在不合标准履行案件的范围内；对其他违约行为，则由企业自行决定是否放弃要求违约金的权利。——笔者注

在民法典的相应章节之中。

换言之，尽管商事规则具有"法律语句"的语言形式，但商法规范的结果不是主张某些事物就该如此，而是在对其作规定、给予或拒否的表示，即在现代私法统一法典化编纂背景下，规则的规范性功能不能仅仅限于"受规整者应为何行为，或其应如何判断"的陈述性功能问题上，还需要厘清不同规整体系"内在"意义上的脉络关系，做到了解事物之性质，并以此作为处理相关问题的出发点。基于普通人的行为在很多方面与一般的、具有常态化和专业化的商行为不具有可比性，因而在民法典相应章节条文中也对普通人的行为（或相关契约类型）加以特殊安排而显示其非商事化，特别是它们都通过建立"开放框架"确立公平合理原则，将可能的问题适当交由法官自由裁量。

具言之，在商事规则不够清晰或相互之间具有矛盾，或没有相应规则可适用时，如果没有商事习惯可借鉴，则可对商法基本原则予以合理解释和应用，甚至它们可以被直接用来评价个别商行为和判决。我国最高院为更好规范合同法第52条中有关"强制性规定"及其他规定的理解混乱，出台了一系列司法解释说明，虽未明确针对所谓商人行为，但实践中产生的纠纷大多甚至基本上是关于商人之间争议的问题，确立了商事领域中不轻易认定合同无效的原则，顺应了社会经济发展中企业创新和提高效率的需要，是商法思维在社会经济活动中的重要体现。实践中，商业活动开展和秩序维持对交易习惯存有高度依赖，我国合同法及相关司法解释明确指出："在合同条款上交易习惯具备补充一般性解释功能的效力；同时，在当事人权责划分上还应重视并尊重一些行业协会章程、中介业务规则等特殊惯例"[1]，这些交易习惯和惯例均可作为商事案件审理与裁判的重要参考依据。

二、我国民法典编纂对商事规则的立法模式与路径

我国民法典编纂工作主张民商合一体例，为确保法典化进程的有序

---

① 徐强胜. 商法导论[M]. 北京: 法律出版社, 2013.

开展，现代社会（即市场经济下的工商业社会）亟须在私法范畴内通过为实现私法主体自身利益的各种利害关系之间的契约行为而建构"上层建筑"，以适应总体经济环境出现的波浪式变动；或者说，我国私法现实中原有"混淆的立法"现象已导致现存的法律规则混乱，需引入"商事规则"概念来重新对全部契约之间的特殊行为规则进行统一界定。一方面，借鉴大陆法系与英美法系法典化应用中涵盖商事规则的做法，结合潘德克吞式民法体系的法典结构特色，类型化寻求从一般到抽象的法律技术和法典化应用的一般规则；另一方面，从现代企业间契约行为所促生的理性规则角度观察，结合法规范构造系属的经验性与规范性因素，结合法规范构造系属的经验性与规范性因素，理性化保持形成与其从事商品经济社会的性质和规模相适应的（法律）"形式"；特别是基于各种契约的共通规定（契约内核）以及利用整体要素规范真实契约类型，探究民商合一下各种交易契约之间的行为规则履约机制和共同条款的共通性规定。其中，学者对民商事行为的规范共性有一致看法，而且商事行为规范不可能摆脱民事行为规范而单独存在。基于此，现代私法趋于形成"废除商法典而设置不同商事规范于民法典中"的共识。

（一）我国对商事规则的立法模式

现有民商事立法成果表明，我国实际上走的是潘德克吞式民法体系道路。一般认为，潘德克吞体系采取民商合一体制，尤其是近代潘德克吞式民法体系注重法律规则形式逻辑的特色，在于其特色是以"法律关系理论"为核心，从主体与客体方面的一般规制制度规则，权利、义务与责任方面的一般规范制度规则，以及权利义务发生变动时的一般法律依据规则等逻辑角度制定法律。从法律传统上看，潘德克吞体系既是19世纪中叶以来民法体系化的最高成就，又是近现代我国民法体系形成的理论基础。同时，我国民法通则在很大程度上也是受到潘德克吞体系的影响，只是未曾达到法典化、体系化的程度而已。

就商事规则而言，现代商事规则（契约）的重要性在于缔结人际关系时当事人之间的自愿性以及选择性自由程度比较高，其类似于商品买卖中形成的具有间接性、可测量性并且简单明了、容易把握的一种"不相互信赖也能合作"的结果模式。商事规则针对交易双方主体具有拘束力，在商事交易的内容上应当向对方当事人做出自己完整意思表示，并能双方达成合意，对交易内容以及适用规则没有争议、且依照交易习惯能够判断具体明确的适用，可要求对方在约定的履行期限内予以完成交付义务。在商业交易活动中，一旦主体双方达成合意行为便会产生约束力，任何一方商事主体都应遵守并尊重该行为效力，且避免社会其他成员的干涉。商事规则在意思表示层面是由自然人、企业（法人）或其他组织自主决定的，在交易秩序层面能够有效调节市场竞争机制、维护交易安全快捷，还在商业行会组织或商业中介组织机构监管层面属于一种自律管理的事项。鉴于我国民商合一立法的大格局，废除商法典而制定民法典并非消灭商事规则，而是希望通过对商事规则的理性分析，进一步通过商事规则一般化使其能普适于自然人、企业法人和其他组织的行为规则，对于那些不能（或不便）一般化的则在民法典相应章节中予以特殊化编排。

新制度学派曾指出："企业本质上仍是一种契约结构，它并没有比普通市场更优越的命令、强制和纪律约束的限制。不同的企业类型，具有不同的合约结构。"[①]其企业是由于节约了交易成本存在的。这便有益于商法规范于普通人之间、企业之间以及普通人和企业之间进行设置理性规则，也就是说，普通人和企业（商人们）间的行为规则可以重新归入商事交易规则一般化界定中，去解决传统的商法规范与民法规范存在的冲突问题。或者说，未成体系的商事规则有望在民商合一下立法体例下被立法者纳入民法典编纂工作中。

究其原因：一是契约是市场运作与人际互动的基础，其习惯、规则以及制度可以保障当事人履行，其基本理念虽是契约自由，实质上却是商事规则的变通；二是企业将各个要素所有者通过内部契约组合起来形成一个代表着各种要素集合着利益的独立人格体，并以企业自身的名医而不是各个要素所有者的名义去参加市场交易；三是企业作为价格机制的替代物，由参与的交易费用决定其边界或规模，多种主体自身实际状况的不确

---

① 参见徐强胜. 商法导论［M］. 北京: 法律出版社, 2013.

定性因素发生会促使法律的安定性面临挑战，对于商事规则亦然，需要因地制宜而不是一味地等量齐观。所以，企业不能简单地用法律规制其法律形态，而须基于不同企业的内部构成因素去考虑。在民法典编纂过程中，需要慎重考虑企业的商法特性，它是由不同要素依据效率规则组合在一起的，当组成企业的成本大于市场组织时，企业就会停止扩张和分解。同时，还要考虑企业内部构成要素的合理配置实质上是相关利益者之间合意的平衡与协调，导致各个国家和地区纷纷通过立法设立一套调整和平衡公司企业各参与主体（商人或非商人）的利益关系，并对公司运营进行细化安排监管的法律制度。①这样一来，民法典编纂对于有关企业活动规范须考虑应以何种形式归入民法典债编，以及一般商事规则在多大程度上融到各分则编。

就当前各国法典化应用来看，我国民商合一体例下可供选择的民商立法模式无外乎以下两种：第一，传统意义上的民商合一，将全部或主要的商事规则纳入民法典编纂工作中，如以《意大利民法典》为代表的实质主义（新法学阶梯式的人文关怀）标准体系；第二，折中意义上的民商合一，将一般性商法规范和未成体系的商事规则纳入民法典编纂工作，保持现有成体系化的单行商事法，并接受民法典的统摄、指导，如以《挪威民法典》为代表的形式主义（新潘德克吞式的脉络编排）标准体系。在我国民法典编纂背景下，应当以现行民商事立法和法律体系结构为基础，通过实证分析我国该如何实现民商合一下的民法大体系问题。

（二）我国对商事规则的路径选择

我国民法典编纂过程中非常重视民商事关系的调整，把商组织法和已成体系的商行为法独立于民法典之外，将未成体系的商行为法运用立法技术科学安置到民法典之中，构建一部能够维护商事交易特殊规范的民法典。换言之，我国民法典编纂工作在处理民商法关系上，继承了民法通则和合同法的相关立法经验，结合立法技术将商事规范二元结构中的一般规则与特别规定加以整合：前者主要是关于商人与商行为的一般规则，可吸

---

① 徐强胜. 商法导论［M］. 北京: 法律出版社, 2013.

收到民法典之中；后者则为不能或不便一般化的商事规则，可独立在法典中单列一节，或在法典之外另行重构商事单行法。这样一来，"既能为民商事生活（私域）确立一般性交往（或普适性）规则，又能使民法典成为承载、彰显自由、平等、安全等私法价值观的基本法典"[①]。我国民法典编纂采取折中道路，被认为是最有效率的路径选择，既能将分散的、零散的且不成体系的商行为规则涵括到民法大体系之中，弥补民事与商事规则之间的有机衔接，又有益于中国特色社会主义商事法学理论研究，建立现代企业制度为契约核心的民法大体系。

我国民法典编纂遵循"两步走"规划。第一步因民法通则被"掏空"[②]而先行制定民法典总则编，进而统率、指导法典各分则编；第二步则恰恰是从大民法体系中整合具体民商事规则来制定民法典各分则编。其中，民法总则侧重于民商事活动应遵循的基本原则和一般性规则，各分则编在此基础上整合民商事规则的具体规定。前者重在解决民商事的基本规则，统领民法典各分编，后者重在完善各项具体制度，为避免立法资源浪费而不再重述这些基本规则，二者之间是抽象与具体、统率与辅助的紧密关系。当然，民法典各分则编在编纂过程中，就一些具体民商事问题做出了更为细致或略有差别的特殊规则。此外，民商法作为商业交易活动的基本法，随着我国民法典编纂工作完成，商业交易活动的法律规范体系已基本形成。也就是说，民法典编纂的第二步工作完成就宣告我国实现民商合一下的法典化体系整合成。在民商事领域内，民法典编纂特别关注交易规则上整合民法大体系规范群体，通过分则编编纂工作规整民商合一下的商事规则，解决相关法律针对同一事情的规则差异和适用矛盾等规范问题。

就民法典编纂如何实现民商合一问题，全国人大法工委、参加民法典编纂工作的五个小组及相关学者都努力完善"法典编纂如何实现民商合

---

① 朱广新. 民法典编纂可吸收商事一般规则 [N]. 检察日报, 2017-02-15.

② 《民法通则》（共九章 156 个条文），尽管其时代价值得到一致肯定，但因是改革开放初期的立法产物，不可避免地在诸多规定中烙上计划经济的印记。更为重要的是，在民法典之前的司法实践中，真正有效的条文只剩人身权中的生命权、健康权等部分条文在继续发挥效用，该法多数条文都已被商事组织法或已成体系的商行为法或其他法律所替代。——笔者注

一"的相关立法工作。首先，民法总则是开篇之作，是以"提取公因式"将抽象的一般规则和原则上升为民法典总则编，在民法典结构与具体内容的编排中起统领性作用。一方面，民法通则因实行"成熟一个、制定一个"的历史原因而需要体系整合其他法律。这间接反映出民法通则中这些条文方面的欠缺，修改和整合的基本的内容是合同法和物权法，因为这两个法律在我们国家的经济生活中发挥的作用是其他法律无法比拟的。另一方面，民法与商法之间欠缺有效性协调与衔接，诸如商事代理、商事留置、商事合同、口头保证等具体的商事特别规范，在民商合一下的民法典编纂体例下如何安排，正是摆在民商法学人面前的重大立法课题。

毋庸置疑，在《中华人民共和国民法典》正式出台前，我国民法典编纂建立了一个完整的法律体系，由民法大体系来处理市场经济发展与公众权益保护的问题。其中，我国立法工作者在民法典制定过程中，曾就如何解决民法总则编、各分编和没有纳入民法典的法律制度之间的逻辑关系问题进行了考究。首先，传统民法强调固有法律领域在内的庞大立法群体；其次，民法大体系的立法群体包括一般法（民法）和特别法（商法、知识产权法），其中民法特别法主要为商组织法和已自成体系的商行为法以及伴随科技迅猛发展的智力成果；再次，对于已成体系的涉外民事法律关系适用法、信托法或经济法领域的自然资源物权的法律群体，虽未列入我国民法典分则编编纂，但却适应民法总则的基本规则；最后，对于未成体系的商行为法则运用法律技术科学置于民法典结构的内容和框架之中，对于特殊情形可采取分散又细致甚至有所差别的商事规则，构建一部能够维护商事交易特殊规范的民法典。

基于我国民法典编纂的立法规划以及民商事规则的演变互化，对商事规则的具体立法应着重落脚在民法典分编的"合同编"。究其原因，在于债（尤其是合同）既是商品交换的法律形式又是民法三大骨干制度之一，现行立法依旧沿用商品经济的民法观来指导民法典编纂工作。从商事规则的二元结构出发，公司法与合同法分别属于不同类型结构，前者因侧重规范商事主体被称为组织法，后者因侧重规范商事行为被称为行为法（或交易法），即主体的交易行为是合同法所要调整的核心；故，我国民法典编纂不仅要从民商合一角度处理好民法典通则编与各分编（尤其合同编）之间的协调关系，还从民法典结构编纂入手安排好商事规则与各分编（特别是合同编通则与分编）之间的衔接关系。实践证明，民法典分编中的合同编（特别是合同编分编部分）最能彰显现代商事规则的固有特征，民法典编纂更要科学合理设置合同编分编部分相较于其通则部分的特殊性规定。简言之，民商事规则在分编的具体整合是当前我国法典化编纂的落脚点，如合同编通则部分一旦缺失风险负担一般规则的设置，合同编分编部分中的无名合同则丧失风险负担问题处理的依据，这就要求民法典编纂工作注重维护各分则编体系完整，并围绕交易过程（或契约行为活动）展开一系列债法规则（或商事规则），以便纳入民法典各分编的编排中。

当前，对民法典各分编的结构体系与安排，采用折中式的"总则—分则"立法模式提取公因式，逐步开展第二步编纂工作：一是将民法典各分编中所涉及的商事规则与民事规则抽象出共通性规定作为各分编的一般规定，如民商法中关于物权、债权、亲属、继承等共通规定作为各分编总则的一部分；二是将现行民法大体系中各分编的具体操作规范和相关司法解释，以及未成体系的商事行为法进行整合，集中置于各分编的分则部分，如企业留置等一些零散的商行为规则可相应单独列入民法典物权法等各分则编。简言之，我国民法典编纂各分编对商事规则的具体编排，可将全部商事规则划分为三个部分：一部分须在一般民事法律中加以规定，这些商事规则是对于民法典各分编总则部分而言，可在各分编总则部分中相应编排一般的商行为规定及少量其他商事规则；另一部分是集中整合单行商事法中的行为规范，这些是对具体民法典各分编分则部分而言，其实质是融入各分编的具体规范操作中；还有一部分是对于那些零散的商事行为规则，有的自成体系但存在于民商事类司法解释中，有的未成体系却散见于其他法律规范中，需要进行民法典结构与内容的体系化、科学化、合理化编排。

仅以合同编的具体编排为例，既按照折中的民商立法范式，又采取"总—分结构"编纂体例。一方面，在合同编中对涉及的商事规则与民事规则"提取公因式"，抽象出二者在合同上的共通性规定，作为合同编通则部分的一般规定。如民商法中"关于契约（交易）、无因管理、不当得利以及侵权行为等共通规定，以及有关合同的成立与生效、履行与保障、变更与移转、消灭于违约及其救济等共通规定"①，集中置于合同编分编部分之前，纳入合同编通则部分；另一方面，民法典合同编分编部分除整合现行合同法及其司法解释以外，还增添了一些商事合同的特殊规则，如行纪、仓储等一些既具有独立制度又与特定民事制度（如保管、委托）相关的有名商事合同，再如教育培训、邮政储蓄、旅游演出、彩票中奖等一些新类型的非典型商事合同，等等，将这些未自成体系的且尚未作为典型有名合同的具体商事行为规则补充在合同编分编部分之中。此外，在民法典合同编中仍对以企业（经营者）为核心的契约（或交易）规则体系进行单列重构，运用法律技术对其编排，集中在合同编分编部分单独设置一节，而不单独在法典之外进行商事特别立法。这样编排，既能减少交易规则的立法成本又能便捷企业经营运作，既能保障合同规则的体系完整又能实现契约规则的民商合一。

---

① 王利明. 民法分则合同编立法研究 [J]. 中国法学, 2017（02）: 28.

参考文献

[1] [英]梅因. 古代法[M]. 北京: 商务印书馆, 1959.

[2] [法]孟德斯鸠. 论法的精神(下册)[M]. 张雁深, 译. 北京: 商务印书馆, 1963.

[3] 刘德宽. 民法诸问题与新展望[M]. 台北: 台湾三民书局, 1979.

[4] 张国键. 商事法论[M]. 台北: 三民书局, 1980.

[5] [法]勒内·达维德. 当代主要法律体系[M]. 漆竹生, 译. 上海: 上海译文出版社, 1984.

[6] [美]罗·庞德. 通过法律的社会控制——法律任务[M]. 沈宗灵, 译. 北京: 商务印书馆, 1984.

[7] 梁慧星, 王利明. 经济法的理论问题[M]. 北京: 中国政法大学出版社, 1986.

[8] 沈宗灵. 比较法总论[M]. 北京: 北京大学出版社, 1987.

[9] [罗马]查士丁尼. 法学总论——法学阶梯[M]. 张企泰, 译. 北京: 商务印书馆, 1989.

[10] [美]彼得·斯坦, 约翰·香德. 西方社会的法律价值[M]. 王献平, 译. 北京: 中国人民公安大学出版社, 1990.

[11] [美]艾伦·沃森. 民法法系的演变及形成[M]. 李静冰, 等, 译. 北京: 中国政法大学出版社, 1992.

[12] 王利明. 民法·侵权行为法[M]. 北京: 中国人民大学出版社, 1993.

[13] [美]哈罗德·J. 伯尔曼. 法律与革命——西方法律传统的形成[M]. 贺卫方, 高鸿钧, 张志铭, 夏勇, 译. 北京: 中国大百科全书出版社, 1993.

[14] 范健. 德国商法[M]. 北京: 中国大百科全书出版社, 1993.

[15] [英]施米托夫. 国际贸易法文选[M]. 赵秀文, 郭寿康, 译. 北京: 中国大百科全书出版社, 1993.

[16] [德]费希特. 以知识学为原则的自然法权基础[M]//费希特著作选集(第2卷). 北京: 商务印书馆, 1994.

[17] 卢云. 法学基础理论[M]. 北京: 中国政法大学出版社, 1994.

[18] 余能斌, 马俊驹. 现代民法学[M]. 武汉: 武汉大学出版社, 1995.

[19] 梁慧星. 民商法论丛(第4卷)[M]. 北京: 法律出版社, 1996.

[20] 苏惠祥. 中国商法概论(修订版)[M]. 长春: 吉林人民出版社, 1996.

[21] 张文显. 二十世纪西方法哲学思潮研究[M]. 北京: 法律出版社, 1996.

[22] [英]哈特. 法律的概念[M]. 张文显, 郑成良, 杜景义, 等, 译. 北京: 中国大百科全书出版社, 1996.

[23] 郭峰. 民商分立与民商合一的理论评析[J] 中国法学, 1996(05).

[24] 徐学鹿. 析"民法商法化"与"商法民法化"[J]. 法制与社会发展, 1996(06).

[25] [德]拉德布鲁赫. 法学导论[M]. 米健, 朱林, 译. 北京: 中国大百科全书出版社, 1997.

[26] [美]斯蒂格利茨. 经济学(上册)[M]. 姚开建, 刘凤良, 吴汉洪, 等, 译. 北京: 中国人民大学出版社, 1997.

[27] 意大利民法典[M]. 费安玲, 丁玫, 译. 北京: 中国政法大学出版社, 1997.

[28] [日]川口由彦. 日本近代法制史[M]. 东京: 东京新世社, 1997.

[29] [法]克洛德. 商法[M]. 商波, 刘庆余, 译. 北京: 商务印书馆, 1998.

[30] 梁慧星. 民商法论丛(第10卷)[M]. 北京: 法律出版社, 1998.

[31] 杨仁寿. 法学方法论[M]. 北京: 中国政法大学出版社, 1999.

[32] 卓泽渊. 法的价值论[M]. 北京: 法律出版社, 1999.

[33] 徐学鹿. 商法总论[M]. 北京: 人民法院出版社, 1999.

[34] [日]大木雅夫. 比较法[M]. 范愉, 译. 北京: 法律出版社, 1999.

[35] 雷兴虎. 商法学教程[M]. 北京: 中国政法大学出版社, 1999.

[36] 任先行, 周林彬. 比较商法导论[M]. 北京: 北京大学出版社, 2000.

[37] 日本商法典[M]. 王书江, 殷建平, 译. 北京: 中国法制出版社, 2000.

[38] 范健. 商法 [M]. 北京: 高等教育出版社, 2000.

[39] 王利明. 民法 [M]. 北京: 中国人民大学出版社, 2000.

[40] 法国商法典 [M]. 金邦贵, 译. 北京: 中国法制出版社, 2000.

[41] 任先行, 周林彬. 比较商法导论 [M]. 北京: 北京大学出版社, 2000.

[42] 江平. 民法学 [M]. 北京: 中国政法大学出版社, 2000.

[43] 张楚. 电子商务法初论 [M]. 北京: 中国政法大学出版社, 2000.

[44] 北京大学法学百科全书编委会著. 北京大学法学百科全书 [M]. 北京: 北京大学出版社, 2000.

[45] 王泽鉴. 法律思维与民法实例 [M]. 北京: 中国政法大学出版社, 2001.

[46] 刘剑文编. WTO 与中国法律改革 [M]. 北京: 西苑出版社, 2001.

[47] 梁慧星. 民法总论 [M]. 北京: 法律出版社, 2001.

[48] 王保树. 中国商事法 [M]. 北京: 人民法院出版社, 2001.

[49] 顾功耘. 商法教程 [M]. 上海: 上海人民出版社, 2001.

[50] 徐国栋. 民法基本原则解释——成文法局限性之克服 (增订本) [M]. 北京: 中国政法大学出版社, 2001.

[51] 赵万一. 商法学 [M]. 北京: 法律出版社, 2001.

[52] 徐永康, 张斐. 中西交融民商合一——论民国时期《民法》[J]. 南京大学法律评论, 2001 (01).

[53] 李秀清. 中国近代民商法的嚆矢——清末移植外国民商法述评 [J]. 法商研究, 2001 (06).

[54] [意大利] 阿尔多·贝特奢奇. "从市民法 (JusCivile) 到民法 (Diritto Civile)——关于"一个概念的内涵及共历史发展的考察"[M]//薛军, 译. 吴汉东主编. 私法研究 (第2卷). 北京: 中国政法大学出版社, 2002.

[55] 卞翔平. 论私法的二元结构与商法的相对独立 [M]//中国商法年刊. 上海: 上海人民出版社, 2002.

[56] 柳经委. 商法 (上) [M]. 厦门: 厦门大学出版社. 2002.

[57] 赵万一. 商法基本问题研究 [M]. 北京: 法律出版社, 2002.

[58] [英] 约翰·奥斯丁. 法理学的范围 [M]. 刘星, 译. 北京: 中国法制出版社, 2002.

[59] 赵万一. 商法基本问题研究 [M]. 北京: 法律出版社, 2002.

[60] [英] 约瑟夫·拉兹. 法律体系的概念 [M]. 吴玉章, 译. 北京: 中国法制出版社, 2003.

[61] 范健, 王建文. 商法论 [M]. 北京: 高等教育出版社, 2003.

[62] [日] 我妻荣. 中华民国债法总则概论 [M]. 北京: 中国政法大学出版社, 2003.

[63] [德] K. 茨威格特, H. 克茨. 比较法总论 [M]. 潘汉典, 米健, 高鸿钧, 贺卫方, 译. 北京: 法律出版社, 2003.

[64] 梁慧星. 当前关于民法典编纂的三条思路 [J]. 律师世界, 2003 (02).

[65] 赵旭东. 商法学教程 [M]. 北京: 中国政法大学出版社, 2004.

[66] 张辉, 叶林. 论商法的体系化 [J]. 国家检察官学院学报, 2004 (05).

[67] 范健, 王建文 [M]. 商法基础理论专题研究 [M]. 北京: 高等教育出版社, 2005.

[68] 王志华. 中国商法百年 [J]. 比较法研究, 2005 (02).

[69] 李飞. 当代外国破产法 [M]. 北京: 法制出版社. 2006.

[70] [德] C. W. 卡纳里斯. 德国商法 [M]. 杨继, 译. 北京: 法律出版社, 2006.

[71] 张世红. 商法总论的构想 [J]. 当代法学, 2006 (01).

[72] 肖海军. 商事代理立法模式的比较与选择 [J]. 比较法研究, 2006 (01).

[73] 范健. 商法 [M]. 北京: 高等教育出版社, 2007.

[74] 王保树. 商法总论 [M]. 北京: 清华大学出版社, 2007.

[75] 范健, 王建文. 商法的价值、源流及本体 [M]. 北京: 中国人民大学出版社, 2007.

[76] 张民安. 商法总则制度研究. [M]. 北京: 法律出版社, 2007.

[77] 全先银. 商法上的外观主义 [M]. 北京: 人民法院出版社, 2007.

[78] 张民安. 商法总则制度研究 [M]. 北京: 法律出版社. 2007.

[79] 邱雪梅. 试论民法中的保护义务——"两分法" 民事责任体系之反思 [J]. 外国法评译, 2007 (05).

[80] [澳] 皮特·凯恩. 法律与道德中的法律 [M]. 罗李华, 译. 北京: 商务印书馆, 2008.

[81] 王保树. 关于民法、商法、经济法定位与功能的研究方法 [J]. 现代法学, 2008 (03).

[82] 叶榅平. 民法中的保护义务——以其具体适用为中心 [J]. 法律科学, 2008 (06).

[83] 伦海波. 论民法的渊源——以我国民事立法和理论为中心 [J]. 私法, 2008 (12).

[84] 汤建国. 姜堰法院将善良风俗引入司法审判的报告 [J]. 东南司法评论, 2009.

[85] 德国商法典 [M]. 杜景林, 卢湛, 译. 北京: 法律出版社, 2010.

[86] 施天涛. 商法学 [M]. 北京: 法律出版社, 2010.

[87] 赵中孚, 刑海宝. 商法总论 (第四版) [M]. 北京: 中国人民大学出版社, 2010.

[88] [加] 罗杰·赛勒. 法律制度与法律渊源 [M]. 项焱, 译. 武汉: 武汉大学出版社, 2010.

[89] 范健. 商法 [M]. 北京: 高等教育出版社, 2011.

[90] 江平. 民法学 [M]. 北京: 中国政法大学出版社, 2011.

[91] 王研. 商事登记中公权定位与私权保护问题研究. [M]. 北京: 法律出版社, 2011.

[92] 张文显. 法理学 (第3版) [M]. 北京: 高等教育出版社, 2011.

[93] 孙莹. 我国民法调整对象的继受与变迁 [M]. 北京: 法律出版社, 2012.

[94] 徐强胜. 商法导论 [M]. 北京: 法律出版社, 2013.

[95] 曾大鹏. 商事担保立法理念的重塑 [J]. 法学, 2013 (03).

[96] 李若红. 论日本近代商法的演变 [J]. 阴山学刊, 2013 (08).

[97] 王泽鉴. 民法总则 [M]. 北京: 北京大学出版社, 2014.

[98] 聂卫锋. 中国民商立法体例历史考——从晚清到民国的立法政策与学说争论 [J]. 政法论坛, 2014 (01).

[99] 崔建远. 编纂民法典必须摆正几对关系 [J]. 清华法学, 2014 (06).

[100] 陈华彬. 瑞士民法典探析 [J]. 法治研究, 2014 (06).

[101] 秦晖. 走出帝制 [M]. 北京: 群言出版社, 2015.

［102］徐学鹿. 商法学［M］. 北京: 中国人民大学出版社, 2015.

［103］李长兵. 商法理念研究M］. 北京: 法律出版社, 2015.

［104］范健、王建文. 商法学［M］. 北京: 法律出版社, 2015.

［105］邱志红. 清末法制习惯调查再探讨［J］. 广东社会科学, 2015（05）.

［106］蒋大兴, 王首杰. 论民法总则对商事代理的调整——比较法与规范分析的逻辑［J］. 广东社会科学, 2016（01）.

［107］汪青松. 主体制度民商合一的中国路径［J］. 法学研究, 2016（02）.

［108］袁碧华. 我国商法立法模式探讨——以民商合一格局下民法典总则的商事规范构建为中心［J］. 岭南学刊, 2016（03）.

［109］谢欢. 民商合一视阈下商事规范的立法选择［J］. 绥化学院学报, 2016（05）.

［110］范健. 走向《民法典》时代的民商分立体制探索［J］. 法学, 2016（12）.

［111］赵中孚. 商法通论［M］. 北京: 中国人民大学出版社, 2017.

［112］王利明. 民法分则合同编立法研究［J］. 中国法学, 2017（02）.

［113］彭真明. 论现代民商合一体例下民法典对商事规范的统摄［J］. 社会科学, 2017（03）.

［114］席志国. 《民法总则》中法律行为规范体系评析［J］. 浙江工商大学学报, 2017（03）.

［115］杨立新. 《民法总则》民事责任规定之得失与调整［J］. 比较法研究, 2018（05）.

［116］张文显. 社会主义核心价值观与法治建设［J］. 中国人大, 2019（19）.

［117］席志国. 论未成年人侵权责任能力类型化构造——基于民法典的内外在体系［J］. 浙江工商大学学报, 2020（03）.

［118］高圣平. 民法典视野下农地融资担保规定的解释论［J］. 广东社会科学, 2020（04）.

［119］王轶. 《民法典》的立法思想［J］. 社会科学研究, 2020（05）.